U0570015

高等院校品牌管理系列教材

品牌案例实务(二)
Brand Cases

(第二版)

郑苏晖　丁俊杰◎主编

经济管理出版社
ECONOMY & MANAGEMENT PUBLISHING HOUSE

图书在版编目（CIP）数据

品牌案例实务（二）/ 郑苏晖，丁俊杰主编. —2 版. —北京：经济管理出版社，2017.1
ISBN 978-7-5096-4875-9

Ⅰ.①品… Ⅱ.①郑… ②丁… Ⅲ.①品牌—企业管理—案例—高等教育—自学考试—教材
Ⅳ.①F273.2

中国版本图书馆 CIP 数据核字（2016）第 324125 号

组稿编辑：勇　生
责任编辑：杨国强
责任印制：黄章平
责任校对：陈　颖

出版发行：经济管理出版社
　　　　　（北京市海淀区北蜂窝 8 号中雅大厦 A 座 11 层　100038）
网　　址：www.E-mp.com.cn
电　　话：(010) 51915602
印　　刷：玉田县昊达印刷有限公司
经　　销：新华书店
开　　本：720mm×1000mm/16
印　　张：19.25
字　　数：346 千字
版　　次：2017 年 4 月第 2 版　2017 年 4 月第 1 次印刷
书　　号：ISBN 978-7-5096-4875-9
定　　价：40.00 元

编 委 会

专家指导委员会

主　任：金　碚　郭冬乐

副主任：杨世伟　赵宏大

委　员（按姓氏笔画排序）：

丁俊杰　中国传媒大学学术委员会副主任、国家广告研究院院长、教授、博士
　　　　生导师

丁桂兰　中南财经政法大学工商管理学院教授

万后芬　中南财经政法大学工商管理学院教授

卫军英　浙江理工大学文化传播学院教授

王方华　上海交通大学安泰管理学院院长、教授、博士生导师

王永贵　对外经济贸易大学国际商学院院长、教授、博士生导师

王淑翠　杭州师范大学副教授

王稼琼　对外经济贸易大学校长、教授、博士生导师

甘碧群　武汉大学商学院教授

白长虹　南开大学国际商学院教授

乔　均　南京财经大学营销与物流管理学院院长、教授

任兴洲　国务院发展研究中心市场经济研究所原所长、研究员

刘光明　中国社会科学院研究生院教授

吕　巍　上海交通大学教授、博士生导师

孙文清　浙江农林大学人文学院教授

庄　耀　广东物资集团公司董事长、党委书记

许敬文　香港中文大学工商管理学院教授

吴波成　浙江中国小商品城集团股份有限公司总裁

宋　华　中国人民大学商学院副院长、教授、博士生导师

宋乃娴　中房集团城市房地产投资有限公司董事长

张士传　中国国际企业合作公司副总经理

张云起　中央财经大学商学院教授

张世贤　中国社会科学院研究生院教授、博士生导师
张永平　中国铁通集团有限公司总经理
张昭珩　威海蓝星玻璃股份有限公司董事长
张树庭　中国传媒大学 MBA 学院院长，BBI 商务品牌战略研究所所长、教授
张梦霞　对外经济贸易大学国际经济贸易学院教授、博士生导师
李　飞　清华大学中国零售研究中心副主任、教授
李　蔚　四川大学工商管理学院教授
李天飞　云南红塔集团常务副总裁
李先国　中国人民大学商学院教授、管理学博士
李易洲　南京大学 MBA 导师，中国品牌营销学会副会长
李桂华　南开大学商学院教授
杨世伟　中国社会科学院工业经济研究所编审、经济学博士
杨学成　北京邮电大学经济管理学院副院长、教授
汪　涛　武汉大学经济与管理学院教授、博士生导师
沈志渔　中国社会科学院研究生院教授、博士生导师
周　赤　上海航空股份有限公司董事长、党委书记
周　南　香港城市大学商学院教授
周勇江　中国第一汽车集团公司副总工程师
周济谱　北京城乡建设集团有限责任公司董事长
周小虎　南京理工大学创业教育学院副院长、教授、博士生导师
周　云　北京农学院副教授、经济学博士
洪　涛　北京工商大学经济学院贸易系主任、教授、经济学博士
荆林波　中国社会科学院财经战略研究院副院长、研究员、博士生导师
赵顺龙　南京工业大学经济与管理学院院长、教授、博士生导师
赵　晶　中国人民大学商学院副教授、管理学博士后
徐　源　江苏小天鹅集团有限公司原副总经理
徐二明　国务院学位委员会工商管理学科评议组成员，中国人民大学研究生院
　　　　副院长、教授、博士生导师
徐从才　南京财经大学校长、教授、博士生导师
徐莉莉　中国计量学院人文社会科学学院副教授
晁钢令　上海财经大学现代市场营销研究中心教授
涂　平　北京大学光华管理学院教授
贾宝军　武汉钢铁（集团）公司总经理助理
郭国庆　中国人民大学商学院教授、博士生导师

高　闯　国务院学位委员会工商管理学科评议组成员，首都经济贸易大学校长
　　　　助理、教授、博士生导师

高德康　波司登股份有限公司董事长

黄升民　中国传媒大学广告学院教授

彭星闾　中南财经政法大学教授、博士生导师

焦树民　中国计量学院人文社会科学学院副教授

蒋青云　复旦大学管理学院市场营销系主任、教授、博士生导师

谢贵枝　香港大学商学院教授

薛　旭　北京大学经济学院教授

魏中龙　北京工商大学教授

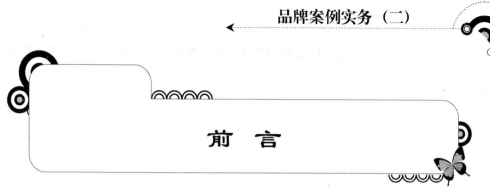

前 言

　　随着经济增速的逐步下滑，中国经济进入了新常态！结构调整和产业升级成为供给侧结构性改革的主要方向。从宏观层面看，产业升级需要品牌战略的引领；从微观层面看，自主品牌成为企业获得市场竞争优势的必然选择。面对日益激烈的国内外市场竞争格局，中国企业是否拥有自主品牌已经关系到企业的生存和可持续发展。品牌越来越成为企业竞争力的集中表现。但是，目前的中国企业，绝大多数面临着有产品（服务）、没品牌，有品牌、没品牌战略，有品牌战略、没品牌管理的尴尬局面。其根源在于专业人才的匮乏！中国企业普遍存在品牌管理专业人员的巨大需求和人才匮乏的突出矛盾。从供给侧结构性改革的现实需求出发，我国急需培育出大批既懂得品牌内涵，又擅长品牌管理的专业人才，才能满足企业品牌管理和市场竞争的高端需求。

　　为解决这一现实中的突出矛盾，多层次、多渠道、全方位加快培养复合型品牌管理人才，促进企业健康可持续发展，中国企业管理研究会品牌专业委员会专门组织国内一流品牌专家和学者编写了这一套既符合国际品牌管理通则，又有国内特殊案例特征的大型系列教材。

　　本套教材不仅涵盖了品牌管理所需要的全部系统知识和理论基础，也包括了品牌管理的实际操作技能训练。其中，《品牌管理学》属于基础性通识教材；《品牌质量管理》、《品牌营销管理》、《品牌服务管理》、《品牌传播管理》属于专业性基础教材；《品牌形象与设计》、《品牌价值管理》、《品牌公共关系与法律实务》属于中高级管理人员必读教材；《品牌战略管理》、《品牌国际化管理》、《品牌危机管理》属于高级管理人员必修教材；《品牌案例实务》属于辅助教材。真正有志于品牌管理的各类人员，都应该全面学习、深入理解这些系统教材所包含的知识、理论，并掌握品牌发展的内在规律，运用相关知识和理论在实际的管理实践中不断提升自己的专业技能，使自己成为企业不可替代的品牌专家和高级管理人才。

　　本套教材的编写者虽然大都是在高校从事品牌教学与研究的学者，或是有着丰富实战经验的企业品牌管理与咨询专家，但是由于时间仓促，难免会有诸多不妥之处，敬请读者批评指正！

杨世伟

中国企业管理研究会品牌专业委员会主任

目　录

第一部分

品牌战略管理

学习目标

★★★★

知识要求 通过本章的学习，掌握：

● 品牌定位的概念和目的
● 品牌定位的基本途径及实施步骤
● 品牌命名的原则和作用
● 品牌命名的方法、技巧、需注意的因素
● 品牌个性的内涵及构成要素

技能要求 通过本章的学习，能够：

● 找到恰当的切入点，用品牌定位的方法寻求新产品及其后续产品的市场空间

● 根据品牌命名的原则和方法为新产品命名

● 针对目标市场，打造品牌独一无二的个性，培养消费者忠诚度

● 长期且深入地挖掘，对品牌进行设计规划，赋予品牌与众不同的内涵和魅力

● 多角度地理解品牌战略管理技术，为品牌的持久发展制定良好的基础平台

学习指导

★★★★

1. 本章内容包括：品牌定位的概念、目的、作用及实施方法，品牌命名的原则、技巧及需要重点注意的方面，品牌个性的内涵及塑造的方式等，以及在

对品牌进行战略管理时如何采用多样途径和综合运用的策略。

2. 学习方法：通过成功案例获知市场细分、产品诉求及本土实践等因素在品牌定位中的关键作用，通过失败案例了解品牌定位的相关误区，进一步对比分析得出品牌定位的实施方法和原则。阅读和研究品牌命名的案例，掌握用品牌命名的知识对产品形象进行整体塑造的技巧。选择你熟悉的某行业内最著名的几个品牌，比较其品牌个性，并思考它们是如何打造品牌个性使得自身产品从该行业内脱颖而出的。通过综合研读案例，构建品牌战略管理的知识体系，试着对感兴趣的某公司产品进行品牌规划。

3. 建议学时：6 学时。

导　语

创建品牌

自从实行市场经济以来，中国市场经历了两个时代：广告力时代和营销力时代。而如今，品牌力时代已经来临。在广告力时代，广告是企业最重要和最有效的传播手段；在营销力时代，由于市场已经走向成熟，广告的作用不再被神化，它只作为一种常规的营销手段，与渠道、价格、公关、促销等手段一起为企业的整体营销贡献力量。这时候商家比拼的是营销能力。而在今天，各国际品牌纷纷加入中国市场竞争，可口可乐、麦当劳、IBM、SONY 等世界一流品牌，携品牌之雄风横扫天下，如入无人之境，这在使国内众多企业感到困惑的同时，也宣布了这样一个事实，那就是品牌力时代已经来临。

品牌，这个风靡当今营销领域的流行词汇充斥在世界的每个角落。品牌（Brand）是什么？品牌的英文单词 Brand 最初来源于古挪威文 Brandr，意思是"烧灼"。人们用这种方式来标记家畜等需要与其他人相区别的私有财产。到了中世纪的欧洲，手工艺匠人用这种打烙印的方法在自己的手工艺品上烙下标记，以便顾客识别产品的产地和生产者。随着时间的推移，商业竞争格局以及零售业形态的不断变迁，品牌承载的含义也越来越丰富。品牌——不仅仅是产品的名称，而且是涵盖了企业的文化、形象，产品的质量、服务等方方面面的内容。

如今，品牌正逐步成为竞争激烈、风云变幻的市场环境中，企业获取成功的捷径和关键因素。创建一个好的品牌不仅能为企业带来良好的声誉，更意味着企业可以获得更多的销售收入、更大的市场份额。在创建品牌的过程中，企业需要以品牌定位寻找市场空间、以品牌命名丰富形象内涵、以品牌个性打造产品卖点，从而为品牌的长远发展做好铺垫。

　　品牌定位的进行要在综合分析目标市场与竞争情况的前提下，着眼于目标消费者的心理感受，依据目标消费者的特征，设计产品属性并传播品牌价值，使得目标消费者心中能够形成某个品牌的独特位置。品牌名称作为品牌的文化符号形式，是品牌构成中可以用文字表达并能用语言进行传递与交流的部分。独到的品牌命名是一个企业、一种产品拥有的一笔永久性精神财富，能时时唤起人们的美好联想，丰富品牌内涵。品牌个性是某个品牌拥有的一系列人性特色，即品牌所呈现出的人格品质。作为品牌识别的重要组成部分，它可以使没有生命的产品或服务人性化，引发消费者的购买欲望。

　　通过本章案例的学习，你可以深刻体会到品牌战略管理对企业发展的重要作用，以及初步学会制定品牌发展规划的方法。无印良品和伊莱克斯从正反两个方面告诉你如何恰当地对企业品牌进行定位，目标市场的选择在这里将凸显；真功夫和人人网的案例中，企业随着市场战略的改变相应跟进品牌命名，涉及品牌命名的应用环境和制定技巧；苹果和万科案例中，品牌个性与产品开发创新如影随形，个性卖点在不断摸索中打造成形。所有案例都将证明，企业只有在发展初期制定好长期的品牌战略目标，才会有更大、更广阔的成长机会。

案例 1　无印良品：极简主义的生活哲学

考生角色

　　假设你是 Cindy，一家以生产日常生活用品为主的外资公司的市场营销总监。你的公司预备开发一批新产品以拓展市场份额，需要你对这批产品做一个前期的市场分析策划，进行品牌定位。

　　如果你不能带领团队对品牌进行有效的定位，树立消费者认同的独特的品牌个性与形象，必然会使公司的新推产品淹没在众多产品质量、性能及服务雷同的商品中。作为公司市场销售部门的统管，你将如何着手这批新产品的品牌定位呢？

案例介绍

　　关于日本的无印良品（MUJI，日文原意：无品牌标志的好产品），品牌大师沃利·奥林斯（Wally Olins）曾经说过这样一句话："即便它是没有品牌的品牌（no-brand brand），但你也不能否认，这依然是一个品牌。"他这句略显拗口的解释，却道出了无印良品的核心。无印良品已经被认为是日本当代最有代表性的"禅的美学"。

无印良品创立于1980年，它是"株式会社良品计划"的下属事业之一。1983年，无印良品在日本东京青山开设了第一家旗舰店。其产品以极简主义的色彩、干净利落的现代工业设计与个性化为标准，单一的色系、工整线条中包含趣味十足的创意，简约中注重精神文化层面的提高，无不倡导一种回归自然的生活方式，深受消费者的追捧。三流的品牌卖产品，二流的品牌既卖产品又卖服务，而真正一流的品牌却是在贩卖一种生活方式。

经过多年的耕耘，无印良品的商品种类已由当初的几十种发展到今天的6000多种，从牙刷到汽车，从食物到电器，从眼镜铺到餐厅，从实品商店到网络世界中的Muji.net，无印良品基本涵括了日常生活中需要的所有东西。在日本本土，无印良品已有121家直营店、146家经销点，堪称名副其实的国民品牌。根据日本当地调查结果显示，无印良品因为可提供购物的安心感、商品流行感及合理价格等特性，品牌好感度高达51.1%，稳居榜首。1991年无印良品开始拓展海外市场，第一家海外专卖店于该年7月在伦敦开业，此后在英国、法国、瑞典、意大利、挪威、爱尔兰等国家也开始开设专卖店。2005年7月无印良品进入中国大陆市场，在上海开设了第一家专卖店，之后陆续在北京、南京、杭州、成都等13个城市开设分店，2010年底已达26家。现在，无印良品在世界19个国家拥有130家海外店铺，成为世界知名的"生活形态提案店"（Life Style Store）。

图1-1 无印良品的Logo

资料来源：摘编自MBA智库百科：《无印良品》，http://wiki.mbalib.com/wiki/%E6%97%A0%E5%8D%B0%E8%89%AF%E5%93%81。

案例分析

无印良品创立之时的 20 世纪 80 年代，正值泡沫经济的日本市场名牌盛行，消费者品牌意识非常强烈。无印良品却反其道而行，提出无品牌的概念，在 31 年间迅速成长为一家世界级的"生活形态提案店"，其产品渗入到人们日常生活的各个角落，阐释着一种极简主义的生活哲学，引领着一股返璞归真的时尚潮流。无印良品是如何进行自身品牌定位，从而获得成功的？

定位的概念最初由美国人艾尔·里斯和杰克·特劳在 1972 年提出。在两人合著的《心战》中，他们提出：定位是针对现有的产品的创造性的思维活动，它不是对产品采取行动，而是主要针对潜在顾客的心理采取行动，是要将产品定位在顾客的心中。基于对定位的认识，人们认为品牌定位即是建立一个与目标市场有关的品牌形象的过程和结果。换言之，即指为某个特定品牌确定一个适当的市场位置，使商品在顾客的心中占领一个有利的位置，当某种需要一旦产生，人们会先想到某一品牌。

在当今的都市生活中，人们生活的方方面面都被打上了各种标签，品牌背后所包含的基于社会阶层以及虚荣心理的消费价值观，经常掩盖了人的真实情感。无印良品从消费者生活形态入手进行深度调研，发现众多的消费者已经厌倦了浮夸攀比的生活方式，而向往宁静简单的生活。

洞察到消费者这方面的内在需求和价值，无印良品的设计师不只是以一间普通的商店去考虑，而是以"生活形态提案店"来定位。消费者到无印良品购物，不再只是购买商品本身，而更多为享受品牌背后所欲传递的一种简约、自然的生活形态。当消费者发现原来看似简单的商品，也可以兼具质感与美感时，本来只要购买毛巾的顾客，可能接下去购买枕头、床品、地毯等家纺用品。借由这些商品，消费者心底原本对简约生活的向往得到满足。①

在产品的设计开发乃至店铺的整体风格上，无印良品多年来坚持这种源于生活哲学的极简主义，将品牌的功能与消费者的心理需要连接起来，并不断向消费者强化自己的品牌定位信息，在世界各地培养了无数忠实的 Muji 爱好者，以至香港专栏作家欧阳应霁表示，一个城市里是否有无印良品店，可以成为是否愿意生活在这个城市的理由。

---

① 刘拓：《家纺品牌，如何引爆流行》，《销售与管理》，2007 年第 4 期。

一、抓住了谁的心

消费者有不同类型，不同消费层次，不同消费习惯和偏好，品牌的定位需要满足特定消费者的特定需要。消费者的需求随着时代推进也在不断变化，品牌定位的重点是摸准消费者的心，唤起他们内心的需要。[①]

早在浮华夸张的 20 世纪 80 年代，无印良品就提出相当前卫的主张，提醒人们去欣赏原始素材和质料的美感。以多为美的加法美学潮流风行之时，无印良品却是反其道而行，不断地减去与消除：拿掉商标、去除一切不必要的加工和颜色、简单包装，简单到只剩下素材和功能本身。"重精神，玩简约"，成为无印良品成功由产品升华至文化层面的根源所在。

此外，无印良品产品开发设计的人性和环保也是其品牌定位考虑的重要因素。日本的居室普遍窄小，床占了重要的位置，睡觉、阅读、吃饭、看电视，甚至招待朋友可能都要在上面进行。无印良品的设计师据此开发了一款有四只短床脚的床垫，可以收起当做沙发，配合类似沙发布料的床包，让主人在待客时不会显得尴尬局促。又如日本的北海道十胜地区低污染、气候均衡及海水盐分含量较低，有利于小麦的生长，无印良品生产枫糖夹心饼干便坚持使用该地区产的小麦粉，坚持不过度脱水处理，以保留胚芽的含量，提升自然营养素的比例。[②] 无印良品还使用环保再生材料，将包装简化到最基本的状态，赢得了众多环境保护主义者的拥护。

无印良品不强调所谓的流行感或个性，也不赞同受欢迎的品牌应该要抬高身价。相反地，无印良品是从未来的消费观点来开发商品，即平实好用。提倡理性消费的同时，无印良品让顾客获得了莫大的心理满足。这种来自生命本真的需求不分年龄、不分性别、不分种族、不分阶层，谁都可能成为无印良品的下一个俘获者。

二、要的就是简单

产品或服务的差异化并不仅仅指功能方面的差异化，而且也包括产品文化附加值方面的差异化，这两方面正是品牌定位的依据。当产品具有强独特性，或者是新市场的开拓者时，定位方向可能就是产品本身的特有属性。依据这种有形属性构建的品牌印象非常脆弱，竞争者通过模仿或技术上的超越，可以很

---

① MBA 智库百科：《品牌定位》，http://wiki.mbalib.com/wiki/%E5%93%81%E7%89%8C%E5%AE%9A%E4%BD%8D。

② PClady：《无印良品 雅皮所爱》，http://lady.163.com/06/0830/16/2PPNSU7N00261PDN.html。

轻易地瓦解已建立的品牌优势，使得企业对品牌定位所花费的精力付诸东流。而建立在价值观与品牌传统文化基础上的品牌定位，竞争者则难以复制，从而保证品牌印象的持久与健康。价值观为基础的品牌定位不必局限于指代个别产品的属性，可以将品牌资产充分运用到新的产品类别上，减少品牌延伸的阻力。① 无印良品无疑属于后者。无印良品传达给消费者的信息不仅是一个品牌，更是一种生活的哲学。无印良品的理念是"合理就便宜"——追求自然的风格、简朴的设计并结合生活的实用性。

这个理念涵盖了三个方面的内容：

（1）材料的选择：开发好吃并健康的食品、穿着舒适的服装以及方便生活的小物件，将生活中不起眼的东西改良成为实用而独特的产品，并从世界各地采购原材料以降低产品制作成本。

（2）工艺的检测：制定合理的检测程序，保证原材料充分利用，减少浪费。

（3）包装的简洁：强调以产品本色示人，多采用统一、简洁的打包出售方式。②

走进任何一家无印良品专卖店，顾客可以发现，除了那个红色的"MUJI"方框，几乎看不到任何鲜艳的颜色。无印良品的大多数产品主色调都是白色、米色、黑色或蓝色，设计风格也是力求简单质朴，看不到繁复的装饰。在无印良品店内，不会有特别抢眼的商品。无印良品这种价廉物美、高品质、不花哨的产品及其倡导的生活方式得到了消费者的广泛支持。

三、开放式的系统

随着市场状况变化，消费者对商品爱好的转向，企业需要对品牌态势进行调整，譬如改变产品的品质、包装、设计方案。企业需要考虑品牌再定位的收益、风险等情况。这是企业适应经营环境、市场竞争的需要，也是企业实施经营战略的需要。通过更新定位，企业及其产品在消费者心目中的形象得以改善，"旧桃换新符"，能够使企业获得更大的生命力。③ 无印良品能够成长为今天的世界级"生活形态提案店"也并非一帆风顺。如今所见的重视产品开发、强调产品设计的无印良品，是它不断摸索进化的结果。

2000~2001 年，无印良品遭遇一场巨大的经营危机，利润急速下滑，导致

---

① MBA 智库百科：《品牌定位》，http：//wiki.mbalib.com/wiki/%E5%93%81%E7%89%8C%E5%AE%9A%E4%BD%8D。

②《无印良品的三个理念》，MUJI 中国官网，http：//www.muji.com.cn/item/policy/index.shtml。

③ MBA 智库百科：《品牌定位》，http：//wiki.mbalib.com/wiki/%E5%93%81%E7%89%8C%E5%AE%9A%E4%BD%8D。

时任社长友鹤引咎辞职。危机的外部原因，是来自廉价同质产品的竞争，一些竞争对手比如优衣库、百元均一、山田电机等开始崛起；内部原因则是，10年的急速扩张让无印良品患上了大企业的通病，不良品频现，产品种类不足以支撑3000多平方米的店铺等问题。2001年，原研哉进入无印良品，他把重心放在产品设计上，在产品质量上下了很大工夫。原研哉对产品概念进行了更新，并明确了World MUJI和Found MUJI两个方向。World MUJI是指世界知名设计师的改造商品，Found MUJI则是把全世界都当做原料库，去发现一些材料、一些设计理念，再由产品开发部门的人员调整成无印良品的味道。Found MUJI的关键词是"发现"。这种想法无印良品从1987年就开始萌生，原研哉加入之后进一步丰富了它的内涵。最初的原则是，在设计、开发产品时，应该充分意识到物质和环境之间、人的行为与物质之间的关系。经过原研哉的发挥，又增加了生产者和生产背景，以及物质与生活的相关性。[①]原研哉对品牌定位的补充调整使得无印良品获得了新的生机，在海内外不断拓展市场。

焕发生机的无印良品提出从世界的生活方式中学习，从世界的生活文化和历史中寻找优质的好东西。在无印良品的商品标签上，顾客常常会发现有"埃及棉"、"印度棉手织"等标注，标注那些编织技术名称，实际上是让购买者联想手工艺生产的过程。无印良品还采取和消费者互动的方式，直接从消费者身上吸收创作灵感，比如在网络上募集自愿受访者，然后由一名无印良品的员工进行访问。访问所得照片被分送到各企划设计室，相关人员进行讨论并从中挖掘出消费者的新需求，进行产品开发设计。例如，浴室里的洗发精、润发素等用品容器的大小都不同，而且多为圆筒形，很难放置在浴室墙上或浴缸边缘，如果有方形容器，就能整理得有条不紊，无印良品于是便推出这款产品，满足消费者需求。[②]

四、本土化的实践

2005年，无印良品在上海开设了第一家中国大陆地区的店铺。经历了商标抢注事件，2010年即重返中国市场后的第三个年头，无印良品在中国市场的扩张突然进入了"狂飙突进"的时代。如今无印良品在中国大陆地区有26家分店，分布在上海、北京、南京、杭州、成都等13个一、二线城市。与市场容

---

① 夏灼：《无印良品的中国印记》，《21世纪商业评论》，http://www.21cbh.com/HTML/2010-7-6/0OMDAwMDE4NTU0OA.html。

② 孙菊剑：《无印良品的两大"悖论"——MUJI营销之道》，中国营销传播网，http://www.fw123.net/scyx/jygl/81083_2.html，2008年12月3日。

量渐趋饱和的日本市场和欧洲市场相比，中国市场的确有使其快速成长的可能性。

"世界的 MUJI"进入中国后，正在努力地适应中国的消费者。比如在日本，MUJI 一般开设在地铁口，而中国的无印良品店铺都开在繁华的高端商场和购物中心内。选择这种布局是有原因的，无印良品经过对中国市场的调查研究后发现：从消费结构上看，日本的消费者差异性更小，中等阶层的群体最大；而中国两极分化较为严重，因此在品牌定位前期的市场细分中，无印良品在进入中国大陆地区的初期会以较为成熟的消费者和年轻白领为突破口。为了迎合这些消费者，MUJI 中国的不同店铺也进行了细分，比如北京西单大悦城店的主要消费者是年轻白领，因此店内的商品排列侧重低价快消品；而价格更高的家居在北京华贸店中占据了很大的比重，用来迎合那些成熟的以家庭消费为主体的人群。①

针对中国大陆市场，无印良品现任掌门人金井政明认为最迫切的事情，是要做出具有中国特色的良品。无印良品从诞生到成长，一直秉承简单质朴的品牌定位，但在经历上一次危机后，金井意识到，只有商品开发更加精确，最贴近特定消费者需求，才能获胜。金井曾说道："现在，已经有很多无印良品的设计师来到中国，以寻找更多的本土灵感，很多中国的创意人员也对我们兴趣倍增，要求加入无印良品的开发团队。"

2010 年 7 月 7 日，无印良品在杭州万象城进行了为期 15 天的展览。巡展中无印良品宣布将展开与中国本土设计师的合作，第一批合作者包括艺术家艾未未、音乐家刘索拉、建筑设计师张永和与王澍和、平面设计师刘治治等，他们在展览上提交了各自设计的环保袋。② MUJI 中国热衷于销售反馈，并通过展览收集信息，通过分析这些信息无印良品将逐渐完善自己在中国本土化的品牌定位，为市场的进一步扩张做好准备，以期打开更多中国大陆本土消费者的心扉。

市场实践证明，任何一个品牌都不可能为全体顾客服务，细分市场并正确定位，是使品牌赢得竞争的必然选择。只有品牌定位明确，个性鲜明，才会有明确的目标消费层。唯有明确的定位，消费者才会感到商品有特色，有别于同类产品，形成稳定的消费群体。而且，唯有定位明确的品牌，才会形成一定的品味，成为某一层次消费者文化品位的象征，从而得到消费者的认可，让消费

---

① 庄蕊：《无印良品：中国加速度》，《数字商业时代》，http://www.digitimes.com.cn/qy/456910_2_2.shtml，2009 年 5 月 21 日。

② 《简单的守望者》，《周末画报·财富版》，2010 年第 580 期。

者得到情感和理性的满足感。①

无印良品以平实的价格还原了商品价值的真实意义，并在似有若无的设计中，将产品升华至文化层面。它简单到抛弃一切装饰的设计细节没有让人觉得其产品有廉价感，反而时时提醒着人们去欣赏原始素材和质感的美。这种美不需要被渲染，而是直接从产品本身散发出来，成为一种主动的追求和高品位。②无印良品讲述的这种极简主义的生活哲学，成为其品牌定位的制胜法宝。

问题

1. 谈谈你对品牌定位的理解。
2. 无印良品的品牌定位获得成功，你认为关键的因素在于哪些方面？
3. 你能否另举出一个关于品牌定位的案例，并尝试进行分析？
4. 如果一家化妆品公司打算推出一款新品，你如何帮助其进行品牌定位？

案例 2　伊莱克斯：没落贵族的品牌困局

考生角色

假如你是某外资家用电器生产商的品牌策划总监 Tony，你所在的公司计划在新的一年里推出一款全新的家电产品。在进行过相关的市场调研之后，你的主要工作是针对这款即将面世的产品，配合产品研发部门以及市场部门，制定出一整套思路清晰、切实可行的品牌定位方案。

案例介绍

伊莱克斯（Electrolux）是世界最大的厨房设备、清洁洗涤设备及户外电器制造商，同时也是世界最大的商用电器品牌。它于 1919 年在瑞典创建，由 Lux 有限公司和 Elektromekaniska 有限公司合并而成，总部设在斯德哥尔摩。目前在 60 多个国家生产并在 160 个国家销售各种电器产品。伊莱克斯旗下的一些著名电器品牌包括 AEG、伊莱克斯、Zanussi、Frigidaire、Eureka、Flymo、

---

① 《品牌定位》，MBA 智库百科，http://wiki.mbalib.com/wiki/%E5%93%81%E7%89%8C%E5%AE%9A%E4%BD%8D。

② 无印良品：《家：我的私宅论》，广西师范大学出版社，2010 年 5 月。

Husqvarna 等，其产品涉及厨房电器、冰箱、洗衣机、吸尘器、小家电、空调等。

伊莱克斯在中国的品牌经营目前大致可以划分为三个时期：第一个时期是品牌试水时期；第二个时期是品牌扩张时期；第三个时期是品牌收缩时期。

早在 20 世纪 90 年代，伊莱克斯就已经跃跃欲试，准备进入中国家电市场。1996 年，伊莱克斯以直接出资但不参与直接经营管理的方式，与长沙中意电器集团公司成立了伊莱克斯中意 (长沙) 电冰箱有限公司，该公司年产冰箱能力可以达到 100 万台。

从 1997 年开始，伊莱克斯在中国的发展进入第二个阶段。这个阶段中，伊莱克斯任命原百事可乐中国区总裁刘小明负责中国区事务。在他主政期间，伊莱克斯高举"本土化"旗帜，采用了"先市场，后品牌"的策略，迎来快速发展、持续扩张的时期，先后进入空调、洗衣机、厨电等领域，迅速取得品牌知名度，从本土品牌手中抢夺了一定的市场份额。在此期间，其冰箱产品份额曾达到整个中国市场的 8.9%，销售额也一度达到 27 亿瑞典克朗[①]之多 (见图 1-2)。但与此同时，伊莱克斯在中国依旧没有办法改变亏本的局面，继续入不敷出。

图 1-2　伊莱克斯中国区 1999~2009 年销售总额对比

资料来源：《伊莱克斯，你是重云密布下的危楼吗?》，慧聪家电网专题，http: //info.homea.hc360.com/zt/yilaikesi/index.shtml。

进入 2003 年以后，由于不满品牌在中国的日益低端化经营以及连年亏本

① 1 瑞典克朗 ≈ 0.957066356 人民币 (2010 年 12 月)。

的状况，伊莱克斯总部开始频繁更换中国区的管理层，意图重塑品牌高端形象，以期在中国长久发展。但其品牌战略由于高层管理团队的不断流动，始终处于摇摆不定的状态，产品销量更是从 2002 年起开始日益下滑，到了 2009 年，年销售额仅剩 6 亿多瑞典克朗。2009 年 2 月，在经历了 6 年 6 度换帅之后，伊莱克斯中国区进行战略调整，关闭了位于长沙生产中低端产品的工厂，提出了聚焦区域市场战略，宣布只做黑龙江、山西、四川、河北、福建、浙江、江西、广东 8 个省以及北京、上海、天津和重庆 4 个直辖市构成的主要市场。

案例分析

一、品牌定位之四宗"罪"

伊莱克斯在中国的步履维艰，其关键问题就是品牌定位出了差错。在初入中国市场时，伊莱克斯不计后果地"下行"定位中低端，为其品牌定位悲剧埋下了伏笔；而在培育市场时期又贸然"上蹿"回归高端，使其市场份额大幅缩水，在中国市场处于岌岌可危之势。

根据阿尔·里斯的定位理论，可以简单抓住三个关键问题。第一个是定位的目标受众是谁；第二个是定位的内容是什么；第三个是怎么进行定位。

关于如何定位，包含两个方面：首先，品牌必须审视自己，思考处在什么位置，期望获得什么位置的问题。其次，品牌在定位的过程中还需要研究竞争对手的定位，必要时对竞争对手进行重新定位，也正如阿尔·里斯所说："重新定位的关键在于从根本上动摇现有的观念、产品或人。一旦旧理念被推翻，推广新理念往往就变得简单之极。"

可以看到，伊莱克斯在品牌定位方面可谓是接连犯错，昏招连连。细数一下伊莱克斯在品牌定位中所犯的四宗"罪"（见图 1-3）。

（一）产品服务的平庸

提到品牌定位，围绕的核心必然是产品本身。对于伊莱克斯而言，其产品和服务的问题是困扰品牌发展的根本问题。

第一，家电产品缺乏差异化。在竞争日益激烈的家电市场，产品同质化趋势明显，产品是否符合消费者真实需求成为家电行业竞争的着力点。伊莱克斯一度推出了新静界、省电奇兵、自选冰箱、智冷双全冰箱、免洗衣粉洗衣机等家电类产品，但大都属华而不实的概念产品，乏善可陈，无法吸引消费者。

第二，家电产品线缺乏竞争力。伊莱克斯在初入中国之际就盲目扩大产品线，饥不择食地进入空调等非优势领域，导致整体战线拉得过长，优势产品

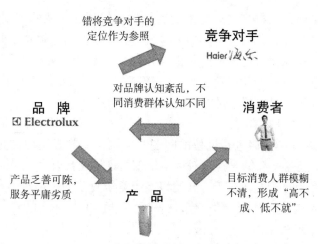

图1-3　伊莱克斯品牌定位的四宗"罪"

优势无法体现，各类产品缺少核心竞争力，最终逐渐被市场边缘化，沦为平庸产品。

第三，家电产品售后服务不尽如人意。作为家电行业中重要一环的售后服务，由于疏于售后服务的耐心经营与培育，伊莱克斯的表现让人大失所望。以互联网为例，在百度贴吧的"伊莱克斯吧"中，充斥着消费者的各种抱怨和不满，足见其并不细致的服务对于品牌有着多么恶劣的影响。

（二）目标消费人群的模糊

正如《定位》一书里所描述的，定位"是改变人们头脑里早已存在的东西"，而这个"人们"就是指品牌的目标消费者。可见，目标消费者对于定位的成功起着基础性的作用。

根据上述案例介绍，可以知道，伊莱克斯的第二宗"罪"就是品牌目标消费人群不清晰。在品牌试水时期和品牌扩张时期，伊莱克斯定位于力图实现本土化的外资品牌，即将目标人群锁定在中低端的大众消费者身上；待进入品牌收缩时期后，伊莱克斯又忽然转变定位于高端，目标消费者随之改变，成为高端精英消费人群。这样一种前后不一致的目标消费人群，使得伊莱克斯的品牌定位愈发偏离轨道，造成了"高不成低不就"的尴尬局面，无法让相关品牌营销活动有的放矢。

（三）品牌认知的紊乱

所谓品牌认知，即指消费者对于品牌的主观感受的集合。由于伊莱克斯瞄准的目标人群模糊不清，导致作为受众的消费者，对于伊莱克斯的品牌认知也产生混乱，无所适从，形成了双方信息的不对称。

对于低端消费人群来说，原本价格低廉的伊莱克斯忽然"剑走偏锋"，升至高端，会造成这部分消费人群的大量流失，以及品牌忠诚度的降低；而对于高端消费人群来说，业已形成的刻板品牌印象，无法让他们对伊莱克斯产生更多的品牌好感，进而产生品牌偏好，许多消费者甚至将其打上了"低端代工"的标签。最终落得两边都不讨好的结局。

（四）竞争形势的错判

《定位》在解释如何进行定位的问题时强调，品牌在定位的过程中除了审视自己以外，还需要有针对性地对竞争对手的定位进行研究。

而伊莱克斯的失误就在于一开始将本土竞争对手的定位作为参照，使自己一开始就陷入被动，甚至在争夺市场份额的过程中与本土的竞争对手大打价格战。本土品牌利用自己的价格和渠道优势，确立了领先地位，而作为市场的后进者，伊莱克斯应该切忌被竞争对手牵着鼻子走，以免在竞争中丧失主动权。

二、品牌定位背后之"过"

其实，致使目前伊莱克斯品牌病入膏肓，除了前文所述的品牌层面的四宗"罪"以外，还有公司层面的三大"过"，这也是不能逃避的问题所在。

（一）盲目扩张之过

在品牌试水和品牌扩张时期，为了扭转局面，争夺市场，伊莱克斯曾经盲目扩大生产线，以期增加产量和短期利润。为了实现这些不计后果的扩张，伊莱克斯选择了购买生产线来增加短期内的产量，先后并购了长沙中意冰箱厂、南京伯乐冰箱厂以及杭州东宝空调厂。这些并购行为导致了伊莱克斯的产品里充斥着大量贴牌生产产品，这些产品的质量无法保证，品牌形象因此大打折扣，也加深了部分消费者对于伊莱克斯低端的品牌印象。

如图 1-4 所示，最终并购的工厂相继关闭或停产，有力地表明了这种短视的扩张行为不仅不能帮助伊莱克斯步入正轨，反而使其品牌形象深受其害。

（二）频繁换帅之过

2003~2009 年，伊莱克斯在短短的 6 年时间内走马灯似的更换了六任中国区总裁（见表 1-1）。正是由于每个时期任用不同的总裁，而不同的总裁采用的品牌战略和经营思路又都不尽相同，使得伊莱克斯在这期间内采取了一些截然不同的甚至是自相矛盾的定位策略。这不仅无法形成稳定的管理团队，极大地浪费了公司的资源，而且妨碍了公司品牌战略和经营思路的连贯性，进而错过诸多市场机会。

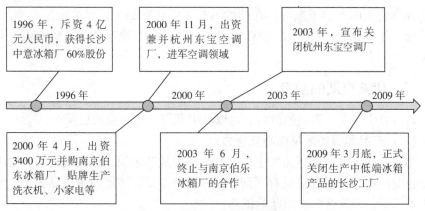

图 1-4　伊莱克斯品牌扩张收缩史

表 1-1　1997~2009 年伊莱克斯中国区历任总裁

	第一任	第二任	第三任	第四任	第五任	第六任	第七任
任期	1997~2003 年	2003 年	2003~2005 年	2005~2006 年	2006~2008 年	2008~2009 年	2009 年 2 月至今
总裁	刘晓明	亚太区总裁白桦志兼任	唐佳敦	亚太区总裁白桦志兼任	薛佳玲	李艳	亚太区总裁古尼拉兼任

当然，频繁的领导层变动，也与中国区高管无法获得伊莱克斯总部的信任和支持有着密切关系，因而无法获得伊莱克斯总部支持也成为公司经营管理的一大制约因素。由于伊莱克斯的销售主要地区集中在欧洲和北美，并不在中国所在的亚太地区，因此，伊莱克斯中国的品牌经营就由此显得更加如履薄冰，每次品牌定位的尝试都心有余而力不足。根据伊莱克斯 2009 年财报的数据显示，伊莱克斯在亚太地区的销量，雇员数量等指标呈逐年下滑趋势，这也从侧面说明了这一问题带来的严重性。

（三）企业文化之过

作为一家外资企业，"务实"的企业文化可以短期内保证企业的高效和利益的最大化。但从长远来看，"务实"的企业文化有可能导致公司战略的"朝三暮四"，最终影响公司及品牌的经营及管理。

伊莱克斯的这种只求短期效益，而忽视长远利益的"务实"企业文化就体现得特别明显。在品牌试水时期和品牌扩张时期，伊莱克斯不愿在蒙受亏损的前提下继续投入资金定位高端，而只是一味地扩大规模和增加产量，保证其牢牢霸占市场份额，迅速获得品牌知名度。但是，赢得品牌知名度并不代表赢得市场，想要在竞争中立于不败之地，企业需要具有一定的韧性和耐心。比如，同是外资企业的西门子家电，在持续不断投资的前提下，坚决定位高端品牌，在连续 7 年亏损之后终于在 2000 年实现盈利，一举奠定第一外资家电品牌的地位。

三、伊莱克斯的启发

通过对伊莱克斯案例的分析，可以从中获得一些有益的启发：

（一）产品和服务才是核心竞争力

其实，无论怎么进行品牌定位，对于品牌战略来说，最关键、最重要的一环是企业的产品或服务。只有回到产品和服务本身，才能在解决品牌定位问题时正本清源，寻找到解决问题的钥匙。

（二）品牌与市场并非不可兼得

从伊莱克斯的案例中，很容易得出这样的一个论断，即品牌和市场是鱼与熊掌的关系，无法兼得。但事实果真如此吗？其实不然，同样拥有高端产品的海尔，其常年保持中国家电领头羊的位置，也并未影响其在消费者心中优质的品牌形象；而反观同为家电外资巨头的西门子，它也曾在中国本土化过程中遭遇过水土不服，但凭借自身的品牌坚持，也依旧保持着第一外资家电品牌的位置。

因此，品牌与市场不是相悖的，而是可以相容的。

（三）品牌建设需要和风细雨

通过对案例的分析，可以知道伊莱克斯初期经营的急功近利，其缺乏有深度、有广度的精耕细作也预示着它将不可避免地因为短视而陷入困局。只有和风细雨式的品牌建设才能"润物无声"，最终实现品牌建设的目的。

问题

1. 你认为导致伊莱克斯陷入品牌困局的最关键原因何在？

2. 你认为如果要对一个品牌进行品牌定位的分析，需要回答哪几方面的问题？

3. 通过案例分析，你认为掌握品牌定位方法的要领是什么？

4. 尝试举除了伊莱克斯以外的案例，来说明品牌定位对于品牌建设的重要作用。

案例 3 真功夫：中国式"蒸"快餐

考生角色

假设你是张顺，目前打算注册一家自己经营的中式餐厅。餐厅开在大学附近，主要面向大学师生和学生家长，需要给餐厅起个合适的名字，目前你的餐厅还不是很大，但是今后不排除开连锁加盟店的可能性。

按照目前的情况，你需要先在学校周围稳定下来，先经营三年，盘活资金和市场资源，之后根据需要再进行必要的调整。作为老板，你会怎么做？怎么取名字？怎么为自己将来的经营做好通盘计划？

案例介绍

1994 年，蔡达标和比他小两岁的潘宇海在东莞长安镇开了一家名叫"168"的蒸品快餐店。店铺很小，经营的品种也只有几种，但由于食品美味可口，吸引了大量的顾客，每天都是餐餐爆满，"168"餐厅也就相继开张。1997 年 11 月，蔡达标成立了双种子饮食有限公司。2004 年 7 月，他注册了"真功夫"商标，成立"真功夫"餐饮连锁机构。2005 年 12 月，"真功夫"第 100 家门店广州中华广场店宣告开业。2007 年 10 月 25 日，"真功夫"全国第 200 家店在上海开业。"真功夫"扩张提速，计划到 2008 年后分店数要达 400 家。至 2010 年，分店数达 1000 家，宣布正式突破业界公认的发展规模瓶颈，开始向全国品牌迈进。2007 年 11 月，经过多方谈判，"真功夫"引入了今日资本和联动投资两家风投的 3 亿元人民币资金，并且明确提出了 3 年内在 A 股上市的计划。

面对"真功夫"的快速扩张，麦当劳、肯德基把其当成了直接的竞争对手，将其列入"黑名单"。百胜集团更是派出过调研小组深入到"真功夫"在东莞的分店进行消费者问卷调查。业内人士指出，这将是洋快餐"横行"中国内地多年来，中式快餐首次与其正面交锋。中国烹饪协会副会长阎宇认为，"真功夫"巧妙地利用"蒸"解决了中餐的标准化问题，能做到和洋快餐一样工业化生产，保证食物品质的绝对一致，其经验值得业内同行学习。

日前，真功夫董事长兼总裁蔡达标现身北京，发布一份《2011 中国白领膳食健康白皮书》，通过委托调研机构量化分析来打"营养健康"牌，把中洋快餐的较量摊在众人面前。今后，"真功夫"仍将把米饭快餐作为宗旨，将在

"营养健康"方面着力，并且在渠道方面也进一步将其由一线城市扩展到二、三线城市。

资料来源：《中式蒸功叫板洋快餐》，http：//www.meishichina.com/News/CanYin/200806/40165.shtml。

案例分析

"真功夫"是知名的中式快餐品牌，主打美味、营养的原盅蒸汤、蒸饭，传承中华饮食五千年文化并加以创新，把中华饮食传统的 30 多种烹饪方法凝聚在一个技法上——蒸，以岭南饮食的原盅蒸品为特色，发扬中华饮食"营养"优势，塑造以"营养"为品牌核心价值。

2008 年"真功夫"米饭销量突破 5000 万份，是直营店数最多，规模最大的中式快餐连锁企业，也是中国快餐五强企业中唯一的中国本土快餐品牌，其最终目标是把自己打造成中国中式快餐第一品牌。

一家名不见经传的蒸品快餐店，如何在短短不到 17 年的时间内成为本土快餐业中的佼佼者，甚至叫板麦当劳、肯德基？作为一个民营小企业，"真功夫"是如何走出一条独具特色的发展之路，背后隐藏着怎样的"功夫秘笈"？

这一切都要先从"真功夫"的名称开始说起。

一、"真功夫"的前世今生

"真功夫"这个品牌名称，就曾经经历了两次易名。"真功夫"的前身是蔡达标与潘宇海 1994 年创立于广东东莞的"168"蒸品店，在 1997 年改名为"双种子"，2004 年改名为"真功夫"。

（一）"168"蒸品店：香港货柜司机的路边餐厅

1994 年 4 月 14 日，两位刚刚 20 出头的广东小伙子蔡达标与潘宇海，在东莞长安镇霄边村 107 国道旁开设第一家餐厅，因为开在国道旁边，所以取名"168"蒸品店，取谐音"一路发"之意，主营中高档蒸饭、蒸汤和甜品。当时"168"蒸品店面积仅有 70 多平方米，餐厅只有 4 名员工。

那时候，餐厅主要面向的用餐客户是那些开车经过此地的香港货柜司机，他们出门在外，主要讲求的就是实惠好吃、方便快捷。在研究如何吸引顾客在尝试后还能继续光顾的问题上，蔡达标及潘宇海下了很多功夫。他们重视做好餐厅的日常服务，并不断向顾客了解他们的看法和意见。

这一时期，"168"凭借着其精准的目标市场定位，非常注重货车司机出门在外对于吃饭方面的需求，注重真材实料、美味营养，给货车司机提供了美味的蒸品食物和相应的服务，让旅途劳顿的司机朋友们有一种旅途中短暂歇脚、休息的家的感觉。"168"谐音"一路发"，也非常符合司机朋友出门在外图个吉利的心理作用，因此很快"168"吸引了越来越多的回头客。每到中午，来此用餐的香港货柜司机络绎不绝，卡车停在国道上排成长龙，每到吃饭高峰期，食客盈门，成为当地一时美谈。

（二）"双种子"时代：市民家的饭堂

随着生意渐好，资金扩大，在三年的时间内，餐厅从设备到管理都逐渐实现了标准化，继续扩张开店成为可能。两位创始人这次想把餐厅开到核心商圈，这时餐厅要面对的就不再是国道公路上频繁经过的香港司机，而是市镇居民们。此时，"168"的名称与目标顾客开始显得不协调了。市镇居民并不看重"一路发"的好彩头，他们平时吃饭，更看重的是一种浓浓的生活气息和与自己的贴近感。

经过一番思考，两位创始人把店名改为"双种子"。寓意"种子萌芽，携手弘扬中华饮食文化"，并且设计了一个双种子的 Logo。这个 Logo 看起来很像两颗小种子，它们的设计来源于中国易经中的阴阳符号。对此创始人之一蔡达标的解释是"任何事物都有两面，互为补充，我们都要从不同角度去思考"。

1997 年，"168"蒸品店首次走出长安镇，在虎门开设连锁店。1999 年，"双种子"走出东莞，进入广州、深圳。广州是"双种子"进军大城市的第一站。而就在这里，蔡达标曾面临着意想不到的困惑。在广州一些商务区，"双种子"生意也很好，但租金贵，价格卖不上去，生意又主要集中在中午，因此利润率非常低。面对这种生意好，但利润率上不去的情况，蔡达标意识到有必要对产品定位进行新一轮的变革和提升。

到 2002 年，"双种子"蒸品连锁餐厅的业绩已经表明企业自身在整个行业处于遥遥领先的优势地位。这时候，走出华南，迈向全国，成为了大家的共识。这一年，蔡达标带领董事会三名成员自驾越野车，开始了一个多月的全国市场考察，得出了这样的结论——要从卖产品提升到卖文化。

经过深入调研、探讨后，蔡达标等人逐渐意识到现在的市场已经不再是"酒香不怕巷子深"的年代了。2003 年开始，蔡达标花费 400 万元人民币请来了叶茂中策划公司，为"双种子"蒸品连锁餐厅做品牌调研及品牌策划。在对全国快餐市场进行详细调查后，叶茂中策划公司的服务小组认为，"双种子"品牌给人的是一种朴实、亲切的农村、乡镇形象，不够现代感，建议换其他新品牌名。

这个提议引起公司上下的很大震动。因为，当时"双种子"蒸品连锁餐厅已经在华南有了深厚的顾客基础，有些顾客已经把"双种子"亲切地称呼为他们家的饭堂。据了解，当时"双种子"的品牌价值至少在几千万元以上。面对这种情形，蔡达标认为此时公司进入了一个瓶颈期，"双种子"虽然拥有一定的市场份额，但一直未能获得根本性的突破。这时候，寻求再一次突破成为摆在他面前的又一个任务。

（三）"真功夫"时代：弘扬中华传统饮食文化

　　基于走向全国市场和由卖产品向卖文化升级的考虑，公司相关人员进行了一次内部头脑风暴，最后选定"真功夫"。蔡达标说，中国有两样东西风行世界各地，其一为中华美食，其二是中国功夫。据咨询机构调查，上海、杭州等地晚上7点半以后，60%的电视频道播放武侠片，中国功夫有天生的传播效应。做餐饮也是一门功夫，有特色、有品位的美食一定要下足功夫。"真功夫"的最大特色是中式蒸品快餐，"蒸"和"真"谐音，好记又有意义；"真功夫"中国特色鲜明，具有浓厚的中国传统文化特色，便于将来进一步开拓国际市场。

　　就这样，"真功夫"的名字在机缘巧合下应运而生，并得到公司大多数人认同。中国功夫源远流长，威震世界。中国人说一个人做事用功、用心，就会描述为"下了功夫"，有非常正面及积极的寓意。蔡达标希望借由这次更名，能够将自己的产业经营更上一个文化层面。对此，他也有自己的一番阐述：功夫不仅仅是一招一式、一拳一脚，它更是一种中国人不畏艰难、挑战自我的精神，这就在单纯的做餐饮之外又多了些做人做事的精神层面的道理。

　　于是，在2004年6月，公司在广州开了第一家"真功夫"原盅蒸饭餐厅，经市场测试，"真功夫"餐厅的营业额明显快速超过"双种子"餐厅。于是，深思熟虑后，新品牌"真功夫"开始全线启动，并以李小龙为原型，创造出一个富有动感的人物造型Logo。公司希望顾客能在被时尚店面门头所吸引的同时，也能感受到"真功夫"在产品和服务上，都"全情投入，用足功夫"。

图1-5　"真功夫"的Logo

　　"双种子"更名为"真功夫"，绝非心血来潮、换汤不换药之举，而是脱胎换骨的转变，表明企业决心以全新模式向经营中式餐饮连锁品牌转型。

　　之后，"真功夫"成功地在广州、深圳市场快速发展，新品牌的更换得到了消费者的好评。目前，"真功夫"已经在中国北京、上海、广州和深圳等多个城市开设了近500家直营连锁餐厅，并将继续将市场扩展至二、三线城市。

二、"真功夫"成功的三步秘诀

（一）鲜明卖点："营养还是蒸的好"

　　公司口号是"真功夫——蒸的营养专家"。

　　1997年创新出电脑程控蒸汽柜后，"真功夫"在东莞取得了稳定发展，逐渐有了朦胧定位："蒸和营养。"当时，该公司相继推出了"蒸，留住食物的精华"、"蒸的营养专家"口号。后来，公司终于确定以"蒸"为产品定位，因为蒸不但利于标准化，而且给消费者的感觉是滋补的、营养的。2004年，该公司再次推出新的品牌口号——"真功夫好营养"。2005年改为"营养还是蒸的好"。

　　从第一家餐厅开始，"真功夫"就以"营养、美味、快捷的中式快餐"为定位，受到关注健康、忙碌生活的消费者喜爱与拥戴。"真功夫"秉承中式快餐的"健康营养"理念，在白领人群中引起了很大的认同，在战略上占很大的优势。

　　"真功夫"曾经花费大笔资金找调研机构在北京、上海、广州、深圳、杭州5个城市做了大规模的定量及定性研究。数据表明，尽管快餐消费者口味普遍受地域影响呈多样化，但逐渐受社会因素影响，表现出对口味偏好的淡化，趋向品牌选择，最希望吃到安全、营养的快餐。

　　通过这次调研，"真功夫"确定了这样的理念：区域品牌向外扩张不但有市场空间，而且必须趁早走出去，而取胜的关键就在于营养。因此，提出以"营养还是蒸的好"作为自己的鲜明诉求，明确提出营养和健康的品牌理念，是一个正确的选择。

（二）标准化：学习麦当劳的生产和管理

　　昔日指引蔡达标走上快餐之路的竟是如今他挑战的对手——麦当劳。读中学时，他无意中读到一本名为《麦当劳的神话》的书，这本通俗易懂的小册子围绕洋快餐的"标准化"展开，讲述了麦当劳是如何通过"标准化"迅速复制到世界各地的。麦当劳的神话深深吸引了蔡达标。

　　"真功夫"最为世人耳熟能详的是：它在1997年研发出"真功夫电脑程控蒸汽柜"，这套设备巧妙利用蒸汽使烹饪过程始终保持1~2个标准大气压、101℃的条件，终于摆脱中餐烹饪受厨师制约、中式快餐无法快捷的困境，顾客从点餐到领取食物只需花 80 秒钟。提出"中餐要实现标准化，关键不在流程，而在设备"。同时它也是中国乃至全球第一个攻克了中餐标准化的世界难题的快餐企业，它首先探索出华人中餐发展的新路。

作为全球第一个实现中式快餐标准化的企业，"真功夫"在品质、服务、清洁方面完全与国际标准全面接轨，并建立起三大标准运营体系——后勤生产标准化、烹制设备标准化、餐厅操作标准化。它们分别为：通过将后勤与店面分离管理，摆脱"前店后厨"模式，保证了从选料、加工到配送等各道工序的标准化；通过独创电脑程控蒸汽柜，使烹饪过程同压、同时、同温，实现无须厨师、烹饪标准化；通过制定餐厅各级管理、各项工序、各种操作的标准及岗位流程，将餐厅操作有序且量化。

"真功夫"还对自身服务也进行了标准化，提出了新的快速服务口号"60 秒到手"，这点在整个快餐业，只有麦当劳和肯德基能达到这个水平。

（三）定位于全球华人餐饮连锁，进行国际化扩张

现在，"真功夫"已经成为中国规模最大、发展最快的中式快餐连锁企业。围绕中国源远流长的"功夫文化"、"饮食文化"，"真功夫"希望借助其华人餐饮连锁的定位，在中国及世界范围内，利用快餐连锁这种独特的商业模式，传播融现代与传统和谐并存的中国文化。

目前，我国快餐业年营业额约 2500 亿元，中式快餐占据了 80%多的市场。但剩余的近 20%份额却几乎为麦当劳、肯德基两大品牌占据。中式快餐呈现出"产品强、品牌弱"的局面，一直处于群龙无首的状态，整体实力仍远落后于洋快餐。

但是，"真功夫"所主打的"蒸和营养"恰好是洋快餐的短板，它们是以炸为主，在健康问题上也颇受争议。而"真功夫"的鲜明定位不但与洋快餐形成差异，更是直指其弱点。"80 秒完成点餐"和"营养还是蒸的好"，顺应了中国消费者对快餐"便捷、健康"的需求趋势，并与肯德基、麦当劳等洋品牌形成鲜明的市场区隔，一举击中洋快餐的"烤、炸不健康"的软肋，具有较强差异化竞争力。

作为中式快餐领军品牌，自诞生之日起，真功夫就倡导营养健康的饮食方式区隔于洋快餐。2010 年，"真功夫"持续稳步发展，还成立了中式快餐业内首家企业大学——米饭大学，为企业未来的大规模扩张做人才铺垫。"真功夫""用米饭对抗汉堡"，成长为中式快餐行业的第一，极具标志意义。

三、小结

（一）品牌命名对品牌发展有积极作用

品牌名称对于品牌的发展至关重要。品牌名称是品牌形象的重要部分。好的品牌名称是品牌被消费者认知、接受、满意、记忆乃至忠诚的前提，品牌名称在很大程度上影响品牌联想继而影响品牌形象，是品牌内涵的切入点和原点。

"168"之所以受到香港货柜司机的欢迎，是因为它谐音"一路发"让他们觉得出门在外有一个好彩头；"双种子"之所以受到市镇居民的欢迎，是因为他们觉得这个名字很形象亲切；而"真功夫"受到越来越多国人的青睐，也是因为他们认同这种功夫做菜的饮食文化。

（二）品牌命名应该与企业的发展同步

品牌命名不一定是一成不变的，在合适的时机，品牌命名应该根据企业的发展战略阶段实现同步，而不能造成名字和实际脱节或者超前的感觉，造成"名不副实"或者"名过于实"。应该说，"168"时代是初步建立起了一个商业模型；"双种子"时代是打造了一套在模型之上的系统平台；"真功夫"则是树立了品牌，形成了连锁规模。

（三）品牌命名应该符合目标受众

品牌名称应该是企业在一开始就要确定一个好的品牌名称，这个品牌名称必须有利于传达品牌定位和品牌形象，符合其目标受众的形象和地位，且有利于传达的品牌核心诉求。无论是"168"、"双种子"还是"真功夫"，在发展的不同时期都是按照其目标受众的需求来更名的，也对品牌的发展起到了一定的积极作用。

总之，品牌名称的选择没有确定的标准，不同的行业、不同地域都有符合各自情况的品牌名称选择策略。"真功夫"的名字是否好，还有待于时间证明，这至少对其华人世界餐饮的定位和下一步国际化做出了铺垫。

问题

1. 试举出品牌命名需要注意哪些要点？

2. 你认为品牌可以根据哪些要素来命名？

3. 你认为"真功夫"曾经的名字是否符合其各个发展阶段的战略需要？为什么？

4. 根据以上所学，你能为张顺想一个合适的餐厅名字吗？

案例 4 人人网：突围象牙塔

考生角色

假设你是校内网品牌发展部的经理 Ben，负责校内网的市场运营和品牌发展的相关工作。现在校内网面临着发展瓶颈，即以大学生为主的校园用户已经趋近饱和，而社会普通用户由于一些隐私设置等不能成为校内网的用户，这使得校内网面临着转型。

你需要站在校内网品牌发展的全局角度，为其品牌重新改名。新的名字需要在不损害以往用户感情的基础上，符合校内网未来的发展步伐，并对以后校内的品牌扩张有利。你打算如何改名，以及如何应对改名之后可能面临的用户的质疑和抛弃？

案例介绍

2009 年 8 月 4 日，千橡集团召开战略发布会，董事长陈一舟在发布会现场宣布其旗下 SNS 网站校内网将启动新域名 renren.com，并更名为"人人网"。同时对外宣布校内网的注册用户已达 7000 万。

千橡集团在校内网发布消息，以"为了给校内网带来一个更长远、广阔的发展前景，我们需要割舍对校内品牌的依恋之情，去积极地、勇敢地创造一个更伟大，更具延展性的新品牌，一个广大用户心目中的至爱品牌"为理由宣布，将旗下著名的"校内网"更名为"人人网"。

随后，陈一舟致信所有用户：支持校内，情系人人。在公开信中，他郑重声明，人人网将秉承千橡集团一贯的"一切以服务用户为宗旨"的方针，为大家提供更多的选择空间和更好的服务。用户在校内上的所有资料、隐私设置、好友关系，不会发生任何改变，更名后所有功能不受任何影响。

8 月 5 日，人人网域名生效，renren.com 可以访问。

8 月 14 日，人人网域名更换完毕，访问校内跳转人人网。

8 月 19 日，人人网网站标识及整站文案更换完毕。

新品牌标志由两个抽象的人字变形，人字成圈形寓意每个人的人际圈，同时两个人字中间发生交集，寓意人与人的沟通和交流，中间的红色象征着人与人之间的情感。文字部分拼音"renren"，同时也是网址"renren.com"。由图形和域名共同组合成的新标志，象征着"renren.com"是一个人与人的沟通分享平台，分享真实、沟通快乐。

图1-6　校内网标志（左）人人网的新标志（右）

资料来源：摘自新浪科技：《校内网宣布更名为人人网》，http：//tech.sina.com.cn/i/2009-08-04/14523321884.shtml。

案例分析

一、改名：从"校内"到"人人"

人人网的前身为校内网，成立于2005年，是中国最大的实名制的SNS网络平台。致力于通过每个人真实的人际关系，满足各类用户对社交、资讯、娱乐等多方面的沟通需求。2006年千橡收购校内网，并将其与千橡旗下校园社区5Q整合。

据SNS应用咨询服务商AppLeap2010年度发布的《2010年中国社交游戏年度报告》显示，人人网拥有真实注册用户超过1.2亿、活跃用户3000万人次。人人网如今已经成为国内占垄断地位的社交网站。

从校内网到人人网的改变，也标志着其从大学校园这个"象牙塔"到全社会的辐射力扩展。

（一）校内网：象牙塔里的情感纽带

自2005年12月成立，校内网就成为无数大学生进行联系和交流的情感纽带。从最初只拥有屈指可数的几所大学学生用户，到涵盖大学生、白领市场在内的Web 2.0沟通娱乐平台；从简单的日志、相册等基本功能，到即时通讯、开放平台，校内网伴随着大学生4年甚至更久的校园生活。校内网是一个实名制的社交网站，通过日志、相册、即时通讯、好友搜索等功能，赢得了大学生的一致青睐。在3年间，校内网已经涵盖了几乎所有的大学，收获了绝大部分用户，成为大学生最喜欢和最经常用的网站之一。

校内网起初仿照国外知名社交网站"脸谱"（Facebook）的思路，只限制在大学生中间进行实名制的注册，因此用户全是大学生。此时的"校内"是一个很好的品牌，该网站用户特征相对集中，圈子相对纯净，客户投放广告时也会相对有针对性。

但是，随着社交网站的飞速发展，"校内"这个品牌已经开始显现出其发展的局限性，即对于社会的辐射力和影响力不够。

（二）从象牙塔到广阔社会的突围

从外部环境来说，校内网扩展空间有限，根据 2010 年 7 月中国高等教育发展计划的最新统计是 2960 万人，就算全部注册校内网，仍不到中国网民的 1/10。当时同样做 SNS 但是最初面向所有白领用户的开心网，当时已经有几千万用户，并且还有加速发展之势。此外，还有 QQ 空间这样的完全没有限制的全民型大众社交网站的竞争，使得校内网面临着外部环境的压力较大。

从广告运营方面来说，大学生这一群体固然十分值得关注，但是对于广告主，更重要的是实际盈利和商业价值。不可否认的是，大学生的消费能力总体偏低，广告主当然更倾向于向工薪阶层投放广告。从这一点上说，"校内"的品牌美誉大于其商业价值，因此也大大限制了其盈利能力。

从用户角度来说，"校内"这个名字的校园气息太浓厚，此时校内用户基本饱和，而校外用户却不认可这个网站，这也不利于校内网长期的发展。当年热衷于校内网的许多大学生毕业并踏入社会后，发现他们并不在学校，然而每天还在登录校内网，所以感到不适应，他们当年在大学 4 年中培养出来的忠诚度很容易丧失，造成用户流失。并且，对于很多不太知晓这一网站的非校园学生等用户而言，一听到校内网的名字，便会自觉把它排除到与自己无关的位置，认为这是一个不需要涉足的网站，这不利于校内网的长期扩展和推广。

针对面临的问题，在公开信中陈一舟也坦言："校内网被越来越多的用户了解和喜爱，可是我们在发展的过程中，也碰到了一些困惑。随着大学生用户加入上班一族，'校内'这个名称逐渐成为限制校内网发展的瓶颈。有些上班族会问，为什么是'校内'？我们不在学校呀！年岁稍大的用户会说，'校内'是校园内的网站吗？"随着大学生用户加入上班一族和大部分中国网民开始接受 Web 2.0，"校内"这个曾经让千万大学生无比喜欢爱戴的名称，逐渐成为限制校内网发展的瓶颈。

在校内网更名的过程中，企业决策者对这个问题和挑战经过了多次的讨论，"其中的争执、不舍，甚至感情的纠结是言语所不能表达的"。但是，"为了给校内网带来一个更长远、广阔的发展前景，我们需要割舍对'校内'品牌的依恋之情"。为了长远发展，品牌的包容性需要更强。千橡集团决定把校内网更名为人人网，从而跨出了校园内部这个范围。

（三）人人网：开放式的社会网络

其实，"人人网"成立于 2000 年，原来是一个分类信息网站。2005 年，千橡集团将其收购。两年后，以"分类信息需求不够"为由，将其强行关闭。重新使用人人网域名，可以拓展原来校内网的用户群体。根据千橡集团内部调研数据，目前校内网的新增用户中，80% 都是上班族。

对于更名后是否会流失原有忠实用户，企业决策者认为，"人人"这个名字目前的辐射力的确还不够，公司将通过改进产品和服务，来巩固既有用户群。并且，校内网更名后，原来的域名仍然继续使用，只不过是作为一个转跳网址，属于平稳型过渡，因此并不会对千橡集团的业务产生实质性影响。

之所以选用"人人"这个名称，千橡方面解释说：正如"社会和谐人人有责，和谐社会人人共享"里所说的一样，它是一个能够包容全体互联网用户，能够支撑起一个有社会责任感的，努力进取的 Web 2.0 公司长期健康的发展，同时有潜力成为一个为广大用户所尊敬和热爱的至爱品牌。

二、转型：突围象牙塔之后的变革

（一）覆盖全年龄用户群的社交平台

校内网改名为人人网后，成为面向所有年龄层的 Web 2.0 沟通娱乐平台。中国 Web 2.0 最大的沟通娱乐平台的变脸意义深远，意味着 Web 2.0 走过了单一应用阶段，覆盖最广泛人群的 Web 2.0 时代沟通平台成为现实。

人人网谋求 Web 2.0 的全民覆盖对于校内网的品牌转换，业界普遍给予了乐观的评价。实际上，校内网作为从大学生群体中成长起来的 Web 2.0 明星品牌，无论是覆盖用户量，还是影响力，都已成为大学校园里不二之选品牌。早在 2008 年，自校内宣布开拓白领用户市场以来，收获也是颇丰。正是随着其不断的发展，校内网其实已经具有覆盖全年龄用户群的综合性社交平台的规模。显然，目前已有用户群的特征与"校内"的名字已相符。有一种说法认为，校内网更换名称和域名是一种必然，因为这已经束缚了千橡向更具商业价值的更广泛年龄及领域目标人群的拓展步伐。

与校内网比，"人人网"可谓占据"天时、地利、人和"之优势。"人人网"的名称本身就包容了所有年龄段的用户，同时加上沟通娱乐的平台体验，几乎每一个群体都能在人人网上安家落户并得到最好的 Web2.0 体验，不存在任何排斥。更名后的人人网在经历一个短期的切换品牌过渡期后，将以沟通娱乐为核心对 Web 2.0 做全新定义，也为其他要进入 Web 2.0 领域的网站树立更高的标准。

（二）千橡整合旗下社区资源的一记重拳

伴随着千橡互动将旗下的校内网更名为人人网，千橡互动紧接着又积极整合旗下社区资源，以求提升不同类型的网络社区价值与合力。

2009 年 10 月 27 日，人人网举行了"人人连接战略联盟"发布会，正式宣告人人网将通过人人连接技术实现与各垂直领域优秀网站的全面连接，为用户带去更丰富的互联网生活体验。千橡旗下人人网发布"人人连接"战略，通过该技术与土豆网、互动百科、天极网、游学网、大众点评网、豆瓣网等各垂直领域网站实现全面连接。用户可以找到多个当前已经开通了校内连接的网站，如猫扑、蚂蜂窝、互动百科等，进行一键式连接，从此可以直接从人人网上登录到上述任何网站，享受方便的网络一站式服务。

对此陈一舟表示，只要有了"人人连接"，人人网就不需要做内容。据人人网预计，通过与第三方网站合作，人人网将获得 30%~200% 的注册用户数量的增长以及 15%~100% 的用户自主生产内容的增长。人人连接的意义在于强化了千橡互动旗下站群之间的用户整合能力，为网络社区服务的垂直细分提供了新的发展思路。

伴随着人人网的推出，千橡互动的社区战略布局日渐清晰。在现阶段，社区论坛加社交网站的商业价值远远大于独立的社区论坛和独立的社交网站，网络社区用户真实身份与虚拟昵称相结合，有利于用户之间的交流，有利于提升社区价值。猫扑网等网站与人人网之间的用户过渡技术成本与操作成本非常低，用户的主动转换迁移的优势十分明显。人人网连接有效地实现了社区站群之间的用户资源共享，为千橡互动系列网站的可持续发展创造了条件，提高了与社交网络相结合的社区论坛的价值。

（三）走上全面的沟通娱乐平台之路

如果说校内网和众多的专业网站、行业网站一样是在走一种垂直化的路线，那么校内网改为人人网则是一种去垂直化的开始，它让 Web 2.0 覆盖了更广的人群。娱乐游戏等应用虽然能在短时间内圈住庞大用户群，但生命周期短的软肋总会暴露出来。一段时间以来，单一的游戏类插件等给行业造成了错觉，而垂直化的 Web 2.0 网站也遍地开花，但从结果上看，垂直化是对 Web 2.0 应用的割裂，即把 Web 2.0 平台一张大网切割成了孤岛。

然而，千橡认为，Web 2.0 平台要想具备可持续发展的能力，就必须回归生活本质，走向覆盖全面的沟通娱乐平台之路，让 Web 2.0 行为实实在在地落实到真实关系和生活服务中，这样的定位才具有生命力，更能以高黏性和聚合力留住用户。这是一场真正的去垂直化的颠覆运动。作为中国最大的 Web 2.0 网站，校内网升级为人人网，恰恰可以看作是"去垂直化"的典范。现在市场中没有一个 Web 2.0 平台能够满足网民最广泛层面的沟通娱乐需求，差异化的竞争却把 Web 2.0 平台带向越来越垂直化的误区，升级后的人人网 Web 2.0 沟通娱乐的定位值得被看好。

校内到"人人"的开放升级，也是在积极探索 Web 2.0 沟通娱乐盈利模式。目前看来，Web 2.0 网站都在寻找植入广告、虚拟物品增值业务等多种盈利模式，尚未看到价值释放的清晰点。但一条亘古不变的真理证明，只要有网民聚集且满足网民个性化需求，就必然能延伸出与其影响力相匹配的商业价值。人人网在探索盈利方式的道路上也做出了不少尝试和努力，例如开通企业和品牌的公共页面、虚拟货币人人紫豆、虚拟礼品、个性页面等服务。

中国互联网经过 10 年砥砺，在横向的容量覆盖和应用的纵向拓展上，都将面临着一个拐点。与过去的邮箱、IM、搜索、浏览新闻等应用相比，基于 Web 2.0 的沟通娱乐平台正以整合的架构实现各个单一功能的"兼容并包"。显然，人人网要担当的正是这一平台角色。人人网这个 Web 2.0 沟通娱乐平台不仅具备根据用户群兴趣点、行为习惯、身份属性等维度细分的精准营销特征，同时还具备超强的黏合力，这为企业的品牌营销提供了用武之地。一旦 Web 2.0 的沟通娱乐平台形成，基于社交基础上的购物、消费、信息查询等更贴近生活的应用都衍生出来，Web 2.0 沟通娱乐平台的商业价值也必然会更清晰。

三、小结

从校内网到人人网的轨道切换，简单看似一次企业的更名行为，只是两个字的变更，但是这一动作背后则暗含着千橡做覆盖全年龄用户群的社交平台、整合旗下社区资源、回归互联网平台沟通娱乐本质等方面的战略考虑。

从校内网的这次改名可以看出，品牌更名具有一定的积极意义，但是，这不意味品牌可以轻易更名，而是应该符合以下三点：

（一）品牌更名需要符合其发展方向

品牌名称对于品牌的发展至关重要。品牌名称是品牌形象的重要部分。品牌名称在很大程度上影响品牌联想继而影响品牌形象，是品牌内涵的切入点和原点。随着不断发展，当其名称不能满足进一步发展的要求时，就需要进行品牌更名。

单从字面意义上理解，校内网仅仅局限于校内用户，而人人网则非常适合于 SNS。SNS 是 Web 2.0 的基本组件之一，SNS 的核心是人，是靠人与人之间的关系建立起来的网络，而"人人"二字则非常恰当地诠释了这种含义。人人网提出了"人人为我，我为人人"的口号，也是对于 SNS 最为贴切的注解。因此，由校内网到人人网的更名，是目标市场范围的扩大和服务的升级。

（二）品牌更名应该做好充分的事前准备

缔造一个品牌需要前期的培育，改变一个品牌有人觉得会得不偿失，难遂人愿。因此，一个品牌一旦建立起来，一般不要轻易改变，但是，在一些关键时刻，作出改变的选择是必要的，但是这种改变一定要是慎重且可操作的。

当校内网宣布更名为人人网的时候，可能有人会质疑校内网改成人人网的品牌过渡是不是能够顺利。但是事实证明，校内的平滑过渡是较为成功的。新的品牌名称不仅没有损失校内网原有的用户，而且为其带来从 7000 万到 1.2 亿用户的飞跃。如果没有对用户黏度的充分自信，没有对新品牌的足够信心，那么千橡也不会作出如此决定。千橡是在考虑到校内这个品牌和平台的局限性后，做好充分的准备才下定决心的。

（三）品牌更名之后应该大力宣传推广

对新的名称或者标志应该做到有序、有力的推广和管理。作为企业 VI 的重要组成部分，一改了之显然是不行的。在改名之后，企业应该责成强有力的管理部门进行内部深化和外部推广。否则就会造成消费者甚至是内部员工认知混乱的状况，以及原有消费者的遗弃和失望，最终造成品牌更名的失败。

校内网在改为人人网的时候，专门举行了战略发布会，吸引众多媒体到场报道；建立了专门的公告页面"每一次改变都是携手成长"；发布了致用户的公开信；制作了"改变、坚持、联系、信赖"的视频广告；提出了"人人为我、我为人人"的口号；开通了互动留言板等，进行一系列宣传推广……很快与目标用户建立起了信任关系。

发展需要变革，在变革中自然会有舍弃，没有舍弃也就没有发展，如果联想不舍弃 IBM 的品牌，就不会有 Lenovo 的出台。没有舍弃就没有盛大在传奇之后的免费模式带来的巨大成功，没有舍弃也就没有史玉柱的东山再起和巨人的辉煌。所谓有舍才有得。校内网作为 SNS 发展中最大的平台之一，其影响力需要更完善的平台来延续这种活力，毕竟校内还是一个小众，需要在更大的市场中打拼的千橡需要"人人"作为"校内"的延续和品牌美誉度的进一步拓展。

问题

1. 试举出品牌更名需要注意哪些问题？
2. 你认为校内网品牌更名的原因是什么？
3. 你认为校内网到人人网的更名是否成功，为什么？

案例5　一只特立独行的苹果

考生角色

　　假如你是 Jack，一家以生产电子产品为主的合资企业的品牌总监，所在的公司最近计划设计、研发出一款电子类产品，意在争夺日益增长的消费类电子产品市场。

　　作为公司品牌总监，你也被要求参与到这款产品的设计环节中去，提炼出这款产品所要传达的品牌理念，以期顺利赢得消费者的青睐。因此，学习业界最成功的公司，洞察消费潮流，成为你参与设计讨论的一个重要依据。

案例介绍

　　诞生于 1977 年的苹果公司（Apple Inc.），当初只是斯蒂芬·乔布斯以及同伴在一间不起眼的仓库中创办起来的小作坊。到目前，它却发展成为全球市值排名第二的上市公司，[①]并且在福布斯发布的"2010 年度全球最具价值品牌榜"中，以 574 亿美元高居榜首。

　　其实，苹果公司光鲜的品牌成功之路背后也有艰辛的探索，与苹果创造的这段商业神话伴生的是永不懈怠的产品创新。

　　1976 年，苹果公司推出了第一款产品 Apple I。虽然 Apple I 的设计相当简单，但它仍然是一件杰作，而且比其他同等级的主机需用的零件少，最终 Apple I 一共生产了 200 部。

　　1983 年，苹果生产了一款全新的电脑 Lisa，它是一款具有划时代意义的电脑，它具有 16 位 CPU、鼠标、硬盘，以及支持图形用户界面和多任务的操作系统，并且随机捆绑了 7 个商用软件。

　　1984 年，苹果凭借《1984》的电视广告成功推出 Macintosh 新产品，成为苹果丰富的产品史中不可湮灭的里程碑。

　　2000 年，苹果推出了 iPod 数码音乐播放器，大获成功，击败了索尼公司的 Walkman 系列进而成为全球占有率第一位的便携式音乐播放器。

31

---

①《苹果市值超中石油居全球第二》，腾讯科技，http://tech.qq.com/a/20100929/000072.html。

第一部分　品牌战略管理

　　2007 年，苹果电脑公司正式推出 iPhone 手机，掀起了手机领域的变革，并宣布更名为苹果公司。

　　2010 年，苹果公司推出平板电脑产品 iPad，立刻成为电子消费类产品中的革命性产品，其他公司纷纷效仿跟进，一时间，平板电脑蔚然成风。

　　截至 2010 年 12 月，苹果的主要产品仍旧包括 Macintosh 电脑，iPod 音乐播放器，iPhone 手机，iPad 平板电脑，以及 iTunes 在线数字媒体商店。

　　与苹果坚持不懈的产品创新相伴的是，它的每款产品几乎都能引发热卖：2007 年 9 月，iPhone 在仅推出 74 天的时候，销量即破百万；2010 年 5 月，iPad 在仅发售 28 天时，销量即过百万，平均每 3 秒售出 1 台；2010 年 9 月，苹果公司宣布截止到该月，其 iOS 设备（含 iPod Touch、iPhone 以及 iPad）出货量已达 1.2 亿部。[①]

图 1-7　苹果的品牌 Logo

　　那么苹果究竟是靠着什么样的品牌个性吸引如此多的消费者为之疯狂呢？它又是如何利用自己的这种品牌个性使其成为当下最值钱、最炙手可热的科技品牌呢？

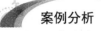

案例分析

　　大卫·艾克在"品牌三部曲"之一《创建强势品牌》关于品牌识别系统的论述中，提到了"品牌个性"的概念。他认为，作为个人的品牌，即品牌个性，

----

　　①《iPod 占 iOS 设备总销量四成》，新浪科技，http：//tech.sina.com.cn/it/2010-09-08/10234633155.shtml。

可以解释为一个品牌拥有的一系列人性特色。它是独特而具有延续性的，并且消费者的表面识别率很高。这对品牌识别来说是一个重要的组成部分。

综观这个世界上获得成功的品牌，可以看出，多半都是具备了鲜明而特别的品牌个性。拥有33年品牌历史的苹果，当然也不例外。

一、苹果的品牌个性

苹果的品牌个性可以归纳为三个层面，包括产品层面、体验层面以及经营层面（如图1-8所示）。这三个方面层层递进，层层深入，基本上勾勒出了苹果的品牌个性精髓。

也就是说，如果把苹果品牌比作一个人，那么它就是集极简主义、完美主义于一身，懂得关怀他人，既特立独行，又性格独立开朗的人。

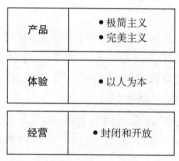

图1-8　苹果品牌个性的三个层面

（一）极简主义

极简主义是苹果品牌在产品层面的第一个品牌个性，它的核心要义就是让产品变得更简单，对消费者更友好，让产品和消费者形成更良好的互动，进而培养消费者对品牌的认可和忠诚。这一品牌个性几乎贯穿于苹果产品的方方面面，从只有一个按键的鼠标到只有一个按钮的iPhone手机，极简主义都极好地诠释着苹果的品牌精神。

1. 简约的产品

以2007年6月iPhone手机上市为开端，苹果接连推出的iPod touch音乐播放器系列以及iPad平板电脑系列产品就把这种极简主义品牌个性融入了产品的设计哲学中。这种设计哲学的思路就是，用最简单的操作实现最复杂的功能，或者说是傻瓜式设计。这些华丽而不简单的产品设计甚至在一些苹果迷眼中成了美轮美奂的艺术品。

苹果产品的简约主要体现在：

第一部分 品牌战略管理

34

第一，产品外形简洁。以 iPhone 手机为例，从一代到四代都采取了经典的黑色加银色的金属材质，这种鲜明的金属质感风格也多见于苹果的其他产品。当大多数其他产品选择五花八门、五光十色的时候，苹果则与众不同，独树一帜。

第二，操作简便。自 iPhone 手机产品上市后，苹果的每款移动终端类产品都仅靠手指触摸实现操作。一个食指，就完成了最简便的人机交互。

第三，含义丰富。苹果一款设计简单的产品，往往能实现含义丰富的功能和操作。例如，它的全媒体平台 iTunes，就集成了音频、视频数字媒体播放器以及 Apple 应用程序管理，涵盖了音乐、电影、教育等领域的内容。

2. 精简的产品线

精简的产品线一直是苹果的一大特征。截至 2010 年 12 月，苹果总共只有四类主要硬件产品：Mac 电脑系列，iPod 音乐播放系列，iPhone 手机系列以及 iPad 平板电脑系列。

对于其他品牌来说，它们将产品推向消费者的时候习惯于做加法，即给消费者众多的选择，消费者往往无所适从；而苹果则大胆地反其道而行之，做起了减法，只提供给消费者有限的产品选择。比如，其热卖的 iPod Touch 系列产品仅有 8GB、32GB、64GB 三种规格。

其实，苹果的这种专注降低了消费者的选择成本。面对简单的产品信息，消费者更易被品牌所打动，某种程度上催生了消费者对于品牌的痴迷。

（二）完美主义

近乎于苛刻的完美主义，也是苹果得以独树一帜的品牌个性之体现。曾与乔布斯共事的苹果前 CEO 斯卡利就曾提到过这样一个实例：为了让苹果的产品设计更加新颖独特，他与乔布斯甚至专门研究过意大利设计师设计的汽车，并且具体到车漆、颜色等细节。正是这种极致疯狂的完美主义追求，让苹果赢得了大量支持者的青睐。

苹果对于产品的精益求精主要体现在两个方面：

（1）硬件上的雕琢。由于苹果本身是硬件设备生产商，所以它对于硬件产品要求的细致与无瑕疵是第一位的。例如，为了避免同其他科技类产品一样在产品交合处有缝隙，苹果创造了一种叫"共铸"（Co-molding）的全新工艺，使得产品的底色之上都有一层透明的塑料，不仅保证了产品没有缝隙，而且为产品带来了视觉上变化的纵深感。

（2）软件上的自主。除了在硬件上精益求精以外，苹果在软件方面也坚持同样的原则。譬如，在它的所有产品中都一贯采用自主开发的 iOS 操作系统，此外，各类苹果产品都使用专属的 iTunes 多媒体平台作为媒体工具。这些都保障了苹果能够顺利执行"硬件捆绑软件"的产品销售思路并获得巨大的成功。

（三）以人为本

与其说苹果的产品有如何如何之创新，倒不如说是苹果"懂得关怀他人"的品牌个性推动着苹果一点一滴地向前进。无论是多点触控技术（Multi-Touch）还是方向感应技术，无论是产品的用户界面还是苹果体验店的布置，都彰显着苹果对于消费者需求的深刻洞察与领悟。

1. 至佳的用户体验

说到苹果"以人为本"的品牌个性，就不得不提它至佳的产品用户体验。还是以 iPhone 手机为例，苹果专门为盲人消费者推出了盲文显示屏以及 Voice Over 辅助操作功能。盲人消费者在这些功能的协助下，无须记忆键盘，仅仅通过聆听指令就能轻松掌握 iPhone 手机的操作，而且 Voice Over 还具备着 21 种语言的语言功能，可以满足不同地区消费者需求。

从上述这个简单的产品设计细节就不难窥探出苹果对于消费者甚至是潜在消费者的需求的尊重和重视，也就不难解释为什么苹果可以不断以创新者的姿态开拓一个又一个的"蓝海"市场。

2. 卓越的品牌体验

从 2001 年开始，苹果着力打造一个名为 Apple Store 的计划，在全球范围内开通了 240 家苹果品牌直营店。这些直营店旨在专门贩售苹果产品以及提供苹果品牌的相关服务。这一计划的实现，让消费者可以充分地暴露在苹果所打造的产品世界中，改变了品牌以往只是硬件制造商的形象，让整个品牌的品牌形象变得更加丰富，更加具有亲和力。

消费者在这些店铺中可以任意试用、体验苹果的各类产品和服务，并且在体验的过程中，可以任意向工作人员寻求支持与帮助。

在 Apple Store 内部的 Genius Bar（天才吧）里，不论何时何地购买了苹果的何种产品，你都可以从 Genius Bar 中寻求协助。苹果的客服人员会面对面向你免费提供服务，他们不仅仅会处理一些与产品有关的软件问题，甚至还会满足消费者一些与技术支持无关的要求。此外，Genius Bar 只对过了保质期的产品收费，而且这个费用店员还有权力决定是否免去。这种贴心和周到的品牌服务不仅营造了轻松惬意的消费环境，也自然而然地增加了消费者滞留苹果体验店的时间，进而增强了消费者对于品牌的黏度与好感。

（四）既封闭又开放

除了精美的产品设计和尽善的用户体验，苹果品牌之所以能够成功，还有一个更为深层次的原因：它既是特立独行的，又是友好开放的。这种性格使得它开创了一种全新的商业经营模式，即构建了一个依托苹果品牌，以其产品和服务为核心的品牌生态圈。这个生态圈主要包括 iTunes 和 App Store 两大平台。通过搭建这两大平台，苹果成功从单纯的终端生产商转变为综合内容服务提供商，这有利于实现摆脱单一收入来源，蓄势进入媒体领域的战略转型。

这个生态圈简单说来，就是让生长于其中的各利益攸关方，在苹果这个大品牌荫庇之下，一起把"蛋糕"做大，共荣共生，创造多赢局面，使生态圈既能为己谋利，又能为人服务。

从图 1-9 可以看到，在这样一个生态圈中，共有三大主体，即作为平台商的苹果；作为内容提供商的开发者、唱片公司等；作为内容消费方的消费者。构建生态圈的苹果扮演着平台维护、营销和经营的角色，控制着平台的开发和管理；内容提供商则负责提供和调整消费内容；作为内容消费方的消费者，则是驱动这个生态圈不断生长、不断发展的原动力。

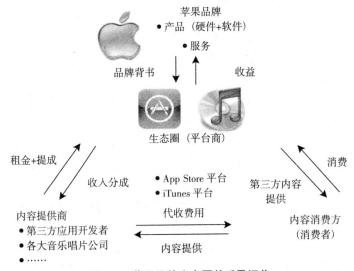

图 1-9 苹果品牌生态圈关系及运作

2003 年上线的 iTunes 平台，是一款多媒体播放器应用程序，消费者可以利用这个应用程序作为终端，在 iTunes 中搜索，下载和管理音频、视频等媒体文件。目前 iTunes 集中了 EMI、SONY、Universal 等众多音乐版权所有方，这些音乐公司提供了大量的音乐和影视资源，供消费者自行选择。截至 2010 年 2 月，仅音乐资源一项，全球的消费者就完成了 100 亿首歌曲的下载量，而 iTunes 也因此荣升全美销售量最大的音乐销售渠道，占线上音乐销售 69%之多。

苹果的 App Store，是一个基于 iPod Touch 音乐播放器、iPhone 手机以及 iPad 平板电脑三款产品而形成的应用程序商店平台。在这个平台上，消费者可以根据自己的需求随意下载中意的应用程序，这些应用程序涵盖了娱乐、新闻、商务等诸多领域。到 2010 年 7 月为止，推出仅 2 年的 App Store 应用程序下载量就已经超过了 50 亿次。根据苹果公司的资料显示，每周约有 15000 款应用程序提交申请，涉及 30 多种语言。此外，应用程序开发者通过与苹果公司的收入分成，共获得了约 10 亿美元的收入，同时为苹果创收 4.28 亿美元。

简单了解完这两大平台，可以发现，这个生态圈从诞生之日起就注入了苹果的品牌个性基因：封闭与开放。

1. 对外封闭

要打造一个能够互惠互利的生态圈，苹果必然要保持特立独行，在自己的品牌生态圈内形成封闭的循环，以保障各利益攸关方，尤其是内容提供商的利益。在这样封闭的循环中，消费者、内容提供商、苹果公司才有可能各取所需，形成共同利益最大化。

（1）品牌背书。苹果的封闭是针对其产品的特点而言，苹果完整的产品生态链，"硬件+软件"的销售组合圈定了一帮品牌忠诚度极高的消费者，而这些消费者转化为 App Store 以及 iTunes 消费者的概率也极高，从而保证了两大平台的市场需求依旧旺盛。

（2）标准严格。苹果在 iTunes 平台针对不同版权保护情况提供不同价格的影音下载，例如在美国有版权保护的歌曲下载是 0.99 美元，无版权限制的歌曲下载是 1.29 美元；在 App Store 平台，苹果公司提供统一标准的应用开发包（SDK），以便于第三方应用程序开发人员开发针对 iPhone、iPod Touch 以及 iPad 的各类应用程序。

2. 对内开放

既然生态圈需要成长，就必须保证这个生态圈是对各方友好开放的。

（1）共荣共生。这个生态圈的开放，简而言之就是：背靠苹果这个大品牌，有钱大家赚。以 App Store 应用程序开发平台为例，App Store 通过用户下载付费的形式获得收入，由苹果公司统一代收。然后苹果公司将通过应用获得的收入按照 3∶7 的比例与应用开发者按周期进行分成，苹果公司获得收入的 30%，软件开发者获得收入的 70%。

这样一种生态圈生长模式极大地激发了苹果品牌周围的非苹果因素，增强了内容提供商们合作的意愿，将他们的利益同平台的成长和维护捆绑，使得内容提供商们和苹果互惠互利，共享共赢。

（2）用户至上。生态圈内的开放，最大受益者当然是作为内容消费方的消费者了。消费者可以在付出非常低廉成本的前提下，从平台中获得优质的各类程序、歌曲以及视频资源。这种"用户利益最大"的生态圈规律保证了整个生态圈健康良性的发展，并不断吸收更多的内容提供商以及消费者，如此循环，不断向前。

二、苹果的品牌传播

当然，苹果品牌的成功除了上述与众不同的品牌个性，还离不开基于这些个性而实施的品牌传播策略。这些策略有效地传播了苹果的品牌个性，它们主要包括个人品牌、事件营销以及病毒传播。

（一）个人品牌

苹果的大获成功，必然不能忽略的人物就是斯蒂芬·乔布斯。他与苹果品牌可以说是相得益彰。正是由于他的存在，使得苹果具备了这些特立独行的品牌个性，而苹果的品牌个性也反过来帮助了乔布斯个人形象的塑造与升华。

乔布斯的个人履历简直就是苹果迷们心中的一段传奇，而他对于苹果品牌的意义也绝非仅仅是一个创始人或首席执行官那么简单。

他年仅 21 岁就创办了苹果电脑公司，公司创办仅 4 年就成功上市，自己也成为亿万富翁。在创办公司的第 9 年时，被迫出走苹果，而后自己组建新公司又获成功。1996 年重归苹果公司，并开创了苹果品牌的另一个全新时代。更为神奇的是，乔布斯在查出身染癌症后居然成功治愈。

可以毫不夸张地说，苹果的品牌个性一半以上都继承于斯蒂芬·乔布斯本人。他自己身上那种完美主义情结和极简的生活作风，无不深刻地影响着苹果以及它的每款产品。苹果作为一个公司品牌也因此深深地打上了乔布斯的个人烙印。并且，乔布斯作为一种个人品牌的存在，不断地吸引着新的苹果迷。无怪乎有些人称呼喜欢苹果品牌的人群是"教众"，而乔布斯就是这些"教众"心中膜拜的"教主"。

（二）事件营销

苹果在营销方面的努力也继承了自己极简主义和精益求精的风格。这其中最具代表性的就包括苹果的"1984"以及"Think Different"事件营销。

1984 年，首台麦金塔电脑问世时，苹果与之配套制作了精美的《1984》电视广告片，并且只在当年 NFL 美国橄榄球职业联赛"超级碗"比赛中播放（这项赛事在当时是全美收视率最高的电视节目之一）。这则广告表现手法新颖，跳脱了以往广告只诉求于产品的窠臼，意外地引起了轰动，使得苹果一战成名，可谓营销史上经典的事件营销案例。

"Think Different"是苹果在 1997~2002 年推出的系列电视广告和平面广告，这些广告利用历史著名人物包括阿尔伯特·爱因斯坦、马丁·路德·金、约翰·列侬等，以他们的形象为苹果"不同凡响"的品牌个性背书。此次营销同样取得

图 1-10 苹果"Think Different"系列广告——列侬和大野洋子版

了极大的反响和震动，成为品牌传播的典范。

（三）病毒传播

苹果凭借自己"懂得关怀他人，既特立独行，又性格独立开朗"的品牌个性，俘获了一大批热情而坚定的苹果粉丝，这些高忠诚度的品牌消费者不仅是苹果品牌的消费中坚，而且还扮演着苹果品牌传教士的角色。

每逢苹果推出新产品之时，总能在 Apple Store 门口看见如织的人群在耐心排队，耐心等待，还真的难以找出其他能够在"品牌受众"层面上与之匹敌的对手。苹果的消费者通过口耳相传、网络讨论等方式聚拢在一起分享苹果的产品以及品牌体会，让苹果的品牌影响力如同病毒一般不断传染，不断壮大。

自从 iPhone 进入市场以后，苹果就坚持以每年只推出一款产品或产品版本的速度更新自己的产品家族，这非常符合苹果品牌极简主义的品牌个性，而一年一款产品的做法加剧了消费者对于苹果的狂热，这种饥饿式营销也让苹果品牌病毒传播的功效日显。

问题

1. 谈谈你对品牌个性的理解。

2. 除了案例分析中提到的，你认为促成苹果品牌成功的还有哪些品牌个性要素？

3. 根据苹果案例的启示，你认为一个品牌想要获得成功需要具备哪些品牌

图1-11　2008年北京三里屯Apple Store开业景象

资料来源：http：//it.enorth.com.cn/system/2008/07/21/003571259.shtml。

个性要素？

4. 根据自己的理解，举个苹果之外的例子，说明品牌个性对于品牌塑造的重要作用。

案例6　万科：让建筑赞美生命

考生角色

假如你是John，打算应聘一家跨国集团在中国北京分公司的市场部。面试中HR要求你对该公司和它的竞争对手做一个品牌个性的比较分析，想检测你在品牌构建和管理等方面的专业水准。因为你的工作要求有很好的市场嗅觉，产品要维持长久生命力必须尽可能地创造出让竞争者难以模仿或短时间内难以模仿的个性化品牌。当你深刻认知所在行业主要对手的情况，对本公司品牌个性进行强化和差异化时，才可以培育出更多的品牌忠诚者，从而创新、提升品牌档次，开拓更大的市场空间。

案例介绍

万科企业股份有限公司是中国目前最大的专业住宅开发企业，成立于1984年5月，公司前身为成立于1984年的深圳现代科教仪器展销中心。经过近30

年的发展，万科地产已经成为国内房地产行业一个重要风向标，连续多年蝉联中国最大的专业住宅开发企业。2009 年万科全能销售额突破了 639 亿元，再次坐上全球房企销售的第一把交椅。截至 2009 年 12 月 31 日，万科总资产超过1300 亿元，成为全国唯一总资产过千亿元的房地产企业。

万科完成成立之初的 4 年资本积累后，1988 年进入房地产行业，1993 年将大众住宅开发确定为公司核心业务。统计至 2009 年，万科业务覆盖了以珠三角、长三角、环渤海三大城市经济圈为重点的 30 多个城市，在全国商品住宅市场的占有率从 2.07%提升到 2.34%，其中市场占有率在深圳、上海、天津、佛山、厦门、沈阳、武汉、镇江、鞍山 9 个城市排名首位。

万科 1991 年成为深圳证券交易所第二家上市公司，持续增长的业绩以及规范透明的公司治理结构，使其赢得了投资者的广泛认可。过去 20 年，万科营业收入复合增长率为 31.4%，净利润复合增长率为 36.2%；万科曾先后入选《福布斯》"全球 200 家最佳中小企业"、"亚洲最佳小企业 200 强"、"亚洲最优50 大上市公司"排行榜；并多次获得《投资者关系》等国际权威媒体评出的最佳公司治理、最佳投资者关系等奖项。

1992~2001 年，万科从香港新鸿基地产的客户关系管理模式获得了启示，仿照前者的客户组织"新地会"，1998 年成立了"万客会"。万科还曾将 1997年和 2002 年分别定为公司"客户年"和"客户微笑年"。2000 年 10 月，深圳万科物业管理公司通过 ISO9002 第三方国际认证检验，成为国内首家被国际机构承认符合质量标准的物业管理公司。2001 年 6 月，万科 CEO 王石成为摩托罗拉 A6288 手机的形象代言人，媒体竞相报道。万科品牌的发展提速促使万科同年入选《福布斯》评出的"全球 300 家最佳中小企业"。

2000 年以后，万科建设速度明显加快。万科围绕客户不断深化其品牌理念，建筑为了生命—建筑延拓生命—建筑充满生命—让建筑赞美生命，每一次演变都升级着万科品牌和形象。万科品牌不断走向深化，从而成为行业的领导品牌。至 2008 年，万科共有 15 个项目获得"詹天佑大奖优秀住宅小区金奖"，还有一批项目获得"中国土木工程詹天佑大奖"。

2009 年，在国务院发展研究中心企业研究所、清华大学房地产研究所和指数研究院三家研究机构组成的"中国房地产 TOP10 研究组"所主办的"2009中国房地产上市公司研究成果发布会暨中国房地产投融资大会"上，万科获得了"2009 沪深房地产上市公司综合实力 TOP10"。在中国企业社会责任同盟和上海交大中国企业发展研究院联合公布的"中国最具和谐竞争力的上市公司排行榜"中，万科获得"中国最具和谐竞争力的上市公司"。在广东房地产企业竞争力评估课题组公布的"2009 年度广东房地产企业竞争力 20 强"排名中，万科获得头名。这些奖项也使得万科 CEO 王石成为央视 "2009 年度经济人物评选" 的 "十年商业领袖"。

万科近 30 年的发展，在品牌知名度、资金实力、规模、盈利等方面具备了极强的竞争优势。2010 年，低碳成为房地产行业的主要议题之一，万科继续深化 "让建筑赞美生命" 的理念，以坚持做绿色住宅供应商为最终目的，进行绿色建筑的前沿探索，领跑中国地产业。

资料来源：《万科地产发展风雨近 30 年 坚持让建筑赞美生命》，搜狐焦点，http：//house.focus.cn/news/2010-07-01/974981.html。

案例分析

20 世纪 50 年代，随着对品牌内涵的进一步挖掘，美国 Grey 广告公司提出了 "品牌性格哲学"，日本的小林太三郎教授提出了 "企业性格论"，从而形成了广告创意策略中的另一种后起的、充满生命力新策略流派——品牌个性论（Brand Character）。该策略理论在回答广告 "说什么" 的问题时，认为广告不只是 "说利益"、"说形象"，更要 "说个性"。由品牌个性来促进品牌形象的塑造，通过品牌个性吸引特定人群。这一理论强调品牌个性，品牌应该人格化，以期给人留下深刻的印象；应该寻找和选择能代表品牌个性的象征物，使用核心图案和特殊文字造型表现品牌的特殊个性。[1]

中国住宅市场经历了由福利分房、集体购买到个人购房的转变过程。当消费者直接与开发商进行交易接触时，住宅的商品特征才得到凸显。随着行业集约化程度越来越高，地产行业也同样存在产品同质化的趋势。城市化、市政建设、交通等因素逐渐弱化了土地位置的不可替代性，社会分工的细化逐渐使主流产品的功能趋于同质。[2] 只有打造独特的品牌个性，才能使房地产开发产品在同类竞争对手中脱颖而出，形成强而有力的品牌诉求点。[3]

万科地产如何构建其品牌王国的？对它的个性特点做个整体检验。

万科的品牌口号：建筑无限生活

万科的品牌理念：让建筑赞美生命

万科的价值诉求：展现自我的理想生活

---

① 《品牌个性论》，MBA 智库百科，http：//wiki.mbalib.com/wiki/%E5%93%81%E7%89%8C%E4%B8%AA%E6%80%A7%E8%AE%BA。

② 《万科地产房地产品牌建设》，房策网，http：//www.fangce.net/Article/yingxiao/jingying/200706/960.html。

③ 中国不动产研究中心：《2009 中国房地产行业企业品牌个性调查》，搜狐焦点网，http：//house.focus.cn/news/2010-01-05/832078.html。

万科的核心价值观：创造健康丰盛的人生

万科的品牌愿景：成为中国房地产行业的持续领跑者

万科的品牌个性：有创见的、有文化内涵的、关怀体贴的

可以说，这一整套的个性系统是构建在万科 CEO 王石个人品格下的企业文化。

（一）万科的老板个性

王石不仅以其个人价值观念构建起万科的企业核心价值观念，同时也通过个人的不懈努力为万科的外部传播和品牌塑造进行强大的推动。可以说，万科的品牌和王石的个人价值观之间有非常多的共通之处。万科的品牌塑造过程和王石对万科价值体系的确立有着强烈的依赖性。

王石从他人经验中引进和变通得来的"物业管理"模式和"优质服务"口号的运用和推广，因为首创而迅速形成强烈的影响力，万科的物业管理模式的创立正是其独特的品牌标签。而作为登上珠穆朗玛峰的中国企业家第一人，王石开创了一种逐渐广为金领阶层推崇的健康而富有品位的生活方式，无形中丰富了万科的品牌内涵，并将万科品牌推向了新的高度。2001 年，王石成为摩托罗拉 A6288 手机的形象代言人，之后又为中国移动全球通代言广告，媒体竞相报道，人人都惊愕不已。[①] 王石善于运用个人事件营销，他在公众场合的每一次亮相都不同程度地演变为万科"路演"，在统一的核心价值观念之下，万科品牌不断走向深化，从而成为行业的领导品牌。

（二）万科的企业个性

从首创"物业管理"模式而响彻全国到全国第一个业主委员会的成立，从"万客会"的成立到近年来"建筑无限生活"品牌理念的提出，万科的企业价值理念得到切实的行为化。万科企业的核心价值观深入员工的内心，并引发他们相应的行动，而经过发展，就形成了具有强大力量的企业文化。走在万科的园区内，哪怕是遇见最普通的清洁工，都会看到他们微笑的面容和问候。而且，更令人惊喜的是，哪怕是园区的清洁工人，他们什么问题都能回答，从户型面积、价格到布局，甚至到装修材料，再到整个园区的情况，无一不是回答得井井有条。万科楼盘的园区，经常会看到写着类似句子的牌子挂着："本地面所用材料由万科特别制作，您可能会有不适应的地方，敬请留意"等。而在万科给客户的资料里，也可能经常看到这样的话："对不起，我们要坦率地告诉你，在万科城市高尔夫花园，可能有这样那样的客观不利因素，请你要特别

---

① 锐泓：《万科：一步一个品牌脚印》，中国管理传播网，http://manage.org.cn/Article/200711/53224.html。

地注意，仔细地考量。"

这种软力量使得万科如鹤立鸡群般在房地产行业中达到了房地产企业难以企及的高度。万达和顺驰都曾扬言在数年内超越万科，但结果都成了空言，主要就是因为文化的积累、品牌的构建并非短短的时间可以建立起来的。[1]

在这个庞大而牢固的品牌王国下，可以从以下四个方面理解万科的品牌个性。[2]

一、清晰的品牌定位

（一）品牌定位奠定品牌个性

2000年，万科开始思考品牌整合的问题。2001年5月，万科与精信广告公司签订品牌合作协议，正式启动品牌整合。通过调研，万科发掘到消费者的潜在内心需求：家是完全融入自我的，是享受生活的空间。家对他们来说，不再仅仅是属于自己的居所，而是属于自我的生活，家的概念和内涵都已经延伸。为了迎合消费者这一消费心理发展趋势，万科把品牌利益点集中在"展现自我的理想生活"，提出了"建筑无限生活"的品牌口号。

万科的品牌定位至此明晰：万科从生活细节出发，提供体贴周全的服务，创造优质的居住环境，与您共同建立一个能展现自我品味的理想生活。[3] 同时万科概括出了自身的品牌个性：有创见的、有文化内涵的、关怀体贴的。

（二）品牌个性塑造要锁定沟通人群

品牌在与消费者沟通的同时也是让消费者了解和认知品牌个性的过程，从而与消费者建立一种情感关系。

万科在目标受众的确定上并非一帆风顺。从1991年开始，万科在全国13个城市投资房地产项目，并确定了以房地产为核心的发展方向。13个城市的超长管理链条使管理面临捉襟见肘的局面，不同的开发品种和项目也不能形成规模效应和品牌效应。从1993年起万科走上了"减法"之路，投资重点集中至深圳、上海、北京、沈阳和天津，投资品种集中于住宅开发。经过7年的调整，万科术业有专攻，形成了相对稳定的系列产品：万科城市花园、四季花城、花园新城。[4]

44

---

① 锐泓：《万科的王石和王石的万科》，《营销学苑》，致信网，http://www.mie168.com/manage/2006-11/183326.html。

② 杨旭：《品牌个性塑造六大法则》，中国营销传播网，http://www.emkt.com.cn/article/406/40629.html。

③ 《万科》周刊编辑部：《万科的观点·管理篇》，花城出版社，2005年1月1日。

④ 《万科地产房地产品牌建设》，房策网，http://www.fangce.net/Article/yingxiao/jingying/200706/960.html。

考虑到南北的差异、城市发展的差异、地理环境的差异等，万科会依据本地客户喜好，根据楼盘所处的城市、环境、市场细分，在户型设计、建材使用、采暖技术、社区配套等细节上加以变化。例如万科最早形成的"城市花园"系列，地块都处于城乡结合部，容积率相对较低，建筑风格以现代、欧陆为主。但北京万科城市花园采用德国民居的建筑风格，坡屋顶，红砖墙，整个建筑群与周围自然环境和谐统一；天津万科城市花园由中高层公寓和花园洋房组成，拥有大面积花园绿地；深圳景田万科城市花园引入围合式规划设计概念，重彩勾画景观环境；桂苑万科城市花园以鲜艳清丽的色彩、高低错落的建筑和独到的万科人文，组成了围合式景观社区。

二、以品牌核心价值为轴心塑造品牌个性

品牌的核心价值是塑造品牌个性的内在动力，而品牌个性是品牌价值的集中表现，两者相互统一。万科的核心价值观是"创造健康丰盛的人生"，根据巫月娥的《万科品牌核心价值研究》，可以从物理、情感、象征价值和企业价值四个维度进行理解：

从物理维度看，万科住房有质量。从 2000 年 12 月，万科使用 www.a~housing.com 交易平台采购建材，透明且高效。进入 2002 年，万科重组、优化项目发展各环节业务流程，组建成一支高质量的工程管理队伍。2004 年的"磐石行动"更将万科品牌的标准化扎根市场土壤。

从情感维度看，万科服务有保障。1998 年 8 月，万科成立"万客会"，这是国内首家房地产开发商自发成立的会员俱乐部组织。万科为增强消费者体验，建造有万科的建筑体验馆。万科还聘请盖洛普调查公司每年进行客户满意度调查，为万科顾客服务的有效性提供实时数据支持。

从象征价值维度看，以您的生活为本。这句话是万科品牌形象的核心，万科推出的形象广告以"建筑你的生活，从懂得你的生活开始"为创意原点，让购买万科住宅的消费者能感受到万科"建筑无限生活"、"让建筑赞美生命"的象征意义。

从企业价值维度看，万科打造新城镇（New Town），人性化的步行空间、独立的社区布局及市镇社区中心等将带给人们全新的体验。作为一家有野心的企业，万科启动新造镇计划来实现企业规模的扩张及品牌价值的进一步提升。

三、品牌设计的人格化形象塑造品牌个性

品牌个性是品牌的人性化表现，是品牌人格化后所显示出的独特性。人是有感情的，要想使品牌占领目标消费者的心，就必须使冷冰的商品拥有人情味

及生命力。万科的 Logo 及口号是其品牌人格化的具象，根据时代的发展也发生了适宜的改变，为万科品牌带来了持久的生命力和竞争力。

VANKE® 万科®
建筑无限生活

万科
让建筑赞美生命

图 1–12　万科第一代 Logo（上）万科第二代 Logo（下）

万科口号的演变：

2002——建筑你的生活，从懂得你的生活开始

2003——无限生活，用心建筑

2004——成就·生活·梦想

2005——建筑无限生活

2007——让建筑赞美生命

万科在 1992 年推出了自己第一套成系统的 CI 识别系统，当时的万科是多元化经营，销售科教仪器、供电等不一而足，因此其标志也是工业化味道甚浓、国有企业味道明显，在讲究服务、人性化的时代越来越不合时宜。因此，2001 年万科就已经开始酝酿更换企业标志，2007 年 10 月 29 日，万科换标终于成真，发布自己新的 Logo，并配以“让建筑赞美生命”的广告词。

万科新 Logo 以中文“万”字做变体，由 4 个万字合组成一间类似房子的窗户，代表了万科的行业属性。同时，也是 4 个箭头组成一个动感旋转的图形，代表了活力和开放，4 个有序的 V 字寓意万科作为住宅产业化坚定的实践者，以“感恩”的心关怀生而不同的人，并致力于实现“让建筑赞美生命”的理想。

4 个“V”朝向不同角度，寓意万科理解生而不同的人期盼无限可能的生活空间，积极响应客户的各种需要，创造性地为人们提供差异化的理想居住空间。4 个“V”旋转围合成中国传统民宅中常见的窗花纹样，体现了万科专注于中国住宅产业的业务战略。4 个“V”形状规整有序，象征万科推进更加工

业化的全新建筑模式，从而提高住宅质量水准，减少环境污染和材料浪费。四个"V"相互呼应循环往复，代表万科积极承担社会责任，坚持可持续发展经营理念。4 个"V"鲜艳活泼，寓意万科人健康丰盛、充满激情的性格特征。①

万科品牌的新标志由此宣示了万科将长期专注于住宅开发领域，以一种与自然和社会和谐的方式，努力发现和满足消费者居住空间需要的品牌理念。

四、品牌个性的投资及管理

随着消费人群的更新及变化，品牌个性也要做出相应的变化，需要不断地进行维护和管理，深入到消费者内心。加强品牌个性的投资，是为品牌做加法的过程，最终会累积丰厚的品牌资产，实现企业的持续性发展。

1991 年万科开发第一个住宅项目天景花园，提出了"优质服务"的口号，开启了万科的品牌之路。1994 年，万科为高档精品住宅量身定造了崭新管理模式，在深圳荔景导入"酒店式服务"；1997 年，万科顺应业主对个人空间的需求，在深圳景田万科城市花园开创"无人化服务"；1998 年，万科首创客户俱乐部"万客会"，被众多同行或非同行争相效仿；1999 年，随着住户对个性化服务的需求逐渐提高，万科进一步提升物业管理服务的层次，在深圳俊园推行"个性化"服务方式；2001 年，万科在上海推出"同心圆服务计划"，为业主提供 360°全方位服务。②

经过 2001 年的品牌整合，万科开始把品牌利益点集中在"展现自我的理想生活"，以"以您的生活为本"为品牌核心，提出"建筑无限生活"的品牌口号并概括出了万科品牌的个性。③万科的品牌个性在实践和调研的基础上形成，根据市场的发展和消费者的需求，万科也不断进行管理和调整，譬如 2007年新标识的推出。

综上所述，万科地产正是靠着近 30 年的用心经营和探索，一步步塑造出其具有人文关怀、科学专业而又成熟的鲜明独特的品牌个性——有创见的、有文化内涵的、关怀体贴的，从而使得万科这个品牌拥有了强大的影响力和生命力。人类喜欢有人情味的东西。万科地产成功地抓住了人们既有对陶渊明《田园居》中清新质朴的向往，又有对刘禹锡《陋室铭》里深幽恬淡的憧憬的内心

---

① 《万科集团》，MBA 智库百科，http://wiki.mbalib.com/wiki/%E4%B8%87%E7%A7%91%E9%9B%86%E5%9B%A2。

② 《万科品牌：企业内外传播的蝴蝶效应》，百度空间，http://hi.baidu.com/oldsun/blog/item/d073b30a3d81db1d94ca6b7d.html，2007 年 9 月 3 日。

③ 锐泓：《万科：一步一个品牌脚印》，中国管理传播网，http://manage.org.cn/Article/200711/53224.html。

渴望：在充满压力与竞争的世界里，有一个无拘无束的地方，一个生活便利的世界，一个使人的精神彻底放松的空间，一个能提供人们相互沟通的场所。在这片属于自己的净土中，他们能享受情感与精神的交流。① 然后万科洞察的消费者的内心需求，去多维度地构建自己的品牌核心价值，形成一个立体的包围的品牌系统，将挖掘出的品牌个性人格化、具象化，再不断强化它并进行适当的补充和维护，最终成长为当前中国地产界不可撼动的大树。

万科的成功值得借鉴和思考。

问题

1. 你认为促使万科形成自身品牌个性的内外因分别是什么？

2. 通过对本案例的分析，你认为掌握品牌个性应该注意哪些方面？

3. 尝试举出除了万科地产以外的案例，说明品牌个性对于品牌战略管理的重要作用。

4. 如果要你对国内电子行业的主要厂家进行品牌个性的对比分析，你将如何进行？

① 《万科》周刊编辑部：《万科的观点·管理篇》，花城出版社，2005 年 1 月 1 日。

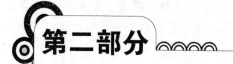

第二部分

品牌价值管理

学习目标

知识要求 通过本章的学习，掌握：

● 品牌延伸的内涵及意义

● 产品开发创新与品牌延伸的关系

● 品牌重塑的基本概念及策略

● 品牌联盟的定义、作用及分类

● 品牌联盟的近期发展动向及战略实施

技能要求 通过本章的学习，能够：

● 对某一行业各主要品牌的品牌延伸策略做对比分析

● 针对某品牌的后续产品开发进行相应的品牌延伸战略规划

● 为某个出现产品质量问题的品牌制定一个品牌重塑方案

● 敏锐察觉市场环境并做好随时对企业品牌进行形象重塑的准备

● 选择相宜的合作项目和合作伙伴帮助企业进行品牌联盟

学习指导

1. 本章内容包括：品牌延伸的概念和重要意义，品牌延伸与产品创新之间的关系，品牌重塑的基本内涵及实施步骤的制定，品牌联盟的定义和几种主要的表现形式，品牌联盟对参盟品牌的影响及近期发展的方向等。

2. 学习方法：通过案例深刻体会到对品牌价值进行日常维护与更新的重大意义，将品牌延伸、品牌重塑和品牌联盟作为一个有机体系思考，掌握三者的实施方法和原则技巧，并联系前一章的战略管理多维度思考，学会举一反三，试着通过各种管理手段的综合运用对企业品牌进行平台打造和更新维护。

3. 建议学时：7 学时。

导　语

品牌价值的维护与更新

社会经济环境的发展变化，让人们需求特征趋向多样化，同时社会时尚也在变，品牌已不存在一劳永逸的说法，其只有不断跟进以符合时代的需求，品牌才能获得强大的生命力。品牌价值的维护与更新是品牌实现自我发展的要求，品牌的内涵和表现形式需要不断地变化、发展以适应社会经济发展的需要，这是克服品牌老化的唯一途径，也是社会经济发展的必然。

从消费者角度看，通过对品牌价值的维护与更新，能够帮助自己整理、加工相关品牌价值信息，简化购买程序；能够降低购买风险，增强购买信心；能够美化产品形象，提高心理情感感知价值。从企业角度看，通过品牌价值的更新维护管理可以为企业创造更多价值，企业能借此增强消费者对相关产品广泛持久的信赖关系，增加消费者重复购买的频率和购买种类；企业能借此促进品牌声誉的价值溢出，促进品牌资产的扩张；企业还能借此构建竞争对手进入的有效屏障。

在对品牌价值进行维护与更新时，品牌延伸、品牌重塑和品牌联盟是相当给力的渠道。品牌延伸是指在已有相当知名度与市场影响力的品牌基础上，将原品牌运用到新产品或服务以期望减少新产品进入市场风险的一种营销策略，包括副品牌战略和多品牌战略。品牌延伸具有能增加新产品的可接受性、减少消费行为的风险性、提高促销性开支使用效率、满足消费者多样性需要等多项功能，因而在广告与品牌营销中得到广泛应用。

品牌从来都不是孤立存在的，品牌的生存既依赖于企业内部经营环境，又依赖于市场和外部环境。当企业的内部经营环境或外部经营环境发生重大改变（如客户消费观念和偏好的巨大改变、革命性新技术的出现、战略转型、品牌兼并等），单纯通过品牌管理手段无法适应这种变化时，就必须进行品牌重塑。品牌重塑是品牌适应上述重大环境变化，并在变化中寻求保持或提升品牌资产的一种选择。

品牌联盟是两个或多个企业通过品牌建设和产品促销等方面的合作，以达到共享品牌资源、寻求市场突破的一种营销理念。大企业之间的合作可以帮助它们在新市场迅速确立品牌价值，中小企业也可以通过与具有强大品牌知名度的企业结成联盟，依托他人优势提升自身品牌价值。品牌联盟中最为关键的是找准合作的契合点，发挥自身的相对优势。

通过本章案例的学习，你可以深刻体会到对品牌价值进行维护与更新是保持企业品牌长盛不衰的必做功课。盛大集团和云南白药案例是企业运用品牌延伸策略的成功典范；李宁和双妹在重塑品牌的过程中开辟了新的市场，令破蛹成蝶的企业有了更大的发展空间；莱卡、苏泊尔的品牌联盟策略连接产品上下游，提供了企业合作的新思路；诺基亚、微软的强强联手可以通过销售数据验证是否能谱写品牌联姻佳话。所有案例都将证明，运用科学的品牌知识与品牌管理实践理论对品牌进行长期跟踪与定期检验，并据此维护和更新品牌价值是那些具有数十年历史的强势品牌永葆青春的最大秘诀。

案例 7 盛大：娱乐帝国的品牌延伸之路

考生角色

假设你是某网络游戏公司品牌推广部总监 Robin，公司目前准备制定一个3~5 年的发展规划，规划的核心就是在 3~5 年内推出若干款硬件系列产品来实现公司对下游终端市场的延伸。而你负责的是品牌形象塑造和培育的部分，其中一个部分是：清晰地描述公司未来的品牌延伸计划与步骤。

案例介绍

盛大网络（SNDA），是一家成立于 1999 年的互动娱乐媒体公司，它的主要产品及服务横跨网络游戏、网络文学、数字出版以及网络视频等诸多领域。目前，旗下子公司包括盛大游戏、盛大文学、盛大在线等。

作为互联网行业，尤其是网络游戏行业中的翘楚，盛大 2009 年的净收入达到了 52.408 亿元人民币（约合 7.675 亿美元），牢牢占据着中国网络游戏市场榜眼的位置，[①] 而在此之前，盛大更是霸占了多年中国网游市场份额的头把交椅。

51

---

① 资料来源：《2009 年中国网络游戏市场白皮书》，文化部发布。

从成立之日起，盛大的目标就是打造一条以互联网娱乐为核心的娱乐产业生态链。在实现这一目标的过程中，盛大走着有条不紊的品牌延伸战略之路，其所参与的行业覆盖了网络游戏、文学创作、影视剧制作等诸多方面。

2001~2011 年，盛大步步为营，周密部署，走上了互联网娱乐之巅，构建了自己的娱乐帝国，如表 2-1 所示。

表 2-1　2001~2011 年盛大主要品牌延伸事件

顺序	事　件	时　间	延伸领域
1	盛大开启大型网络游戏《传奇》公开测试序幕，正式进军网络游戏	2001 年 9 月	网络游戏
2	盛大收购原创娱乐文学门户网站起点中文网	2004 年 10 月	网络文学
3	盛大完成对浩方对战平台的全资收购	2006 年 2 月	游戏平台
4	盛大与迪斯尼互联网部门合作，把迪斯尼内容引进中国网络游戏市场	2006 年 5 月	网络游戏
5	盛大宣布成立盛大文学有限公司	2008 年 7 月	网络文学
6	盛大网络收购华友世纪 51% 的普通股股份	2009 年 6 月	无线增值服务及音乐
7	盛大与湖南卫视合资成立盛世影业有限公司	2009 年 11 月	影视制作
8	盛大收购酷 6 视频	2009 年 11 月	网络视频
9	盛大文学宣布收购榕树下网站	2009 年 12 月	网络文学
10	盛大推出"糖果"娱乐社区	2010 年 6 月	社会化媒体
11	盛大文学推出电子书产品"锦书"（Bambook）	2010 年 8 月	电子书
12	盛大在线推出了采用云计算概念的网络文件管理平台"麦库"	2010 年 8 月	云存储
13	盛大收购美国游戏分销和内置广告平台 Mochimedia	2010 年 10 月	网页游戏
14	盛大将旅游服务网站"游玩网"整合成 LBS 网站"切客网"	2010 年 11 月	社会化媒体
15	盛大上线"1Q84.fm"，提供社会化音乐电台服务	2011 年 1 月	社会化媒体及音乐

资料来源：根据盛大网络官网资料整理。

案例分析

通过对盛大案例的简单了解，可以发现一条规律，就是品牌的塑造与传播可以通过实施品牌延伸战略来实现。

大卫·艾克在《管理品牌资产》（Managing Brand Equity）一书中认为："一个强势的品牌可以利用其现有品牌资产完成向另一市场的延伸。对于一个品牌来说，一次成功的延伸可能意味着市场的拓展、新用户的增加以及知名度和认知质量的提升；但一次不成功的延伸也可能使品牌蒙尘。"艾克将品牌延伸的成功与否分为五个层级：延伸有助于发展原品牌；品牌名称有助于品牌延伸；

品牌名称无助于品牌延伸；品牌名称受损；新品牌名称被市场遗忘。在本案例中，盛大是如何进行品牌延伸的呢？

一、盛大品牌延伸的战略部署

如果说盛大在互联网里正努力搭建一个以内容为核心的娱乐帝国，那么垂直化、多元化、平台化以及资本化就是盛大建造这个王国的四大利器。

（一）垂直化

盛大"互动娱乐公司"的定位使得它必须在娱乐内容的制作领域更加深入，更加精细，因此垂直化就成为了其品牌延伸战略的一个不错选择。盛大的这种垂直化主要体现在产品研发的创新和产业合作的开放两个层面。

比如，以盛大旗下的盛大游戏就专门设立了"18基金"和"20计划"作为例子，前者是专门为研发游戏产品而设立的投资基金，旨在对内产品创新；后者是特别为与产品研发者或公司实现合作而制订的分成计划，意在对外产业合作。一个创新和一个开放就诠释了垂直化的理念。

（二）多元化

盛大在进行品牌延伸的时候，遵循的思路是"多元化"，即尽可能多地涉足和互联网娱乐相关的产业，不放弃每一个可能实现品牌延伸的机会。从最早的网络游戏一直拓展到网络文学、网络视频、网络社交等互联网娱乐的方方面面，甚至进入到主题公园以及电子书制造等线下领域，这都是盛大"多元化"思路的体现。

（三）平台化

平台化就是为消费者提供与娱乐内容接触更加方便而全面的接触渠道。盛大的平台化能带来两大好处：①借用盛大的品牌作为背书，让越来越多的优秀内容提供商加入平台，形成群聚效应；②培养出平台、内容提供商、消费者良性共生的生态体系，这个生态体系一旦形成，盛大和众多内容提供商们就可以实现共享多赢，利益均沾。

盛大深谙此道，以2011年上线的盛大文学"云中书城"为例，它已经实现了日均更新1亿字，拥有约730亿字的原创文学内容、近400万部版权作品和1000余种电子期刊，并与全国200多家出版社进行了合作。这样一个平台不仅仅是内容管理商平台，它还整合了上游出版商的内容提供以及下游电子阅读器的硬件接入，为数字出版行业开创了全新的商业模式。

（四）资本化

资本化是盛大进行品牌延伸的另外一个主要策略。目前盛大集团围绕着盛大游戏、盛大文学、盛大在线三个核心领域进行集团化经营，它总共拥有包括盛大网络、盛大游戏、华友世纪（2010 年更名为酷 6 传媒）以及 Actoz[①] 公司 4 家上市公司。

除了上市融资以外，它的资本化运作体现最明显的就是进行行业并购。根据易观资本 2011 年 1 月发布的《2010 年中国 TMT 行业并购统计报告》[②] 数据，2010 年中国 TMT 行业共发生 105 笔并购交易，盛大是参与并购次数最多的买方，仅 2010 年，其旗下的盛大文学就分别并购了小说阅读网、潇湘书院、天方听书网和悦读网，盛大游戏分别并购了 Mochi Media、EyeDentity Games 和金酷游戏。在此之前，盛大还有诸多的收购，对象包括起点中文网、华友世纪等行业领军网站。

二、盛大品牌延伸的背后

在了解了盛大是如何进行品牌延伸之后，必然会遇到另外一个问题，即盛大为何会在短短数年之内不断扩张版图，进行品牌延伸，甚至进入自己完全陌生的领域？这背后的考量值得玩味。

（一）迪斯尼基因

一家公司的创始人往往会在企业创立之初就设定目标，而这些目标就成了企业与生俱来的独特"基因"。而说起盛大，就不得不提其他想要赶超的标杆——迪斯尼。

作为盛大集团的 CEO，陈天桥在不同场合不止一次地提到要把盛大建成中国"迪斯尼"的意愿。既然目标是要成为像迪斯尼一样娱乐帝国式的公司，也难免就要学习追随迪斯尼的品牌延伸轨迹。如同迪斯尼从电影一步一步拓展到电视、主题公园以及衍生品等领域一样，盛大先后进入游戏、文学、视频、音乐、影视等与娱乐产业密切相关的领域，这些举动无不体现着陈天桥这种"迪斯尼 2.0"的发展思维，因此必要的品牌延伸也就成了题中之义。

（二）收入来源单一

作为一家以网络游戏起家的互联网企业，盛大的收入来源主要也是依靠网络游戏（如表 2-2）。2005~2009 年，盛大游戏每年的净收入平均占到了集团总收入的九成之多，由此，盛大对于网络游戏的营收依赖程度可见一斑。这种单一收入来源，一方面造成了盛大的整体增长速度过于缓慢，规避风险的能力降低；另一方面，竞争对手的咄咄逼人也是盛大面临的压力。根据文化部发布的《2009 年中国网络游戏市场白皮书》数据显示，腾讯以 20.9% 的市场份额位居

---

① 2001 年，Actoz Soft 在韩国 KOSDAQ 成功上市。
② TMT 是指电信（Telecommunication）、媒体（Media）和科技（Technology）。

表 2-2　2005~2009 年盛大游戏全年纯收入占比

	2005 年	2006 年	2007 年	2008 年	2009 年
盛大集团全年纯收入（亿元人民币）	18.9	16.6	24.7	35.7	52.4
盛大游戏全年纯收入（亿元人民币）	16.6	15.4	23.6	34.2	48.1
所占比重（%）	87.83	92.77	95.55	95.80	91.79

资料来源：盛大官方网站。

榜首，首次取代盛大成为网络游戏市场占有率霸主。

为了不把鸡蛋都放在一个篮子里，也为了应对竞争对手的崛起，盛大不得不采取品牌延伸，将自己的触角拓展至更广的领域。

在网络游戏中，盛大不仅巩固自己在 MMORPG（大型多人在线角色扮演游戏）的优势，还开始向小型休闲游戏市场进军，采取了收购美国著名的互动娱乐平台麻吉媒体等一系列措施，以此打造贯穿上下游的游戏产业链。

在网络文学领域中，盛大也不断发力，其旗下的 7 家文学类网站吸引注册用户近 7200 万，日平均访问总量达 4.6 亿次，占有网络原创文学市场 90% 以上的份额。

（三）媒介融合

盛大的品牌延伸还有一个很明显的外部因素在推动：消费者媒介接触习惯的不断演进，以手机为代表的移动终端网络和互联网络以及广播电视网络不断融合，促使盛大不能仅仅满足于互联网内容提供商的角色，还必须转型增加多平台运营等角色。比如，盛大与湖南卫视合资成立影视公司以及与央视旗下的 CNTV 的战略合作就是例证，意味着盛大并不满足于只是互联网界的娱乐"一哥"，还希望通过与传统广电媒体的合作打开一片全新天地。

（四）内容制造生态链

盛大从网络游戏起家，就注定了品牌的核心竞争力在于优质的娱乐内容和服务，而如何构建一个涵盖娱乐的方方面面，搭建一个完整的内容制造生态链，就成为了保持这种核心竞争力的重中之重。从品牌塑造的层面考量，这种生态链的扩张就是品牌延伸的完善。由图 2-1 可知，盛大是以盛大在线为核心内容平台，以放射状方式向外拓展自己的产品和服务线，而这些不同的内容和服务是构成盛大娱乐帝国的一砖一瓦，每一个环节上的品牌延伸都是为了让这个生态链具有更强的生命力。

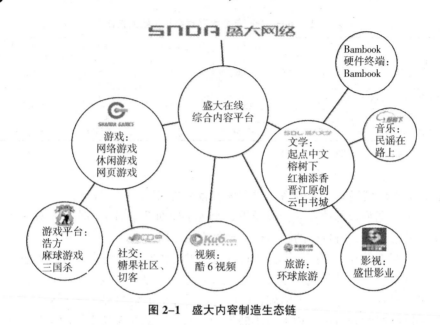

图 2-1 盛大内容制造生态链

三、品牌延伸的尝试

事实上，盛大以"品牌延伸"战略打造娱乐帝国的尝试并非一帆风顺。以盛大的硬件产品为例，从 2004 年的"盒子"到 2010 年的"锦书"，盛大试图把握自己的品牌延伸之脉，完成从失败到成功的探索，实现娱乐内容提供商到娱乐内容终端综合提供商的转变。

（一）惨淡收场的"盒子"

2004 年底，盛大推出了旨在整合网络和电视娱乐的产品计划"盛大盒子"。

这个计划的目的是将由盛大提供的网络游戏、影视下载、音乐等互联网娱乐内容接入到电视机终端，将消费者的"娱乐空间"从电脑桌转移到客厅里，打造一个集电脑、电视以及无线三大终端于一体的泛娱乐网络。

然而，盛大的这一雄心勃勃计划未能如愿，也没能取得预期的市场效果，终遭搁浅。

究其失败的原因，主要有三：

第一，产品的缺陷。这款名为"EZ"的盛大互动娱乐主机虽号称"用遥控器控制互联网"，但由于其提供的功能服务并不能吸引消费者，而定价高昂，这些使"盛大盒子"最后只能胎死腹中。

第二，强大的竞争对手。由于"盛大盒子"是一款类 IPTV 产品，触动了其他行业内利益攸关者的蛋糕，和电视台以及通信运营商存在竞争关系，使得其同上海文广以及中国电信等强有力的合作者合作关系破裂，导致"盒子"计划推广起来困难重重，步履维艰，最终未能获得广电总局颁发的 IPTV 牌照。

第三，渠道的阻塞。由于并未获得消费者的青睐，导致"EZ"大量积压，未能获得经销商的信任也使这款产品销量惨淡。

（二）前景可观的"锦书"

图 2-2　盛大电子书产品"锦书"（Bambook）

在遭遇了"盛大盒子"的滑铁卢之后，盛大并未停止硬件终端方面的努力。2010 年 10 月，盛大推出了全新的电子书产品"锦书"（Bambook），一经上市即赢得了远超"盒子"的关注和看好。

同之前的"盒子"相比，这款"锦书"表现得更为抢眼和强势，这种抢眼可以简单归结为：

第一，产品更优异。"锦书"内置了 TTS 语音引擎，可自动识别文字实现真人朗读的效果。此外，还可以连接 WiFi 网络进行无线上网，并且提供专利的可更换网络模块技术，方便使用 3G 网络。这些功能实现了电子阅读器和互联网移动终端的无缝链接，让娱乐真正实现跨界。

第二，资源平台更强大。盛大为"锦书"推出其特意搭建的拥有海量资源的云中书城，作为其内容全面支持平台，解开了"盒子"计划中无内容资源的死结，打通了上游内容和下游硬件的通道，为"锦书"赢得市场增加了一个重要砝码。

第三，更为成功的品牌推广。在"锦书"正式推出之前，盛大进行了大量的推广造势活动，调动经销商的积极性，使产品推出不再是盛大一家的独角戏，为产品吸引了足量的关注，也让"锦书"未来赢得更多的潜在市场变为可能。

这一前一后的两次尝试，目的都是围绕如何做好"盛大"这个品牌的品牌延伸，如何让盛大实现从单纯的内容运营商到"终端+内容"的综合服务运营商的转变来进行的。

艾克认为，为保证品牌延伸的成功，一次系统的品牌延伸应该包括三步：首先，确立品牌联想；其次，将品牌与那些品牌联想联系起来；最后，选择某一系列产品中最好的竞争对手进行概念测试以发展新产品。很显然，盛大在品牌延伸上的尝试正一点一滴地进步，也在实践中逐步使"中国迪斯尼梦想"越来越近。

问题

1. 简单分析一下盛大是如何进行品牌延伸的？
2. 盛大的品牌延伸背后的驱动因素是什么？
3. 除了盛大以外，请再举一例，说明这个品牌是如何进行品牌延伸的？

案例 8 云南白药：老字号的新传奇

考生角色

假如你是 Andy，一家经营实体产品生产和销售的公司的品牌经理。公司最近准备在旗下现有成功品牌的市场基础上推出一批新的产品，以期凭借先前积累的品牌优势降低新产品的市场导入费用，同时依靠延伸产品增强核心品牌的形象，提高整体品牌组合的市场效益。

作为部门的核心人物之一，你必须关注到此次新产品推广的一系列问题，包括如何开展前期的市场调研，如何制定和实施最恰当的延伸策略，如何规避品牌延伸带来的潜在风险，等等。因此，了解相关行业的成功的品牌延伸案例，总结前人的经验和教训，将成为你完成此次战略任务的一个重要参考。

案例介绍

创立于 1902 年的云南白药，是一个不折不扣的百年老字号，是一个从诞生那天起，神奇的药效和传说就让人们广为传诵的民族品牌。其原本只是一味云南著名的中成药，由云南民间医生曲焕章于 1902 年研制成功，以云南特产

"三七"为主要成分，对于止血愈伤、活血散淤、消炎去肿、排脓驱毒等具有显著疗效。问世百年来，云南白药以其独特、神奇的功效誉满中外，历久不衰，被誉为"中华瑰宝，伤科圣药"，1979年、1984年、1989年曾三度获国家优质产品金质奖章。如今的云南白药，早已超越了传统中药制剂的界限，发展成为一个涵盖中药制剂、喷雾、药妆、洗护产品甚至是急救包等众多产品类别的大品牌。下面简单地介绍一下云南白药的品牌发展史。

1902年，云南民间名医曲焕章先生在号称植物王国的云南境内，寻觅中草药物，制成100多年来大名鼎鼎的中药疗伤药物。其后，云南白药伴随"北伐"、"长征"、"抗日战争"、"解放战争"等重大历史事件而蜚声海内外，被誉为"伤科圣药"。

1956年，国家把云南白药处方和生产工艺作为国家秘密进行保护。

1971年，在周恩来总理的关怀下，云南白药厂成立，从而告别了简单粗陋的手工作坊，开始走上了专业化生产发展的道路。

1993年，云南白药公司成功改制并上市，成为云南首家上市公司；公司步入了现代企业发展的行列，成为云南省第一家A股上市企业。

1996年，云南白药实业股份有限公司投资控股大理药厂、文山药厂和丽江药厂，组建云南白药集团股份有限公司，实现云南白药的独家生产经营。

2002年2月，"云南白药"（中药）商标被国家工商局认定为中国驰名商标。

2005年，云南白药牙膏上市，并以较高的品质和价格，成为市场高端消费产品。

2008年，云南白药营业收入57.2亿元，实现利税9.4亿元，增长40.7%。公司A股市值居中医药行业第一位，是同行业中医药上市公司第二位至第五位四家企业市值的总和。

2009年6月，云南白药居"中国500最具价值品牌"第128位，比2008年提升了145位，品牌价值达63.15亿元，同比增长125%。

2010年1月1日~12月31日，公司实现净利润9.06亿~10.3亿元，比上年同期大幅增长50%~70%。

资料来源：云南白药官网。

案例分析

一、云南白药凭借品牌延伸焕发生机

从1999年的营业收入仅为2.32亿元，到2008年的营业收入57.2亿元，短短的10年间，云南白药的营业收入增长了23.6倍。从挑战邦迪创可贴，到以牙膏为先锋闯入日化行业，再到全面进军洗护用品市场，云南白药在传统中药行业的"红海"中，生猛地闯出了一片商业"蓝海"。其经营业绩的快速提升，更展示了其商业思想的价值与魅力：传统中药企业通过产品创新，完全可以把传统中药融入现代生活，从而开拓出新的市场空间。甚至可以说，云南白药彻底改变了中国传统中药的消费模式。其之所以能取得这样的成就，很大一部分原因要依赖于它的品牌延伸战略。

品牌延伸（Brand Extensions）：是指企业将某一知名品牌或某一具有市场影响力的成功品牌扩展到与成名产品或原产品不尽相同的产品上，以凭借现有成功品牌推出新产品的过程。品牌延伸并非只是简单借用表面上已经存在的品牌名称，而是对整个品牌资产的策略性使用。品牌延伸策略可以使新产品借助成功品牌的市场信誉在节省促销费用的情况下顺利地进占市场。

品牌延伸从表面上看是扩展了新的产品或产品组合，实际上从品牌内涵的角度看，品牌延伸还包含有品牌情感诉求的扩展。如果新产品无助于品牌情感诉求内容的丰富，而是降低或减弱情感诉求的内容，该品牌延伸就会产生危机。不应只看到品牌的市场影响力对新产品上市的推动作用，而应该分析该产品的市场与社会定位是否有助于品牌市场和社会地位的稳固，两者是否兼容。

云南白药一直是公认的最好的中成药品牌，自产生之日起，就以止血药品闻名于世。多年来，它的产品几乎都集中在几个相关的产品上，这使它的品牌形象得到了极大强化。但是，任何品牌都有生命周期，云南白药在经历了一段辉煌的发展高潮之后，1998 年，就因为产品单一、竞争对手增加而出现品牌形象老化的问题，造成了消费群体数量减少，销售利润降低等一系列窘迫的状况。于是，为了解决品牌老化带来的问题，从 1999 年起，公司开始着力于品牌建设，开展品牌延伸策略，在确保产品和服务质量的前提下持续不断地推出新品，注入"云南白药"大家庭中。

（1）在白药散剂的基础上，云南白药集团先后研发推出了云南白药胶囊剂、白药膏、创可贴等系列产品，并推出三七系列、天然药物系列等，通过产品系列化实现产品功能与消费者需求有机结合。

（2）集团还将品牌战略触角延伸至家庭保健、药妆和急救包领域，充分借力于品牌实力先后推出白药牙膏、急救包、滇橄榄含片和沐浴素、瑶浴产品等。

（3）在云南白药这一大品牌下衍生出"千草堂"、"艾嘉"、"泰邦"等副品牌，真正形成了一个大品牌下的系统衍生副品牌体系。

尤其是 2008 年以来，强化对健康日用品系列和水油性透皮产品的市场攻坚，成为国内健康日用品领域和透皮领域的新亮点。

　　据统计，截至 2009 年上半年，云南白药集团累计申请发明专利 137 项（其中国外发明专利 6 项）；申请实用新型专利 6 项；申请外观设计专利 188 项；已获授权发明专利 60 项、实用新型专利 4 项；外观设计专利 146 项；产品共有 19 个剂型 310 多个品种，公司主要产品在世界 20 多个国家和地区获得注册。

　　对于云南白药而言，如果说优异的药效和厚重的历史积淀是其天然的优势，那么，品牌延伸和产品创新则是其长盛不衰的生命源泉。正是凭借一系列的主品牌和副品牌在市场中的相互补充和相互促进，才使得每组产品族群的特点各显齐彰，帮助云南白药成功地走出低谷，重新焕发了"青春"。

二、云南白药腾飞的"两翼"

　　云南白药创可贴和云南白药牙膏，一直被业界公认为是云南白药品牌延伸战略中具有里程碑意义的两款产品，而云南白药人则把以创可贴为代表的透皮产品和以牙膏为代表的日化产品称之为"突两翼"。

（一）两翼之一：云南白药创可贴

　　20 世纪初，美国强生公司的一名员工埃尔·迪克森将粗硬纱布和绷带黏合在一起，发明了一种外科轻微创伤用快速止血产品，公司将它命名为 Band-Aid（邦迪）。1992 年，当这个美国强生公司的明星产品全面进入中国市场时，国内既有的一些杂牌子遭到强生公司摧枯拉朽式的围剿。此后数年，"邦迪"迅速横扫国内止血产品生产厂家，成为中国市场的长期霸主。

　　在巅峰期，"邦迪"创可贴的购买率高达 44.5%，是排名第二的云南白药气雾剂的 2.29 倍，是云南白药外用散剂的 20.19 倍，显示了其无与伦比的领导地位。在中国创可贴市场，邦迪的市场占有率一度高达 70% 左右。

　　邦迪的成功意味着"小胶布"止血市场有着巨大的空间，这也是市场上不断有新的创可贴产品纷至沓来的原因所在。遗憾的是，在传统观念里，创可贴始终被看作一种同质化消费品，是被认定为"不可能做出花样来"的商品。在邦迪"垄断"中国市场的同时，绝大多数中国创可贴品牌都在追逐模仿邦迪的产品形式，只是为了在邦迪的市场蛋糕上获得一点分食的机会，无厘头式的价格成为各个品牌争夺市场的唯一选择。

　　而这样低层次、无差异、缺乏个性的竞争导致的后果是：众多本土创可贴品牌成为邦迪这个行业大佬阴影遮掩下的市场侏儒，勉强求生，没有一个品牌能够成长起来与邦迪分庭抗礼。正是在这种大的市场背景下，云南白药于 2001 年强行进入创可贴市场，带着与邦迪一争高下的差异化定位——"为胶布加点白药"，一举推出了"云南白药创可贴"。截止到 2007 年，云南白药创可贴的销售额已经从 2001 年的 1000 万元飙升至近 2 亿元。短短几年间，云南白药创可贴已经成为与邦迪并驾齐驱的创可贴市场上的第二大品牌。它毫不费力地在邦迪身上撕开了一条火辣辣的大口子。邦迪发现，在中国每年 5 亿元的小创伤护理品市场上，有近一半市场份额将不得不拱手让给云南白药。

如果从正面进行竞争，云南白药几乎没有抗衡邦迪的可能性。云南白药创可贴的"含药"定位，避开了与邦迪发生正面冲突，这样的错位竞争手法有其高明之处：帮助白药创可贴开辟"新战线"，完全颠覆了邦迪主导的游戏规则，使得云南白药无须在传统的创可贴市场上与邦迪白刃相见，而是构建了一个创可贴新品类。而且这个新品类的竞争规则，自然是由云南白药主导的，即便将来其他产品仿冒跟进，它们也很难打破云南白药创可贴在消费者心中树立起来的"含药、止血、止痛、消炎、方便"的"第一"形象。

"含药"概念的定位，为云南白药 100 年的历史文化提供了延伸空间，其悠久的历史可以让消费者获得充分的心理安全度。消费者信赖白药创可贴缘于云南白药的品牌效应，它能赋予"含药"创可贴的利益远远高于开发不含药的创可贴。文化的融合形成了白药创可贴全新的价值链，而白药创可贴的竞争优势也正是在这个新的价值链上展开的。在这样的平台上发展，形成一种品牌信誉垄断，使得竞争对手在文化消费层面上几乎丧失了与云南创可贴竞争的砝码。

云南白药创可贴切断了消费者对于邦迪创可贴的消费认知，为公司带来的直接好处：2001 年以前云南白药创可贴只能仰视邦迪，2010 年前 6 个月，其销售额就高达 3 亿元（其中包括白药牙膏及其他透皮产品约 1.5 亿元），白药创可贴一跃成为创可贴市场唯一能和邦迪平起平坐的大品牌。虽然现在为邦迪和云南白药的竞争胜负盖棺论定为时尚早，但之前由邦迪主导的小创伤市场的竞争格局已经被完全打破了，市场份额被迫重新分配。未来邦迪在中国创可贴市场的拓展中将不得不直接面对云南白药这个沉稳、泼辣的竞争对手。作为以弱胜强的成功典范，云南白药创可贴运用的差异化定位策略值得市场竞争者学习和借鉴。

（二）两翼之二：云南白药牙膏

如果说创可贴的成功是云南白药与现代生活的一次成功对接，那么，白药牙膏的问世，则是推动了云南白药的华丽转身——由传统中药企业进军日化产业。

云南白药百年品牌的影响力，使得白药牙膏刚一问世，便在消费者心目中占据了独一无二的地位。自白药创始以来，民间几乎已经形成了"白药即是止血，止血首选白药"的认知，因此，当云南白药把白药的止血化淤功效移植到白药牙膏时，消费者便很自然地接受了其产品特性和理念，并带动白药牙膏销售。

同时，为了彰显白药牙膏的独特功效，白药牙膏除了利用传统的大卖场进行销售外，还特意通过药房渠道进行销售。一般而言，能够进入药房的产品或多或少都具有一定的疗效，此举更进一步强化了白药牙膏具有独特功效的产品形象。

与以往的中药产品相比，白药牙膏可以说是具有颠覆性的一款中药产品。其革命性意义在于：牙膏是现代生活必不可少的产品，而白药牙膏通过把白药和牙膏结合，使得传统中药以一种更为方便、快捷和舒适的方式融入了现代生活。从此，传统中药不再是街角老中药铺里那些"苦、大、粗、黑"的药丸或汤液，而是以大家最常见也是最常用的方式融入千家万户的日常生活。白药牙膏在以下三个方面克服了传统中药的一些局限：

1. 云南白药牙膏极大降低了传统中药消费过程中的交易成本

由于传统中医网点萎缩以及传统中药使用方法复杂等原因，相对于西药，传统中药的交易成本极为高昂，这直接降低了消费者对传统中药的需求。

对于普通消费者来说，一般的口腔问题不足以去医院，因为去医院带来的成本太高昂：他们需要寻找合适的医院、来回医院的交通成本、诊断成本、服药成本等。事实上，他们需要的只不过是一种简便、有效的口腔问题解决产品。所以，当云南白药推出以牙膏为载体、内含云南白药有效成分，可以治疗"牙龈出血、肿痛、口腔溃疡"的专业功能性牙膏时，云南白药牙膏的目标消费群体——牙龈或牙周炎患者，从此不必费劲寻找治疗病痛的药物，也不必为此专程去医院就诊和买药，白药牙膏还将白药的使用过程简化为每天刷牙那么简单。这些都极大降低了消费者的选择、就诊、购买和使用成本。云南白药牙膏以非常合理的方式重塑了白药的消费模式，随后的巨大商业成功自然水到渠成。

2. 白药牙膏摆脱了对传统中药销售渠道的依赖

传统中药一般依赖于中医院或中药铺来销售，然而，由于种种客观原因，相对于西医，传统中药销售渠道一直处于萎缩状态，这直接阻碍了传统中药业务的发展。而白药牙膏虽然是中药产品，但却以现代日化产品的形态出现，从而销售渠道迅即扩展到现代零售体系，大到各类商场、超市，小到社区门市部，都成为了白药牙膏的销售渠道。这摆脱了传统中药销售渠道不振对中药发展的负面影响，也使得中药产品一举进入主流生活方式，可谓一举多得。

3. 白药牙膏重塑了传统中药的形象

由于长期缺乏产品创新，近年来，传统中药的品牌形象严重老化。在很多年轻人的心目中，似乎中药是老一辈人才使用的产品，他们更喜欢拥抱新科技、新材料带来的现代产品，以及与之伴随的"现代生活"。为了扭转白药在消费者心目中的品牌老化问题，云南白药利用推出白药牙膏的机会，邀请濮存昕作为形象代言人，突出其成熟、睿智、负责任的社会公民、热心公益等特质，不仅使得"让健康的口腔享受生活的快乐"这样的现代生活理念更加深入人心，也逐步扭转了传统中药的"守旧"印象，重塑了中药在消费者心目中的形象认知。

三、小结

云南白药的发展历程不仅仅是一个商业奇迹，更具有很重要的社会意义：多种现代中药产品进入市场后迅速获得消费者的认可，意味着过去逐渐被边缘化的传统中药，完全可以以更时尚的方式焕发新春。我国中药资源丰富，但主要是用于防病治病，并由于传统中药固有的一些局限性，使之逐渐游离于现代生活之外。云南白药的成功实践表明，通过重塑传统中药消费模式，使之更贴近现代生活，不仅可以为企业创造惊人的收益，更重要的是，可以使更多的人享受到传统中药的精华和独特疗效，也使得传统中药的内在价值在当代社会得以充分展现。事实上，云南白药仍在持续地酝酿推出各种各样的产品，准备将传统中药和现代生活融合的战略贯彻到底。

云南白药在品牌延伸上取得的成绩是有目共睹的，所创造的品牌价值也已经远远超越了企业财务报表上单纯的数据。作为业界的典范，其成功的商业基因很值得我们学习和借鉴的。

问题

1. 谈谈你对品牌延伸的理解。

2. 从不同的角度谈谈本案例对你的启示。

3. 根据文章中提供的资料，你认为除了文中列举的因素，云南白药品牌长盛不衰的原因还有哪些？

4. 类比云南白药的案例，请再给出一个凭借品牌延伸和产品创新而获得成功的品牌，并做简单的介绍。

案例 9 李宁：Make The Change

考生角色

假设你是张嘉，是李宁公司的品牌管理部中高级管理人员。最近公司通过市场调研，意识到李宁面临品牌老化的问题，因此着手进行一场品牌的重大战略转型。公司希望你能够站在品牌管理者的身份，结合李宁品牌自身的发展状况，对品牌的长期发展做出一些有益的改变。要求通过一系列品牌重塑活动，达到品牌形象的全方位提升和销售量的增长。你会怎么做？

案例介绍

一、做出改变

（一）改变，从新口号、新标识开始

2008 年北京奥运会之后，李宁获得了高速的品牌成长。2010 年 6 月末，在李宁公司成立 20 周年之际，李宁公司正式启动了以"90 后李宁"为核心信息的 "品牌重塑"战略，启动了一系列的品牌重塑。最受关注的是李宁经典口号和标识的更改。

1. 新口号

新的品牌口号 "Make The Change" 取代了原有口号 "一切皆有可能"。李宁公司认为：新的品牌口号源于全新的品牌宣言，意在鼓励人们从敢想到敢为的进化，鼓励每个人敢于求变、勇于突破，是对新一代创造者发出的呼告号召。

2. 新标识

李宁品牌新标识以更具有国际观感的设计语言对原标识经典元素进行了现代化表达，新标识在传承原 LN 标识的视觉资产基础上，还抽象融合了由李宁原创的体操动作"李宁交叉"，又以"人"字形来诠释运动价值观，鼓励每个人通过运动表达自我、实现自我。飘动的造型将更加锐利和富有动感，传达给消费者"突破、进取、创新"的产品文化。

据介绍，李宁品牌原有标识和脍炙人口的"一切皆有可能"品牌口号，并非退出舞台，而是将作为经典品牌资产，另有适当的应用规划。新的 Logo 和

口号更换将涉及李宁运动鞋、服饰、配件及球类等全部产品线，同时全球李宁专卖店和企业 UI 都将使用此新标志。

图 2-3　原李宁标志（上）和现李宁标志（下）

（二）改变的，不仅是口号和标识

除了新口号和新标识，李宁还对其目标人群、品牌 DNA、产品定位、价格策略、品牌内涵及开发体系、人员结构等一系列品牌外在表现和内在含义都做出了相应的调整和改变。

1. 目标人群重新定位

针对年青一代消费者，打造"90 后李宁"。李宁宣布他们的目标消费者将更加重视年轻人，因为他们更具有国际视野，更热爱创新，更讲究品质，对运动也有着更新的定义。"90 后李宁"也正是这次品牌重塑的广告主题，李宁围绕此核心诉求进行了一系列广告活动。

2. 宣布了其品牌 DNA

李宁还宣布了其品牌 DNA 为"灵敏、平衡、耐力、精准"，相比于西方的力量、速度和爆发力，东方文化熏陶下运动员的敏捷度、平衡感、坚忍不拔以及精准性的领先成为李宁有别于国际大品牌的不同之处。除此以外，李宁还希望消费者能够感受到作为李宁独特的精神，即"聪明的幽默"。

3. 发布了新的产品系列

有针对运动者的顶级装备系列（AthleticPro）、具有多场合功能的都市轻运动系列（Urban Sports）、体现品牌资产的全橙全能系列（BrandHeritage）以及邀约国内外新锐艺术家合作的跨界设计系列（Crossover）。

除此以外，李宁还进行了深入的组织性重塑，包括运动品类规划、生意区域划分、产品研发设计系统性升级等一系列改变。

资料来源：《李宁品牌重塑 发布新品牌标识及口号》，新浪财经，http://finance.sina.com.cn/chanjing/gsnews/20100630/14098208455.shtml.

二、品牌重塑之因

（一）改变是因时而动

李宁的这次品牌重塑背后有着复杂的原因。

1. 外在原因——来自市场压力

外在来说，作为国内体育用品市场的领导者，李宁在体育之路上走得并不是很顺。在品牌上，一直有耐克和阿迪达斯的强大压力；在销量上，又有安踏、361°、特步等这样的民族企业紧随其后，可以说李宁面临前有堵截后有追兵的尴尬境地。李宁面对这种竞争对自己不利的局势，有必要转变思路：与其在传统市场上与竞争对手缠斗，倒不如自己另辟一片新的天地。

2. 内在原因——来自消费者洞察

内在来说，近年来李宁的品牌出现了老化问题。根据 2006~2007 年李宁公司对消费者的市场调查报告显示，李宁品牌实际消费人群与目标消费人群相比，整体年龄偏大，近 35~40 岁的人群超过 50%。许多年轻消费者认为李宁的产品给人的感觉不够时尚、年轻。根据调查，他们对李宁品牌的印象上，"积极向上"、"有潜力"、"中国特色"、"认同度"等方面得分很高，而"酷"、"时尚"、"国际感"等特质则相较国际品牌略逊一筹。来自市场的外在压力和基于对消费者的内在洞察的动力等，这些都促使李宁开始着手研究品牌重塑课题，启动品牌重塑工程。

（二）改变是顺势而为

以上是李宁"Make the change"的压力因素，其实，也有许多积极的因素促进了李宁的这次改变。

1. 外部原因——积极利好因素

自从 2008 年北京奥运会之后，李宁的崛起之路就进行得风生水起，随着其进驻电子商务领域，还有羽毛球产品系列上的成功，都极大地拉动了李宁整体的品牌形象和销售业绩。2009 年，李宁首次超越阿迪达斯成为中国市场第二运动品牌，与第一名耐克的差距也非常小。在这个时候，李宁意识到自己更应该抓住大好机遇，加快发展。

2. 内部原因——自身变化基因

事实上，李宁品牌本身就具有不断变化的因子。李宁在成长的 20 年间是不断改变的。李宁品牌的口号自从 90 年代起，经过了数次变化，例如"中国新一代的希望"、"把精彩留给自己"、"我运动我存在"、"运动之美，世界共享"、"出色源于本色"等都是李宁曾经的口号。其中，"一切皆有可能"至今还在李宁的成长史上画下了浓墨重彩的一笔。但是，面对变化，敢于求变、勇于突破也一直是李宁追求的精神。

可见，李宁这次的改变并不是偶然，也不是被迫，而是顺应市场趋势，把握消费潮流而做出的理性和适时的主动和必然的选择。

三、品牌重塑之目的

(一) 改变是为了国际化

李宁对于自身的品牌成长其实有一个比较清晰的战略规划。如果按照时间初步划分，1990~1992 年算是品牌的创立阶段；1993~1995 年是品牌的高速发展阶段；1996~1998 年是经营调整阶段；1999~2001 年是李宁的二次发展阶段；2002~2003 年是李宁的品牌重塑阶段；2004 年至今是李宁的专业化发展阶段。其中 2008 年李宁进入电子商务阶段，2009 年开始李宁加快海外布局战略。

在李宁公司 20 岁生日之际超越阿迪达斯并成为中国体育市场第二名之后，李宁意识到不仅要在国内市场上争夺地位，还要勇敢"走出去"，于是为自己定下了未来 10 年的战略目标：2009~2013 年为国际化准备阶段；2014~2018 年是全面国际化阶段，成为世界体育品牌前 5 名和中国体育品牌第一名。届时，国际市场份额将占李宁总体销售的 20% 以上。

如同 7 年前联想换标为国际化战略铺路一样，在 3 年前即制定国际化战略的李宁，希望能摆脱始终缠绕在自己身上的"山寨"国际化形象，真正和耐克、阿迪达斯叫板，在扩大品牌的国际影响力上做好文章。

"先打造国际品牌，再开拓国际市场。"在真正走出去之前，李宁意识到必须要在产品创新与品牌营销方面形成自己的核心竞争力，以此先提升品牌的附加值。因此这次的全面重塑，正是为了提升李宁品牌的附加值，将李宁塑造成为一个专业的体育用品提供商和时尚的运动理念倡导者。换标、更改口号，以及重新定位消费者和品牌理念等行为，都是为了抓住更多消费者的眼球和注意力，让他们愿意为产品更高的情感溢价埋单。

然而，要真正获得国际认可远非换标那么简单。按照通常的"国际化"标准——海外市场对公司业务贡献度要达到 20%，而目前李宁的海外贡献度还不到 2%，在国际品牌纷纷看好中国市场的时候，李宁能否用 8 年时间来完成"出海"之战，尚不得而知。

（二）改变是为了迎合新生代消费者

这次的品牌重塑一个最系统的举动其实是关于目标消费者的重新选择和定位。李宁这次重塑最大的特色就是针对目前主流消费者为年青一代人，进行了一场以"90后李宁"为核心诉求的广告战役和品牌重塑。

1. "90后李宁"——瞄准新生代消费群

运动品的消费群体主要集中在年青一代人身上，他们是未来消费的主流和生力军。而目前李宁的核心消费群体构成，从年龄上来看，相对中年化，在高中生、大学生市场上，安踏的消费群体远远大于李宁，而李宁的核心消费群体目前已经正在走向中年，对于时尚、运动的需求也渐趋减少。并且作为广告诉求对象，不如更年轻的"90后"来得更有冲击力。而李宁诞生于1990年，可以说也是伴随着"90后"成长起来的。为了培育新生代消费市场力量和他们对于品牌的情感，李宁试图通过打造"90后李宁"，拉近与目标消费者之间的关系，使李宁品牌得以向年轻化发展。

通过一系列的分析，李宁将目标消费者锁定在年青一代，以14~24岁为主。他们被描绘为新一代创造者、建设者、时尚潮人和拼搏者。他们可能刚刚步入社会，开始成为建设者；也可能同时是时尚潮人，很注重穿衣的品位与风格；还包括体育运动的热爱者。

通过观察，李宁提炼出了这一代人共同的精神特质，他们的生活和内心充满了矛盾，却在重重矛盾中以各自的方式改变着今天的生活，创造着明天的主流。

2. 建立品牌个性，提炼品牌内涵

近期李宁广告战役的诉求主题是"90后李宁"，意在建立品牌的真正个性，年轻人需要的就是品牌个性。李宁这一代新标识设计思路正是为了顺应年轻消费群体特别是"90后"不断求变的心理。李宁要建立品牌的个性是其想成为消费者心目中一个真正情感溢价的品牌，成为一个时尚、酷并具备全球视野的体育品牌。

品牌内涵主要包括：①Light-hearted wit，聪明的幽默（聪明而不嚣张——乖巧，有点坏但不缺德——调皮，带你一起玩——亲近）；②True to life，诚实，不做作（不"装"）；③Curious and inventive，拥有创造力能量，充满好奇心。

因此，李宁选择了年轻人的体育偶像林丹、伊辛巴耶娃以及个性化的"90后"群体等作为"90后李宁"的品牌代言人，并且拍摄了平面、视频等系列主题广告，"不是我喜欢标新立异（阿BING），我只是对一成不变不敢苟同（林丹），别老拿我跟别人比较（LOLA），我只在意和自己一寸一寸较量（伊辛巴耶娃），你们为我安排的路总是让我迷路（小唐），沿着旧地图找不到新大陆

（巴郎·戴维斯）"，系列"90后李宁"广告语明确地喊出"90后"的心声，也传达了李宁独特的品牌个性。

3. 多渠道多品牌接触点传达核心诉求

李宁把实体店、户外路牌、网店和活动等各种可能的品牌接触点都当做是一个渠道，不遗余力地推广品牌。由于"90后"年轻人平时接触最多的媒介就是网络，因此李宁把网络当做一个主要的品牌接触点进行管理。仅以网络为例，就有包括李宁官方网站、网络广告投放、土豆网上李宁"柠檬仔er纯手绘动画土豆网"、"李宁的柠檬仔er"、人人网公共主页和李宁"玩的就是出乎意料"新浪微博等在内的多种推广途径，使得年轻消费者非常容易就能接触到李宁品牌。

在这些网络社区里，李宁持续与目标消费者进行话题深耕和亲和力互动，引起持续深度关注。针对大量粉丝，结合线上、线下互动活动激励：组织产品混搭试穿、有奖问答、"大变革孵化器"活动、组织工厂参观、北京朝阳公园游戏活动，通过不同形式的线下互动来锁定注意力，维系核心目标群，等等。通过以上互动，培育了大批较有影响力的意见领袖，提升了品牌的好感度和忠诚度。

4. 积极建设电子商务网站促进销售

除了这些网络品牌接触点以外，李宁也积极建设网上销售渠道，直接促进产品的销售。李宁积极与淘宝等电子商务网站进行合作，目前网络的渠道有包括李宁官方直营店（官方商城、淘宝官网、淘宝官方折扣店、拍拍旗舰店）、李宁专卖店（15家）、李宁品类店（49家）、李宁折扣店（2家）等在内的数百家网上商店，极大地促进了产品的直接销售。

李宁这次的改变，正是基于向年轻态市场渗透的品牌年轻化战略。一个品牌占据消费者的心智空间，决定了品牌以后的发展方向甚至是行业市场格局，要比品牌占领目前的市场更为重要。因此只有培育未来消费潜力群体的品牌认知和好感，才能为品牌建立更为庞大的后续市场基础。

四、品牌重塑之启示

1. 适时进行品牌重塑是必要的

面对市场的改变，消费者的改变，自身的改变……品牌进行重塑是必要的。当品牌所面对的消费群发生改变的时候，就必须进行品牌重塑。尤其对于运动品牌来说，年轻人永远是消费的主力军，老的消费群体必然会面临一个购买力下降的问题。因此，李宁这次的品牌重塑也是为了改变落后的品牌形象，树立适合时代要求的品牌形象，不断迎合和抓住新的消费群体。

2. 品牌重塑是一项系统工程

品牌重塑不是一件简单容易的事情，而是一件需要审慎考虑才实施的系统工程。品牌重塑不能是老板"拍脑门"的事情，不能只是为了改变而改变，而应该有明确的目标和考核机制。在中外企业界，许多知名品牌进行换标乃至改名失败的案例比比皆是，它们大多失败在仅将其理解为换口号、换标志或者换包装等。这些仅停留在表面的"面子工程"，给人名不副实之感，甚至损害了原有的忠诚消费者对于品牌的感情。

在李宁这次的品牌重塑之前进行了将近 3 年的调研和准备，因此，品牌重塑的尝试要慎重，要有系统性思维。有些涉及企业的深层问题并不能仅仅寄希望于依靠对外部口号、标志等的改变来解决。

3. 该变的要变，不该变的不要变

品牌重塑不能盲目，而是应该站在消费者的角度来考量，有些改变是不是消费者需要的或者欢迎的。消费者接受并对某个品牌产生忠诚感，很大程度上是因为他们在这个品牌身上感知到其对自身的折射，两者之间有一种亲密感。因此，品牌重塑的目的不是为了推翻原有的品牌，而是对原有品牌的提升和维护。

品牌重塑不能抱着全部推翻的态度，而是应该有所修正，有所发展。企业在品牌重塑的过程中，一方面要找出原有的品牌不能适应市场的元素；另一方面也注意保留原有品牌中有价值的部分，对品牌重新进行规划管理。李宁这次的品牌重塑被人质疑改得太过，太彻底，有"老黄瓜刷绿漆"之嫌疑，这与它把目标受众由中年人一改而成为"90 后"有关。

对于李宁这次的品牌重塑，业界有褒有贬，实际效果如何，尚待市场检验。品牌重塑，任重而道远。

案例分析

品牌重塑，顾名思义是指品牌的再塑造，是指推翻以前品牌在人们心中的形象，通过重新定位目标消费群体、提高产品质量和服务、运用品牌营销等手段，重新推广品牌形象、提高品牌知名度进而逐步产生品牌号召力，形成品牌效应和品牌核心价值的过程和活动。

为什么身为国内体育用品市场品牌领导者的李宁会主动做出这一系列品牌重塑的变化呢？这些变化在一部分人看起来无异于是"搬起石头砸自己的脚"，但是这背后是不是有李宁更深层的原因和目的？

问题

1. 李宁的品牌重塑原因和目的是什么？

2. 李宁的品牌重塑给你一些什么启示？

3. 你认为李宁的品牌重塑成功还是失败？为什么？

4. 品牌重塑是一项系统工程，试举出一个完整的品牌重塑过程需要进行的步骤和注意的要点。

案例 10　双妹：中国奢侈品复活

考生角色

假如你是 Emily，一家经营多条产品线的大型公司的品牌部门经理。公司最近正在酝酿对旗下某子品牌进行改造，该品牌由于初期产品结构单一，市场推广策略的失误等原因几乎已经退出市场。现在需要为其制订一个详细的重塑计划，以帮助其挽回之前的颓势，以一个焕然一新的面貌再次回到主流消费市场，重新获得消费者的认同，为公司的品牌大家庭贡献一份力量。

作为此次重塑计划的关键人物之一，你被要求参与到每个规划环节当中去，包括如何开展前期的市场调研，如何制定和实施最恰当的品牌重塑策略，如何规避新市场的潜在风险等。因此，了解相关行业的成功的品牌重塑案例，总结前人的经验和教训，将成为你完成此次战略任务的一个重要依据。

案例介绍

"双妹"是中国著名的美妆品牌，1898 年由广生行创始人冯福田创立于香港，1903 年进驻上海，由中国历史上第一家化妆品公司广生行（现为上海家化联合股份有限公司）持有。1910 年，"双妹"入驻南京路 475 号，占据了当时最高端的时尚地标。1915 年，旗下已经拥有众多美妆与香水产品，品类非常丰富、全面。"双妹"的经典产品"粉嫩膏"在旧金山巴拿马世博会上斩获金奖，民国总统黎元洪亲笔为其题词——"材美工巧，尽态极妍"。当时的巴黎时尚界用"VIVE"（极致）盛赞"双妹"的完美。由此，"SHANGHAI VIVE"就成了"双妹"的另一个名字。1930 年，"双妹"成功击败了当时流行的英国品牌夏士莲，成为上海滩乃至全中国摩登女士梳妆台上的必备化妆品。20 世纪 50 年代中国开展公私合营政策后，"双妹"品牌产品在中国大陆逐渐停产。历经半个多世纪的沉沦，几乎所有人都已经遗忘了这个曾经红极一时的名字。而近年，致力于多品牌经营的上海家化曾多次传出要令"双妹"重生的消息，直至 2010

年 8 月 23 日，昔日的"双妹"以"Shanghai VIVE"的新名称卷土归来，其全球第一家品牌店在翻修过的上海外滩和平饭店重新开业。在黑色与桃红色相间、极具装饰艺术风格的 58 平方米店内，铺陈着玉容霜、夜上海香水、粉嫩膏、袭人皂等重新包装上市的经典产品，和全新开发的包括丝巾、手包、文具等一系列辅销品。在这场沉寂半个多世纪后的复出之秀上，原商标图中两名清秀男士扮演的"旗袍少女"，如今被换作乌发红唇的两名女模来演绎现代风情的"海上名媛"。

　　此次经过全新打造的"双妹"品牌显然是当年的升级版，产品品类有了极大的延伸，从首批上市的 40 余种产品来看，除了粉嫩膏、玉容霜这些品名中明显带有旧上海印记的护肤品、彩妆、香水，更包含了丝巾、配饰。对此，上海家化方面表示，"双妹"在定位上使用了"高端跨界"的概念，之后还会衍生至鞋包、音乐人产品领域，整个产品线的基调为 20 世纪 30 年代整体上海风情的"文艺复兴"。从"中国本土第一款走高端时尚路线的化妆品牌"的口号不难看出，上海家化这家本土日化巨头决心在高端市场与国际大品牌一争高下。

图 2-4　双妹新 Logo

资料来源：①《上海家化复活"双妹"，叫板国际奢侈品品牌》，网易财经新闻。
②《唤醒"双妹"》，《读览天下》，环球企业家，2010 年第 19 期。

案例分析

一、上海家化重塑"双妹"

　　品牌重塑是指品牌的再塑造，是指推翻以前品牌在人们心中的形象，通过重新定位目标消费群体、提高产品质量和服务、运用品牌营销等手段，重新推广品牌形象、提高品牌知名度进而逐步产生品牌号召力，形成品牌效应和品牌核心价值的过程和活动。品牌重塑通常包括三种情况：更改品牌名；更改品牌标识系统（色彩、品牌标志、字体、视觉风格等）；给品牌重新定位。

企业重塑品牌的原因是多方面的。首先，企业发展了全新的业务，而且新业务与企业原先的众多业务有着比较大的差异。如果企业进入了新的领域，或者旗下发展了新的品牌，就需要为这个全新的业务创建新的品牌识别系统。在创建并推广一个全新的品牌名称的时候，需要企业在对外传递的信息中告诉人们企业的商业模式或者商业陈述有了新的变化。企业之间发生并购、兼并后通常要进行品牌重塑，需要对如何利用并维持现有的品牌资产和有效利用品牌资源之间达到一定的平衡。

"双妹"的出现，结束了中国在化妆品领域没有奢侈品牌的历史。但是，一款"玉容霜"标价 1080 元，一块"袭人皂"要 220 元，是否会有人为这些陌生但却价格不菲的小玩意埋单？"双妹"是否能重拾半个世纪前的辉煌，完成名副其实的"涅槃"之路，一切尚不能盖棺定论。但从目前的发展态势来看，"双妹"的前景还是一片光明的：截至 2009 年 12 月，中国已成为全球第二大奢侈品消费国。"双妹"的如此胸有成竹，既因为眼前这个庞大的潜在市场，以及中国缺乏本土奢侈品牌的诱惑，也因为上海家化立志成为民族品牌的一面旗帜的荣耀感，再加上公司每年有 14 亿元的盈利，可以长期支持"双妹"打造品牌，并且还有历经 7 年打造的化妆品高端品牌"佰草集"所积累的经验和教训。可以说，上海家化对"双妹"的品牌重塑计划，是扎扎实实地开了一个好头。

二、"双妹"起航复活之路

（一）对于市场趋势的精确把握

其实早在 2007 年，"双妹"的复兴之路已经紧锣密鼓地秘密展开。从最初品牌组合模式的探讨，到品牌定位高端奢侈的测试，逐渐清晰明确地走向中国第一个高端跨界时尚品牌的定位方向，并以上海文化为个性，集奢华、经典、摩登、风情于一身。承袭了 30 年代上海滩名媛的审美风格，融合现代国际先进科研技术，通过美妆、配饰、文化产品等全方位演绎"东情西韵，尽态极妍"的现代名媛和大都会女性形象，彰显极具个性、融汇东西的女性风采。

品牌重塑的关键之一是对于"复活"时机的选择。"双妹"的复兴正是踏准了改革开放 30 年、新中国成立 60 年这一变革交汇期，以强劲的势头切入市场：

（1）中国经济的崛起。中国超越日本，成为世界第二大经济体，以上海为核心的长三角跻身继纽约、东京后的全球第三大都市圈，1 万亿元的 GDP 为中国经济龙头，超过韩印，成为世界第 11 大经济体，先进制造业和现代服务业成为长三角发展的重头戏，化妆品行业的精细制造和体验服务是这两个趋势的综合体现。

（2）中国奢侈品消费趋势。2009 年中国奢侈品消费市场规模达到 94 亿美元，世界第二购买奢侈品的国家，购买了世界上 27.5% 的奢侈品。中国划入富裕和消费豪客的数量达到 500 万，中国奢侈品市场年增长速度为 19%。未来 5 年内，中国的奢侈品年消费额将增至 146 亿美元，成为世界头号奢侈品市场。

不过，中国本土的奢侈品品牌却匮乏。在位列前 50 名的奢侈品品种中，基本来自欧洲、美国，国内市场正在强烈呼唤一个本土品牌的崛起。

（3）上海的区域文化优势。强势经济带来强势文化，"双妹"的复兴，也是和着上海复兴的节奏：上海人均 GDP 突破 1 万美元，达到中等发达国家水平；上海确立国际航运中心和金融中心的城市方向；创意时尚产业成为政府支持重点，上海加入联合国"创意城市网络"，成为"设计之都"；等等。上海复兴的魅力和整体优势的崛起，使得海派文化重塑信心。体育、活动、电影、酒店、建筑、艺术、服装等领域已经证明了这个趋势。以上海文化为个性的高端跨界时尚品牌，在西方文化品牌割据的奢侈品消费市场里，有着独特的定位差异和市场趋势。

"双妹"复兴又恰逢 2010 年上海世博会。具有全球效应的世博会，成为上海文化的宣传片。7000 万名游客的商机世博旅游市场（2009 年中国就接待了 5090 万名国际游客，收入 397 亿美元，居全球第四）以及上海国内外形象提升，也带来"海派文化"的兴起，代表上海形象和文化的产品成为阳光市场。"双妹"旗下子品牌"粉嫩膏"曾在 1915 年巴拿马世博会上摘取金牌而使得"双妹"声名大噪，而今又选择在世博会上卷土重来，这一跨越百年的机缘巧合，必定会吸引很多人的关注。

（4）全新消费观念的群体。"80 后"（人口 2.34 亿）逐渐成为市场消费主力。"这些新一代消费者对本土品牌要比老一代更有信心，这或许会成为'双妹'切入年轻高端消费市场的客观社会基础"（麦肯锡）。新消费观念下的 4 亿网民，带来 2009 年淘宝网 2000 亿元交易额，东方电视购物近 30 亿元购物额，国货重生、绿色环保、中国文化等观念成为新时尚观念和产业趋势，全新的营销渠道和模式带来无限商业契机。"双妹"是新市场模式下诞生的新生儿，整合了很多新的品牌优势，必定会成为消费主力青睐的对象。

（二）对品牌的全新塑造

"双妹"在品牌渊源和上海文化气质虽然与历史一脉相承，但是在定位、产品线、渠道和传播上则是全新模式，这对于过去上海家化包括中国的企业来说不啻是一场巨大的挑战。"双妹"的复兴并非是对经典的简单复制和怀旧，时尚的生命力在于从经典中找到精髓和品质，在现代审美的理解基础上的传承和创新。"双妹"的华丽转身，赋新品牌，让复兴更赋予新意。

1. 文化定位

品牌重塑不只是针对产品而言，还包括文化定位的改变。"上善若水，海纳百川"是上海文化包容性的写照，而反映在女性世界里，又形成了从上海名媛到都会新女性所独有的内敛的开放，静中蕴动的风情。"双妹"就是要做这种风情的代言人。其所代表的上海文化是看似矛盾却又和谐的："东方的与西方的、民族的与国际的、摩登的与经典的、传统的与时尚的、内敛的与开放的。"含蓄是东方意态的传统表达，是骨子里的文化根基；而热烈和奔放，则来自于对西方风潮的倾慕。"双妹"正是在这种含蓄中诉求时尚与奢华，源承1930年代上海滩名媛致美方略，彰显现代女性的个性与风采。

另外，在国际市场上，"欧洲制造"是高贵商品的代名词，"中国制造"带给消费者更多的是廉价和实用的感觉，人们很难将其与奢侈品联系起来。上海家化显然早已注意到这一点，它巧妙地绕过国际消费者的抵触心理，用"上海制造"替代了"中国制造"。特意地打上国际大都市"上海"的烙印，能使"双妹"在上市初期更容易得到认同。小心翼翼的地域诠释，或许是"双妹"初期的无奈之举，不过却成功地打造了一个"属于中国上海的高端时尚化妆品"的品牌形象。

2. 全新产品线

"双妹"作为以上海文化为个性的高端跨界时尚品牌，与台湾蒋氏后人蒋友柏及其"橙果设计"跨界合作，对"双妹"的经典系列进行包装设计，共同演绎一个时隔半个多世纪的牵手传奇。蒋友柏以其家族基因和对上海文化的独特视角和理解，诠释了"双妹"品牌的"东情西韵，尽态极妍"。这是来自于双方共同的文化血统、共同的30年代上海文化的价值认同、共同的对经典文化的时尚演绎、共同的对上海文化走向国际的推动。

同时，"双妹"还携手国际品牌管理团队、法国产品开发团队，以现代科技融萃中西奢美工材，再现海上名媛致美方略：撷取上海名媛晨起时，独特的"沐、润、梳、描、怡、妍"六道扮姿媚态，划分出"沐浴、护肤、洗护发、彩妆、香水、配饰"六大系列产品，与其他品牌做区隔。比如，"双妹"复刻的经典系列美颜产品——曾于1915年荣膺世博金奖的"粉嫩膏"，并以先进工艺升级演绎，臻萃白松露、玫瑰纯露、水解珍珠等稀有养颜精华。而配饰产品中，则有邀请著名国际插画师绘制的"双妹"丝巾、新锐插画师绘制的T恤、特别定制的海派珍珠饰品等。

3. 精心挑选的销售终端

"双妹"复兴初期的销售终端，选择具有上海文化地标、情感地标、形象地标的高端场所，与"双妹"所代表的上海名媛文化相匹配。选址不在于多，而在于文化对味和格调精致。

"双妹"选择和平饭店为品牌首家店，因为其地理位置、历史印象和复兴定位与"双妹"品牌非常一致。和平饭店所处外滩的定位越来越高端化、国际化，而创建于 1929 年的和平饭店以豪华闻名，响彻沪上，曾经是上海及远东的地标性建筑。2010 年世博前夕以全新的姿态璀璨重生，彼时的"远东第一楼"再度回到上海滩"社交中心"的地位。和平饭店与"双妹"品牌都是存在于 30 黄金年代的传奇。

"双妹"2010 年计划至少开 5 家店，并以"先上海后外地，先国内后海外"的步骤扩张。"双妹"的开店计划将伴随着上海这座城市的文化在全球的蔓延节奏，在上海文化被广泛接受和推崇的地区和国家，都将拥有"双妹"的潜在客户群。文化的差异感和吸引力，伴随上海以及东方文化在全球的兴起，"双妹"在国际舞台上，将展现更广阔的魅力空间。

4. 创新的传播渠道

一个新兴化妆品品牌建立的初期具有巨大穿透力的不是产品，而是品牌背后的文化。价值观上相互认同、相互欣赏是打动消费者的唯一理由。"双妹"拥有他人不可复制的品牌资产——上海基因和文化优势，因此"双妹"的传播模式也将更多地从文化层面进行跨界合作，比如与周洁舞剧《周璇》的战略合作，以及与周兵导演的《外滩》植入合作。"双妹"和《周璇》舞剧在历史和文化层面相互契合与交融，舞剧在上海和海外华人地区将具有广泛的关注。而上海城市史诗纪录片《外滩》，是作为上海世博会的城市献礼片，也是 2010 年 6 月上海国际电影节的开幕影片。面对全新的市场和消费群，"双妹"营销团队在传统传播模式的基础上，创新提出"圈子营销"、"游客营销"、"微博营销"等创新模式，也随着上市后的进程一一展开。

（三）彰显本土文化的重任

从品牌诞生的 1898 年到 2010 年，经历百年沉浮，"双妹"已不仅是一个商业的品牌，更代表着一种经典文化，是经济价值、文化价值与社会价值的相互加成。"双妹"今日的复兴，正是在国际奢侈品界东风西渐的文化背景前，从高端消费品的角度推崇中国文化，弘扬上海地域个性的新摩登、新时尚。无论是"双妹"的复兴，上海牌"老乱"手表的重拾辉煌，回力鞋的曲线回归，还是百雀羚的时尚变身，永久自行车的"C 计划"革命，都标志着上海这个文化要素已经成为时尚的卖点，国货重生越来越呈现规模化效应。

"双妹"的复兴给予了中国企业和民族品牌在文化自信和重塑上更多的借鉴，开创了中国企业从制造变为创造，从产品走向文化，从传统走向时尚的新模式。"双妹"成为中国品牌越来越多地与外国品牌面对面竞争、发展本土高附加值产品和品牌的示范。

三、小结

百年"双妹"已然高调复出，这不仅仅为消费者揭开了一段尘封的记忆、讲述一段久远的故事，更重要的是，无论将来成功与否，其做法、经验，都将深深地影响中国民族化妆品和众多民族品牌。对中国本土品牌如何借用、放大品牌文化，并利用国际流行商业元素进行包装，从而获得高额的市场回报等都具有非常重要的示范和启迪作用。

复活一个品牌容易，但是要真正地做大、做强却是不易。"双妹"的品牌重塑过程，必然要经过长期不懈的努力。如果"双妹"能有这份坚持，去消除各种市场不利因素，不断累积，不断塑造品牌个性和品位，形成丰富的品牌联想和良好的美誉度，则必将成为深得消费者厚爱的巍巍品牌，成为民族品牌发展的新标杆。

问题

1. 结合上述案例，谈谈你对品牌重塑的理解。
2. 除了案例分析中提到的，你认为促使"双妹"成功复活的因素还有哪些？
3. 根据案例资料的分析，你认为双妹在今后的品牌重塑过程中会遇到怎样的困难？还需要做怎样的努力？请做一个简单规划。
4. 试另举一个在品牌重塑方面获得成功的品牌，并做简单描述。

案例 11　我有莱卡：一场盛大的时尚革命

考生角色

假若你是某日化品公司品牌推广部的总监 Anna，你的公司正针对未来几年可能出现的竞争对手和市场需求变化等制定一个 5 年的战略发展规划，其中需要你负责对公司品牌的价值体系进行梳理和规划。

20 世纪 90 年代初兴起的品牌联盟理论将带给你启示：使用另一个品牌作

为成分品牌带给产品的益处，可以更加有效地促销、获得渠道和高边际效益。选择品牌联盟能够给你的公司带来更高的产品评价、市场份额和产品溢价，你需要足够了解它是如何操作的，以此帮助加强公司品牌价值体系的管理。

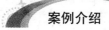

案例介绍

在上海、北京、广州等这样的都市，常常有以"莱卡"为主题的各类时装秀和商业 Party；在商店橱窗、户外广告，消费者也常常与"莱卡"扑面相逢。"莱卡"是什么？长什么样？

这个曾被《财富》杂志列入"20 世纪影响人类生活的十大服装品牌"、有着"世界纺织业八大品牌"之誉的东西，其实既不是成衣品牌，也不是布料和制衣原料；相反，它是一个中间辅料型产品——杜邦公司独创的"人造弹性纤维"。它不可单独制纱，只是作为面料的一种添加物，通过与其他纤维的交织混纺，用其独特的延伸性与回复性，来改善衣物的外观和手感。

图 2-5　代表着高品质保障的莱卡三角吊牌

就是这个小小的辅料，让布料发生了神奇变化，并且现在镶嵌在各类成衣上的莱卡波浪形标志，已经成为很多人识别优质服装的标志；还有它彩色蝴蝶的宣传图案，所传递出的，也已然就是高质量的象征。

杜邦公司将莱卡（LYCRA）作为这种神奇人造弹性纤维的注册商标，并"领导了 20 世纪最大的一场时尚革命"，从内衣，泳装、尼龙丝袜、运动衣、时装、跑鞋、男士衣物，到现在几乎各种时尚面料，莱卡无处不在。

大多数的原料品牌都选择了隐身幕后，沉寂无名。而莱卡则不同，它的营销策略不是针对直接下游客户来进行，而是立足于终端消费者，打造自身积极、创新、时尚的品牌形象。为了做到这一点，30 多年前，莱卡就开始了与国际知名服饰品牌之间的合作，并从 1995 年和中国内衣品牌开展合作。6 年后，中国市场上几乎所有的内衣品牌都推出了含莱卡的产品，莱卡在内衣领域一统天下的脚步当当作响。设在上海青浦的杜邦莱卡生产厂的产量逐年扩大，年生产量从 1997 年设厂之初的 2500 吨，增加到 2001 年的 1 万吨。在上海等大城市，莱卡的市场知名度高达 70%。

现在，莱卡的合作伙伴，不仅仅有阿玛尼、宝姿、黛安芬、Chanel、Boss等世界著名品牌，还有越来越多发展中的本土服装制造企业，像逸飞、三枪、豪门、AB 等都与其建立了合作关系，参与分享"莱卡"已经形成的品牌优势。可以说，"莱卡"与其应用厂家之间，已经超越了简单的上下游买卖关系。它要传递给下游厂的，就是围绕"莱卡"的技术核心，用品牌联盟的方式提升双方价值，取得互利共赢。

资料来源：摘编自陈宁：《工业品营销一样精彩（一）——走近杜邦"莱卡"（LYCRA）》，中国营销传播网，2002 年 9 月 9 日。

案例分析

随着全球经济一体化进程的加快，世界各地之间的合作交往日益密切，品牌联盟以双赢为宗旨的经营模式逐渐成为众多品牌提高自身竞争力的有效手段，并被称为"21 世纪最有前途的商业经营模式"。一股品牌联盟的浪潮正席卷全球。

品牌联盟的理论研究始于 20 世纪 90 年代初，它的概念和术语比较多样，但定义主要来源于战略品牌管理的意义及组合形式。从战略品牌管理的角度定义品牌联盟，基础是品牌资产和名称。库克与瑞恩（Cooke & Ryan）认为，品牌联盟的本质是品牌声誉的背书和参盟方竞争力的合作。品牌联盟的形式在文献中表现为不同的术语，如表 2-3 所示。

莱卡的品牌联盟战略整体上可划归为成分品牌化。当一个市场领导者将它的产品供应给另一个品牌的产品，并成为另一个品牌的重要组成部分时，将会创造更大的利润。通过使用莱卡高品质的人造纤维生产服装，联盟服装生产厂商也树立起良好的产品质量形象，同时可以和成分提供商莱卡分享营销成本。而莱卡也随同增加销量，进一步加强其成分品牌的知名度。看看莱卡是如何构建它的品牌联盟帝国的。

表 2-3 品牌联盟的形式和定义

概念术语	定　义
联合促销	两个和多个不同的独立的品牌个体，为了增加销售、利润及其他互利的目的而进行的合作促销
广告联盟	两个不同的品牌在同一个广告中出现
绑定销售	两个和更多的商品或服务打包以特价销售，或是以单独的价格销售两种或多种产品或服务
双重品牌	两个品牌（通常是服务业），分享同一种特质，以增加消费者使用其中一个品牌或者两个品牌的机会
联合品牌	联合两个品牌名称，把这两个品牌名称作为一种产品的品牌名称
成分品牌化	某个品牌的关键成分被整合进另一个品牌

一、品牌联盟的建立基础

品牌的联盟，在双方"门当户对"的前提下，即品牌联合的双方在品牌核心价值、品牌形象和市场地位等方面较为匹配时，能够实现资源的有效配置和资本的优化组合，双方各取所需，以彼此为传播载体实现品牌增值，同时受益，取得"1+1>2"的优化效果。

（一）目标市场相似

氨纶是一种纤维，最早由德国拜耳公司于 20 世纪 30 年代末期研发成功，并申请了专利。美国杜邦公司在 1959 年研制出自己的技术并实现工业化生产，与拜耳不同的是，杜邦从一开始便赋予氨纶一个名字——"莱卡"，使得"莱卡"从"隐姓埋名"的氨纶家族中脱颖而出。

莱卡作为一种成衣物料，可以自由拉长 4~7 倍，在外力释放后能迅速回复原有长度。莱卡需要和其他人造或天然纤维交织使用。它不改变织物的外观，是一种看不见的纤维，能极大改善织物的性能。这正是对应于 20 世纪 60 年代西方社会新女性对舒适的需求，莱卡借此和内衣厂商结成联盟，其轻柔、弹力强、贴身的性能被称作对女式内衣的一场温柔革命。莱卡使女性内衣备受关注，一些结盟内衣厂家的 25% 销售额是因为莱卡而创造的，同时也带动了莱卡自身价值链的整合。

1984 年，时装设计师以莱卡混合其他质料如羊毛、棉、丝、麻甚至皮革等，把原质物料品质大大提升，令混有莱卡的产品更耐穿、耐洗。从此，莱卡的市场从"内衣闺房"进军室外，制造出千变万化的时装。从内衣到时装、泳衣、鞋帽等，莱卡的目标市场扩大到服装制品的众多角落，能参与更多类型的服饰生产，从而形成一个横向的厂商结盟，进入到更广泛的适用品市场中。

（二）品牌形象一致

品牌形象在很大程度上决定了营销战略的制定和实施。因此当两个品牌的形象南辕北辙时，是不可能进行战略上的品牌传播的。

作为20世纪影响人类生活的十大品牌之一，莱卡摆脱了物质利益的局限，将这种原料打造成具有浓重情感利益的品牌。莱卡赋予纤维以灵动，而灵动的纤维给面料带来灵性，给时装带来灵韵，在为消费者提供舒适穿着体验的同时，增加自信、性感、风尚、睿智的感觉。从简单的纤维到时装中的精灵，如今的莱卡已经成为一种时尚符号，一种现代生活态度的象征。莱卡的合作伙伴中，既有像阿玛尼、宝姿、黛安芬、LEVI'S这样的世界著名品牌，也有越来越多像三枪、逸飞、豪门这样的本土服装制造企业。但是无一例外，它们都是"快乐、阳光、性感"的"充满都市时尚气息"的服装品牌，与莱卡的品牌形象相符相称。

（三）莱卡择友的高标准

经过初期与中国内衣品牌的尝试合作，随着服饰消费市场潜力的不断呈现，1998年莱卡选择了第一批国内的服饰品牌展开合作，营销目标开始指向终端消费者。为了延续它在国际市场上已经建立起来的品牌高端定位，在挑选合作伙伴时，莱卡坚持高标准。质量和品牌是两个最关键的因素。莱卡纤维、纱线在用于面料和服饰时有一些严格的技术标准和质量要求，只有接受这些标准，并能够在生产中保持一致性的企业才会入选。莱卡寻找的合作伙伴都是在各自领域中处于领导地位的品牌，关心消费者的评价，并且已经在市场上建立起正面、积极的形象，和莱卡想要达到的定位相吻合。莱卡会为所有使用它提供的弹性纤维，并得到质量认证的服装产品免费提供"我有莱卡"的专用吊牌。但是如果检验发现，加工质量没有达到要求，那么就算购买了莱卡产品，也不会获得吊牌。

二、品牌联盟的互利目标

品牌联盟应该是利益捆绑的，伙伴关系建立在互利的基础上，要互相了解对方的利益要求，寻求双方利益的共同点，并努力使双方的共同利益得以实现。

莱卡给合作厂商带来的好处无疑很明显。时尚产品的生产销售厂家，常常为消费者变化不定的品牌喜好、无法预知的流行趋势所头痛，因为消费者对时尚产品消费的不忠诚性、跳跃性都使得厂商很难较好地组织货源。莱卡多年贯彻可持续性发展的整合营销计划，已经和终端用户建立品牌联系，培育了消费者的忠诚度，这就是莱卡给下游厂商最大的利益。莱卡的品牌影响力和号召力已经形成一个无形的"场"，使众多忠诚的消费者集聚场中。联盟厂商对这样的局面当然欢欣鼓舞。

莱卡还为合作伙伴提供技术、产品创新以及买家服务等各方面支持来加强合作伙伴关系。每年，英威达公司（原杜邦纺织与室内饰材部）都会对时尚趋势和消费者喜好做详细的市场调研，同时在全球各地的研发中心会根据国际潮流，在纤维和面料方面开发新产品。作为合作伙伴方的服饰品牌，不仅有机会分享到这些调研数据和创新成果，还可以结合国内的消费特点研制自己的新品。比如最早的合作伙伴之一"三枪"就曾经在莱卡提供的许多内衣面料范本基础上，重新开发出莱卡棉毛衫，在国内一炮走红。莱卡也会派驻专门的技术人员队伍到合作品牌的企业里，提供包括纤维处理、面料染整、印花到成衣制作等方面的咨询指导，并和他们一起解决新品研制过程中的技术问题。

通过选择与众多服饰厂商联盟，莱卡增加了自己的销售渠道，赢得了更广大的市场空间，运作得更加高效。品牌联盟使得莱卡可以综合各合作伙伴的资源优势，完成单个公司难以胜任的各项经营活动，同时借由各类型服装产品的莱卡吊牌，进一步扩大自身美誉度和影响力。联盟组织的各个公司都将自己的核心优势贡献出来，可以构成一个"一切都是最优秀"的整合机构。它的每项工作、每个环节都可能是世界一流的，而这却是单个莱卡难以做到的。

三、品牌联盟的活动执行

（一）莱卡最佳伙伴计划

莱卡在中国市场开拓过程中推出了一个名叫"莱卡最佳伙伴计划"的产业结盟计划，即以"莱卡"为中心的一个新颖的行业供应链管理计划。通过设立莱卡推荐认证工厂的方式，展开莱卡全球网络与布料制造商直接共享新概念技术与营销合作。对于纤维销售与纺纱制造商，提供特许经销的权力；对面料生产商采取认证工厂的策略；原料生产、上游和下游企业结合构成整体的供应链合作网络，共享莱卡的品牌优势。

莱卡对自己的最佳伙伴提出了很多要求：所生产产品中必须有70%的莱卡含量；生产企业的质量控制过程必须符合杜邦公司的要求；生产企业必须有一定的开发创新能力。莱卡为所有使用它提供的纤维，并得到质量认证的服装产品免费提供"我有莱卡"的专用吊牌。

莱卡最佳伙伴计划将纺织服装行业链以世界级认可联盟为基础结合起来，极大地增强了行业的竞争力。在中国，莱卡已经利用伙伴计划和120个知名品牌建立了最佳伙伴关系，涉及的零售商户达到8000户。

（二）时尚莱卡

为了持续传达给消费者莱卡舒适且时尚的品牌印象，英威达公司一方面每年都会在户外广告和"莱卡风尚颁奖大典"之类的时尚活动上投入巨资；另一方面则与服装品牌开展品牌推广活动，如"美特斯邦威有莱卡"、"我会呼吸——莱卡合作袜品牌零售推广"等。

2001年开始连办4年的莱卡风尚颁奖大典完成了莱卡的品牌推广目标——它将莱卡打造成为一个极富时尚魅力、永远走在流行最前沿的品牌；确立了莱卡在中国时尚产业中的权威引领地位。调研数据表明，莱卡品牌在中国消费者中的认知度达到了87%，品牌偏好度则达到了94%。

2004年开始，莱卡与环球唱片公司、文广传媒以及东方卫视合作，为年轻人量身定做了一个偶像节目——"莱卡我型我秀"偶像歌手选拔赛。这是一个历时4个月，既青春热辣又轻松有趣的造星活动。在活动中莱卡巧妙地整合了新产品推广及零售店展示。如2005年推出了莱卡酷吊牌（牛仔中含有的独特纤维）。为了配合这一主题，当年的"莱卡我型我秀"设计成一场最酷的秀、寻找最酷的偶像。在活动的后期，莱卡又将电视的片断与莱卡魅力牛仔的广告片组合投放，成功地使受众对莱卡有了更深刻的记忆。

类似的活动还有"莱卡加油好男儿"选秀，活动期间莱卡联合国内30多个零售商进行"莱卡加油好男儿炫礼进行时"零售推广活动。与莱卡品牌合作推广的唐狮、艾格、皓沙等品牌则配合在杭州、成都和上海等主要赛区进行大型的地面推广活动，不断强化莱卡品牌在消费者心中自由、健康、动感、个性而时尚的形象。

图2-6 莱卡我型我秀

图2-7 莱卡加油好男儿

在很多消费心中似乎"莱卡"就是氨纶，氨纶就是"莱卡"。一个品牌的名称变成了一个品类的名称，莱卡将氨纶原料的品牌化，不仅将一个复杂不容易表述的工业产品演化成为一个时尚、流行，能够带来美好生活可以感知的品牌，同时还将以前消费者判断面料是否毛、棉、涤纶等原料成分的判别方式变成了一种看"莱卡"标牌就产生信赖感，甚至马上作出购买行为的"催化剂"。莱卡无疑是杜邦全行业合作伙伴计划运用最为成功的一个案例。莱卡谨慎选择合作伙伴，严格要求自身产品，通过"莱卡最佳伙伴计划"整合产业资源，通过"莱卡风尚大典"、"莱卡我型我秀"、"莱卡加油好男儿"等活动持续实施品牌推广战略；通过地面活动的配合带动合作品牌的零售推广。莱卡在中国市场始终坚持有远见、有的放矢地实施品牌联盟发展战略，并凭借着完美的执行，取得皆大欢喜的局面。

问题

1. 简要说明莱卡在中国是如何实施品牌联盟的？
2. 请你试着分析莱卡最佳伙伴计划获得成功的因素。
3. 除了成分品牌化以外，你是否能举出其他五种品牌联盟形式的案例？
4. 你是否能举出类似莱卡品牌联盟的案例？

案例 12　苏泊尔：合纵连横树品牌

考生角色

假如你是米小月，是国内领先的锅具品牌苏泊尔的市场部员工。在锅具类产品中，利用节庆促销是常用的一种营销手段。如何才能在传统的"降价、买赠、抽奖"等促销战中脱颖而出，既促进了销售又维护了品牌形象，这是你在制订促销推广活动方案时需要考虑的问题。能否联合其他相关品类进行联合促销，形成"1+1>2"的双赢效果？

案例介绍

从"安全到家"到"做什么样的菜，用什么样的锅"再到"创意厨房好生活"，苏泊尔在品牌塑造上一直走在行业的前列，倡导的是健康快乐的饮食文化。然而在品牌传播方面仅仅体现在广告层面上，由于行业的低关心度，这些信息并没有有效地传递给消费者，如何能在促销活动中体现呢？

苏泊尔在促销中独辟蹊径，持续联合相关行业的领先品牌，采用了"联合促销+联合传播"层面的品牌联盟，以"联合"壮大声势，吸引消费者注意。更加值得一提的是，它在联合中传达品牌核心理念，提升了品牌附加价值，打响了"品牌联盟"的漂亮仗。

一、苏泊尔与金龙鱼——"好油好锅，引领健康食尚"

苏泊尔是中国炊具第一品牌，金龙鱼是中国食用油第一品牌，两者都倡导新的健康烹调观念。在 2003 年，苏泊尔和金龙鱼进行了"好油好锅，引领健康食尚"的联合推广，在全国 800 家卖场掀起了一场红色风暴。

"健康与烹饪的乐趣"是双方共同的主张，也是合作的基础。在这一主张下各自进行投入，可以越过双方的行业差异，更好地为消费者所接受。由于双方都是行业领袖，强强联合使活动的影响力和冲击力更大。

"好油好锅，引领健康食尚"活动在全国 36 个城市同步进行。苏泊尔和金龙鱼分别在该终端以"好锅好油，健康美食——苏泊尔为健康加油"、"好油好锅，健康美食——新春呈祥，金龙鱼好礼送不停"为主题和形象，活动期间（2003 年 12 月 25 日~2004 年 1 月 25 日），顾客凡是购买 1 桶金龙鱼二代调和油或色拉油，即可领取红运双联刮卡 1 张，刮开即有机会赢得新年大奖，包括丰富多样的苏泊尔高档套锅（价值 600 元）、小巧动人的苏泊尔 14 厘米奶锅和苏泊尔"一口煎"。同时，凭红运双联刮卡购买 108 元以下苏泊尔炊具，可折抵现金 5 元；购买 108 元以上苏泊尔炊具，还可获赠 900mL 金龙鱼第二代调和油 1 瓶。此外，苏泊尔和金龙鱼还联合开发了"新健康食谱"，编撰成册发放给消费者。并举办健康烹调讲座，告诉大家怎样选择健康的油和锅。活动正值春节前后，消费者买油、买锅的需求高涨。

承载着品牌信息传递的促销活动深深地吸引了消费者的驻足，活动效果大大地超过了预期。此次活动，不仅给消费者更多让利，还教给了消费者健康知识，帮助消费者明确选择标准，获得了广大消费者的欢迎。苏泊尔的数据显示：与往年相比，单位产出增加了近 40%。而金龙鱼方面销售与同期相比获得了 60% 的增长，而且其健康品牌的形象也深入人心。

二、苏泊尔与贝太厨房——"温情回馈，情取节庆"

苏泊尔在 2006 年元旦、春节的"温情回馈，情取节庆"活动中，与美食杂志进行资源互换联合推广。它选择了中国美食第一杂志——贝太厨房，期望发挥杂志媒体信息表达形式多样，信息保持周期长的特点，让更多人分享美食与亲情的故事，记录美食带来的感动。而贝太厨房一直推崇的健康时尚品位的美食生活，也是苏泊尔品牌文化的一部分，两者相得益彰。

经过多方面的沟通谈判，苏泊尔再度发起联合推广活动。贝太厨房在苏泊尔全国的终端进行品牌展示，所有的物料上均有贝太厨房的 Logo，贝太厨房也可结合自己的实际情况，选择城市和终端派驻营养师，和苏泊尔演示人员共同工作，配合推广。同时，它们协助苏泊尔编订《苏泊尔新春养生菜谱》；提供最好的广告位刊登本次主题活动信息；提供数万册的贝太厨房杂志，丰富苏泊尔终端促销礼品的同时，让更多的中国家庭深度了解贝太厨房。

在终端促销的具体实施中，苏泊尔采取"情景化"的策略，在全国近千家终端，通过品牌氛围营造、新春菜谱学习、烹饪体验、策略化产品陈列四大措施，将温情回馈的感性主题转化为具体的营销措施，打造"顾客体验中心"充分发挥终端的售卖、体验、互动的功能，增进消费者对苏泊尔品牌的认知，同时强力拉动销量。

（1）营造新春厨房氛围：在全国近千家卖场终端和商场，打造新春厨房。母女一起烹饪年夜饭的主题画面，和着饭菜香气的缥缈，将人们引入一个春节喜悦感恩的浓浓氛围之中，触动内心，引发共鸣。

（2）展示新春美食菜谱：在各终端摆放由贝太厨房专业提供、苏泊尔精心制作的年夜饭美食菜谱易拉宝，让过往炊具货品区的消费者可以轻松学一手。特邀贝太厨房专业营养师与苏泊尔演示人员在各大终端同台献艺，教消费者学做家常菜，号召大家用美食向家人传情达义。

（3）搭建祝福抒发平台：在终端展开有奖征文活动，只要写下一则"生命中最感动的美食故事与相应的菜谱"，就可以获得《贝太厨房》杂志一本，并有机会在《贝太厨房》上刊登您的美食故事，获得苏泊尔价值千元的精美炊具。

（4）赠送健康祝福好礼：联袂贝太厨房精心制作《苏泊尔新春养生菜谱》，在家乐福、沃尔玛等重点终端向消费者派送。养生食谱详细介绍如何在春节期间合理搭配膳食、注意饮食健康，如何烹饪一桌老少皆宜的年夜饭等健康饮食内容，非常体贴实用，充分体现苏泊尔健康、爱心的品牌个性。

（5）心意套装产品特惠：推出苏泊尔合家欢、温情、温馨等数款套装炊具，凡购买套装炊具就赠组合刀具等厨房实用礼品，刺激消费者更新炊具的积极性，确保本次活动销量的提升。

业绩的事实证明，在情感营销策略导向下，在终端全面展开的情景化体验终端推广活动，成功地传递了本次活动主旨，实现了终端和品牌的差异化，达到了品牌体验、销量提升、利润结构改善的三重目的。2006 年元旦春节期间，苏泊尔炊具销量比 2005 年同期增长 55.8%，其中卖场增长 33%，高附加值产品和主力产品的销量增加近 30%。

三、苏泊尔与太太乐——"牵手苏泊尔，太太乐新年"

在 2007 年新年来临之际，苏泊尔和与其在品牌核心诉求（提倡优质生活理念）、行业内品牌形象及市场地位（领导者企业）、产品定位（高档优质），以及目标人群（注重生活品质的家庭）方面相契合的太太乐联合推出"牵手苏泊尔，太太乐新年"系列活动，共同倡导健康、时尚、愉悦的消费体验。二者携手进行一系列推广活动，"联姻"引发了业内外的普遍关注。

图 2-8 苏泊尔·太太乐联合促销海报

资料来源：①郭津津：《"好油好锅"：苏泊尔金龙鱼的联姻秀》，《销售与管理》，2006 年第 7 期。
②王丽侠：《温情回馈，情取节庆——苏泊尔 06 元旦春节整合推广纪实》，博锐管理在线，2006 年10 月 12 日。
③杜鹃：《苏泊尔与太太乐联姻 能否实现 1+1>2》，《中华工商时报》，2007 年 2 月 9 日。

案例分析

一、品牌联盟——从"我"到"我们"的战略转变

近年来，参与市场角逐的竞争者越来越多，营销成本也随之上涨，如何有效降低成本，使所花费的营销费用效果最大化成为企业在竞争中取胜的关键点。在这种形势下，围绕单体企业的营销部署由于回旋空间有限而逐渐萎缩，

而"合纵连横"成为重要的战略思想。具有优势互补关系的企业纷纷结成"品牌联盟"，通过共同开发新产品，共享客户资源、渠道资源、传播资源，共同提供服务等方式，降低竞争风险，增强企业竞争能力。

随着大型卖场的购买形式成为消费常态，促销成为各商家在终端的必杀技。然而，一方面日益看涨的各项费用，卖场近乎掠夺性的让利要求，让每一次促销活动意味着利润的巨大流失，"薄利多销"的商业真经已经逐渐幻化成一个美丽传说；另一方面，由于促销活动已经成为一种惯例，并且为消费者所认可（有一项调查表明78%的消费者认为降价的促销活动是最直接刺激购买的因素）。在商品日益同质化的年代，消费者形成的惯性思维，以至于无促销就无消费欲望的戳一动一的"木头人"状态。品牌资产犹如储蓄账户，存储得越多，潜藏的经济价值动能就越大，如果一味透支的话，迟早一天会被消费者视如敝屣。不注重品牌建设的促销活动，尽管短期受益，最终只能成为饮鸩止渴的噩梦。

所谓品牌联盟，是指由两个或两个以上对等或资源互补的企业，结成优势相长、风险共担的合作组织，以达到共同拥有市场、提升品牌形象与产品品质以及获取成本效益之目的。任何企业不可能在所有资源类型中都拥有绝对优势，即使同一资源在不同企业中也表现出极强的比较优势，从而构成了企业资源互补融合的基础。特别是已经固化在企业组织内部的某些无形资源，如研发能力、销售渠道、市场经验等，难以通过市场交易直接获取。进行品牌联盟是获取独特资源的良方。

竞合的观念使这个时代正在经历着从"我"到"我们"的转变。当前的竞争考验不仅是对企业本身实力的考验，更是对企业发掘资源、整合资源和利用资源的能力的一种考验。成功实施品牌联盟正是这种能力的集中体现。

二、苏泊尔的成功之道

在上述联合促销的案例中，苏泊尔的三次品牌联盟传播遵循的原则：

（一）目标市场趋同，"品牌匹配"是联合前提

作为联合营销的前提，选择适合的联盟伙伴。无论是金龙鱼、贝太厨房还是太太乐，都是行业翘楚，与苏泊尔的市场地位、奉行的品牌精神与健康形象相契合。以金龙鱼为例，金龙鱼所属的嘉里粮油是中国第一家大规模生产精炼油脂和小包装油脂的企业。在不到10年的时间，嘉里粮油先后建成了八大粮油生产基地，覆盖全国市场，构成了中国最庞大的粮油生产加工体系。当时金龙鱼的年营业额50亿元，是苏泊尔年营业额的5倍。这种选择达到了强强联合的效果，起到攀附强势品牌，扩大传播力度的作用。而且，作为低关心度产

品类别的炊具行业，与高关心度及快速消费品行业的联手，增加了苏泊尔品牌的曝光度。

同时，这种互补资源、互借对方产品的知名度也能为自己增加新的消费者群。例如，贝太厨房除了一线城市之外，在全国的知名度相对较低，它也需要提升自己的品牌知名度，借以提高发行量。苏泊尔在全国的 1000 多个终端、2000 多名导购和烹饪演示人员，能够提供给贝太厨房一个全国范围的展示平台。

（二）统摄品牌核心诉求，品牌形象得到深化

三次品牌合作除了给消费者更多实惠，刺激现场销售外，还将品牌倡导的精神融入其中。每次活动都有明确的主题，持续表达了"健康优质生活理念"这一核心诉求。

"健康与烹饪的乐趣"是参与品牌联盟各方共同的主张，也是各方合作可能的基础。如果围绕着这个主题各方共同推出联合品牌，在同一品牌下各自进行投入，这样既可避免双方行业的差异，更好地为消费者所接受；双方又可以在合作时通过该品牌进行关联。由于双方都是行业领袖，强强联合使得品牌的冲击力更加强大，双方都能从投入该品牌中获益。

关注饮食，创新、健康，弘扬中国饮食文化，是苏泊尔及其合作品牌共同提倡的品牌文化。并且，通过饮食烹饪文化的倡导，将饮食与家人的健康以及与家的情感连接在一起，突出主妇关爱家人的角色定位，使苏泊尔与合作品牌的形象得到进一步深化。例如，苏泊尔和金龙鱼在促销现场的广告语："好油遇到好锅，没有油烟，没有焦糊，只有健康的美味在爱心厨房飘香，烹饪的心情也变得愉悦。美食就这样在妈妈手中开花，健康也从此在家人身体中驻扎。"在与贝太厨房的联合促销中，苏泊尔也是将"爱在厨房"的感性诉求融入到品牌宣传中。

（三）善于借势发力，会聚消费者注意力与新闻舆论

苏泊尔利用联盟传播制造话题，在中国传统节庆之际广泛吸引大众的注意，有力地提升了关注度。在联合促销活动前，苏泊尔会同联盟伙伴召开新闻发布会，率先为舆论造势。在锅具类行业最好的传播渠道——卖场中，苏泊尔也善于与联盟伙伴互相造势，扩大影响力，在促销手段上互为补充，相互提升，等于无形中在同一时段、同一空间为自己打造了两种不一样的风格的促销活动。比如，与贝太厨房在终端搭建的温情厨房以及设立的亲情许愿树等都相当吸引消费者和媒体的眼球。

三、小结

在当今市场条件下，企业能否取得成功，将取决于其拥有资源的多少，或者说整合资源的能力。任何一个企业都不可能具备所有资源，但是可以通过联盟、合作、参与等方式使他方资源变为自己的资源，增强竞争实力。在新的市场条件下，联合营销正成为一种瞩目的趋势。除了上述的联合促销形式，品牌联盟的发展大致呈现出以下三种轨迹：

1. 从以产品的功能互补为联盟基础转向以消费者体验为合作基点

随着消费者主权时代来临，以消费者为导向的营销观念代替了以产品为导向的营销观念，对消费者体验的重视被提到前所未有的战略高度。企业要积极转换思考角度，以消费者的心理需求和感受为出发点，通过为其提供舒适的良好体验形成品牌差异、塑造品牌个性，并拉近与消费者之间的距离，建立情感纽带。让品牌看起来是贴心和善解人意的，并为消费者提供更多便利，从而获得青睐。因此，品牌联盟的基准发生了转移，产品的功能互补不再是联盟营销的首要前提，消费者的使用体验成为联盟是否成立的关键点。

2. 从非竞争性的异业联盟独霸到各品牌积极组建竞争性联盟

"你死我活"的竞争往往使企业陷入价格竞争的"红海"，导致品牌两败俱伤甚至行业境况恶化。竞合共赢思想顺应了白热化的市场竞争形势，合作带来的利益迫使各品牌积极组建竞争性联盟。愈发激烈的市场竞争及经济全球化的浪潮促使昔日的竞争对手们在技术研发、联合生产、市场开拓等方面展开广泛合作，以分担研发成本，降低风险，提高进入新市场的成功率。既相互竞争又同舟共济，成为企业整合资源，冲破自身在资金、技术等方面局限性的有效手段。

3. 从浅层次的合作发展为更加密切、更高层次的全方位合作联盟

由浅入深是事物的发展规律，品牌联盟也不例外。在各品牌能够更加成熟地驾驭品牌联盟，整合各方资源后，寻求更深层次的合作是联盟发展的必然趋势。市场竞争导向的资源稀缺使浅层次的、单纯的联合促销、成品联合推广等合作无法满足品牌成长的需求。扩展渠道和节省成本需要品牌与供应链上下端进行合作，即开展纵向品牌联盟。降低风险、获取稀缺资源、达到优势共享需要与本行的其他品牌或其他行业的品牌进行多领域、深层次的合作，横向联盟的广度需要扩展。以提升一时的销售业绩为主要功能的联合促销，以及企业联合推广各自生产出的成品，是短暂的，是以产品为导向的品牌联盟，因此作用具有局限性。很多品牌的合作从这种性质的联盟开始，联盟的深度和广度不断向纵深发展，最终实现品牌间横向和纵向联盟的整合。

问题

1. 谈谈你对品牌联盟的理解。

2. 除了案例分析中提到的，你认为苏泊尔进行品牌联盟的成功之处还包括哪些方面？

3. 根据苏泊尔案例的启示，你是否还可以列举其他品牌进行联盟营销的成功案例？

案例 13　诺基亚与微软的联姻

考生角色

假设你是某著名移动通信设备制造商的品牌战略总监 Edward，这家公司的发展目前进入了一个关键的瓶颈期，即企业在未来愈渐重要的智能手机操作系统领域面临一个十字路口。摆在公司面前有两条道路：第一，继续研发自主的操作系统，但可能走进死胡同；第二，和操作系统领域的品牌合作，但可能会交出研发主动权。作为品牌战略总监的你，将会如何思考、决策呢？

案例介绍

2011 年 2 月 11 日，全球手机市场的"老大哥"诺基亚（Nokia）和老牌软件产品和服务提供商微软（Microsoft）在伦敦举行联合战略发布会，正式宣布达成一系列广泛的战略合作。诺基亚高端手机将从此采用微软 Windows Phone 7 操作系统，诺基亚也将参与该系统的研发。

此次品牌合作的战略要点主要包括：

（1）诺基亚将与微软进行广泛的合作，Windows Phone 手机将成为诺基亚智能手机的主要平台。与此同时，诺基亚仍不打算立即放弃塞班系统，在已经售出 2 亿台塞班系统手机的基础上，仍计划未来再销售 1.5 亿台塞班系统手机。

（2）诺基亚将帮助推动 Windows 手机未来的发展。诺基亚将贡献其在硬件设计和语言支持上的技术，并协助把 Windows 手机推向众多不同的价位市场、细分市场。

（3）诺基亚将于 2011 年 4 月 1 日成立两个独立的业务部门——智能设备和手机部门，分别负责高端智能手机和大众功能手机。诺基亚还将把原来与 Intel 公司合作开发的 MeeGo 操作系统应用于下一代设备的开发测试中，2011 年下半年将发布全新一款的 MeeGo 设备。

（4）微软搜索引擎必应（Bing）将为诺基亚的各种设备和服务提供搜索服

务，诺基亚手机用户可以享用必应下一代的搜索技术。微软的广告平台AdCenter将在诺基亚的各种设备和服务上提供搜索广告服务。

（5）诺基亚旗下的诺基亚地图（Nokia Maps）产品将如同必应（Bing）、广告中心（AdCenter）一样成为微软的重要资产，并成为微软地图服务的核心组成部分。例如，诺基亚地图（Nokia Maps）还将与必应（Bing）、广告中心（AdCenter）整合，以提供独特的本地搜索和广告体验。

（6）诺基亚平台的应用程序及内容商店也将整合并入微软的网络应用程序商店（MarketPlace），微软的开发工具将用于开发诺基亚 Windows Phone 手机的应用程序，使得开发者能够轻易利用这一生态系统的全球规模性。

（7）诺基亚和微软将在手机产品的未来发展上相互配合，在营销上进行密切合作，共同制定产品的开发路线图。

资料来源：《诺基亚与微软达成战略合作》，新浪科技专题，http://tech.sina.com.cn/z/nokia0211/index.shtml。

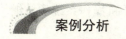

案例分析

一、品牌联盟

根据杜纳·E.科耐普撰写的《品牌智慧——品牌战略实施的五个步骤》一书中的定义，品牌联盟是指"两个或更多品牌同意将彼此的最佳利益合并到一起，组成互利互惠的合作关系以发挥品牌群体的竞争优势。品牌联盟可以帮助供应商或卖方企业创造双赢的竞争格局，为顾客提供节省时间、更便利的解决方案，同时达到提升企业品牌资产的目的"。

在这个定义中，可以抓住品牌联盟的要义，那就是"竞争优势"以及"利益合并"。竞争优势强调的是联盟中的品牌应该利用自有资源，尽己所能，发挥出自己的优势；利益合并强调的是品牌要在品牌合作中求同存异，与联盟中的品牌实现共同利益最大化。

如果把诺基亚和微软的这次合作看成是一次品牌联姻的话，那么这桩"婚事"既有各取所需的你情我愿，也有不得已而为之的尴尬无奈。

二、品牌联姻的必然

诺基亚与微软的合作，本质上也是一个各取所需、有利可图的过程。这两大英雄迟暮的品牌之间的握手，就是彼此看重对方的资源与优势，可以实现互补，并有可能帮助自己摆脱目前的困境。两大企业的合作，目前主要集中在高端的智能手机领域，也就是代表未来手机主流发展方向的领域。而两大品牌之所以能够达成合作，各自最核心的竞争力，即"竞争优势"分别是什么呢？

（一）诺基亚：用户海量

对于诺基亚而言，其品牌合作最大的核心竞争力就是用户数量。

2010 年，诺基亚出货共 4.53 亿部手机，遥遥领先于排在第二位的三星的 2.81 亿部；在市场占有率方面，诺基亚也是以 28.9%高居榜首；高端的智能手机领域，诺基亚旗下的塞班（Symbian）系统也以 11.58 亿部的出货量傲视群雄。这些数据足以说明诺基亚在手机市场上的江湖地位依然显赫。

拥有庞大的用户群体就意味着拥有无数的商业机会，诺基亚的这种底气也是微软所看重的。数亿的诺基亚手机用户，意味着微软将借这种品牌效应获得一个巨大的潜在市场，也将为两大品牌联袂演出提供巨大的舞台。

（二）微软：研发强大

凭借 Windows 操作系统和 Office 系列办公软件等王牌产品，微软在计算机软件和服务领域已经一骑绝尘许久，在操作系统上已然形成了强大的品牌背书。并且，其在研发过程中不遗余力的投入也使其能够在手机操作系统领域继续保持生命力。

打个比方，如果说诺基亚是手机制造方面的翘楚，微软则是软件生产方面的精英。微软在操作系统方面的强大研发力量和丰富的研发经验完全可以弥补诺基亚在这方面的不足与缺憾，为诺基亚节省一大笔产品研发费用。并且，辅之以诺基亚自身的研发资源和经验，它们的合作有可能形成"1+1>2"的效果。

三、品牌联姻的无奈

虽然两大品牌具有各自核心竞争力，然而在智能手机领域，它们同样存在短板。在不同领域风光一时的两大品牌，却在智能手机时代陷入步履维艰的困局，它们走到一起，对于早已厮杀正酣的智能手机市场来说，似乎有些姗姗来迟。

同是新兴移动通信领域的落后者，同是曾经傲视一方的大佬级品牌，诺基亚与微软结成了一个利益共同体。其实，在这个利益共同体之下的两大品牌却有着许多不足为外人道的苦衷与无奈。

（一）诺基亚：体大而无力

作为一度风光无限、遥遥领先的移动通信设备制造商，诺基亚一直以廉价、耐用、优质默默耕耘着自己的品牌，但在智能手机时代来临之时步入瓶颈。一边是市场份额的不断下滑，一边是自主研发的手机操作系统进展缓慢，种种原因都促成了诺基亚走上与其他品牌合作的道路。

1. 产品疲软

对于手机品牌来说，手机产品是它们赖以生存的生命线，只有生产出满足消费者需求的产品才能让品牌立于不败之地。作为一家以移动通信终端设备制造为主的企业，诺基亚的手机产品设计曾经是这个品牌引以为傲的资本。例如，电池指示器以及个性化的铃声提示，都是发端于诺基亚。

在前智能手机时代，诺基亚正是凭借高性价比的产品优势迅速攻占众多国家和地区的手机市场。但当手机步入智能时代时，诺基亚的这些产品优势就全无用武之地，却相反暴露出各种与市场趋势不合流的问题。比如，旗下的塞班（Symbian）智能手机操作系统发展停滞，旗下应用程序商店 Ovi Store 难成气候。

诺基亚的这种颓势在具有前瞻指示作用的美国手机市场表现得尤为明显，2009 年 3 月，诺基亚在美国的市场占有率已经萎缩至 10% 以下。

2. 研发滞后

在智能手机领域，可以毫不夸张地说，谁掌握了操作系统，谁就把住了智能手机发展的命门。但诺基亚在手机操作系统可谓是命运多舛。

与微软合作之前，诺基亚的智能手机在操作系统上有两个选择：第一个选择是塞班（Symbian）系统。该系统是诺基亚旗下的自有操作系统，这个系统简捷、稳定。但随着智能手机日新月异的发展，塞班运行速度偏慢，应用程序不足，应用开发者缺乏等问题暴露无遗。这些问题对于销量的影响也是显而易见的，如表 2-4 所示，塞班系统虽然在出货量和占有率上仍居第一位，但在增长率方面开始远远落后于竞争对手了。

表 2-4　2010 年智能手机操作系统销量对比

操作系统名称	2010 年出货量（台）	2010 年市场占有率（%）	2009 年出货量（台）	2009 年市场占有率（%）	出货量增长率（%）
塞班（Symbian）	111576.70	37.6	80878.30	46.9	38.0
安卓（Android）	67224.50	22.7	6798.40	3.9	888.8
Research In Motion	47451.60	16	34346.60	19.9	38.2
苹果 iOS	46598.30	15.7	24889.70	14.4	87.2
微软（Microsoft）	12378.20	4.2	15031.00	8.7	−17.6
其他操作系统	11417.4	3.8	10432.1	6.1	9.4
合计	296646.60	100	172376.10	100	72.1

资料来源：顾能（Gartner）公司，2011 年 2 月。

诺基亚在手机操作系统上的第二个选择就是和 Intel 公司合作开发的 MeeGo 系统。虽然诺基亚尚未正式宣布放弃 MeeGo 系统，但由于开发进展缓慢，距离商用遥遥无期，诺基亚明显失去耐心，不得不先另谋出路。

（二）微软：精专而弱势

在 PC 端呼风唤雨的微软，也在移动通信时代到来之时，显得有些底气不足。事实上，微软在操作系统上可谓是有精专并且实力雄厚的，但由于在移动终端方面的系统研发起步较晚，微软就显得有些相对弱势。这对于以操作系统发家的它来说，或多或少会有些许的尴尬。

而造成这种弱势的主要原因包括两大方面：第一，操作系统尚如初生婴儿；第二，应用程序生态圈仍构建不力。

1. Windows Phone 7 系统含苞待放

虽然微软在计算机操作系统上表现强势，但在手机操作系统领域，它就只是一个初来乍到的新手。这种初来乍到在表 2-4 中就表现得非常明显，无论出货量还是市场占有率，微软在前五大手机操作系统中仍处于绝对的劣势，而且 2010 年的出货量还有 17.6% 的下滑。

微软旗下的 Windows Phone 7 系统是微软于 2010 年推出的全新操作系统，它是微软在移动通信领域所压的那块宝，并且微软依旧在不断增加投入。但在这个发展近乎疯狂的行业里，WP7 是否能改变微软在手机操作系统上的疲软尚不得而知。

2. 生态圈构建不力

作为智能手机领域发展的重要组成部分，应用程序生态圈的构建一直成为左右智能手机品牌发展的关键。

作为微软自己的应用程序商店 MarketPlace，发展状况其实一直不尽如人意。在构建应用平台商、应用开发者、消费者三者构成的应用程序生态环境中阻力重重，规模过小，开发者稀少，市场认可度低等问题接踵而至。截至 2010 年底，WP7 应用程序的总量仅为 1000 多，而同苹果的 30 万和 Android 的 10 万应用程序数量相去甚远。

（三）对手：咄咄逼人

除了诺基亚和微软在手机领域的各自互补，激烈的品牌竞争也是促成两者牵手的一个重要因素。在日益发展壮大的移动通信行业中，品牌之间的竞争也越来越像一场你死我活的殊死搏斗。因此，诺基亚与微软的品牌联手则多少有点英雄惜英雄的味道。

以谷歌（Google）的 Android 手机和苹果（Apple）的 iPhone 手机为代表的市场挑战者强势崛起，迅速吞噬着诺基亚和微软的市场份额（见表 2-4），

Android 手机和苹果 iPhone 手机的增长飞速，分别为 88.88%及 87.2%。这种咄咄逼人的态势也更加促成了诺基亚与微软之间的牵手，去竭力打造除苹果的 iOS 阵营、谷歌的 Android 阵营、RIM（Research In Motion）的 BlackBerry OS 阵营的第四股势力。

四、微诺组合的未来

当然，关于诺基亚与微软的品牌联盟的未来，目前还不能过早地妄下定论，仍需谨慎地看待这对搭档。但可以肯定的是会有下列的三大因素左右两大品牌的合作前景。

（一）市场是否认可

产品是否能够获得消费者的认可，这是两大品牌合作的根本利益起点。诺基亚的硬件搭载微软的软件，两者的组合只有满足了消费者的需求，顺利地赢得了消费者的认可，才有可能在手机市场上的竞争中后来居上，力挽狂澜。

（二）竞争是否得势

两大品牌形成的阵营与其他高端手机阵营的竞争将是全面的，从手机硬件终端，到操作系统，再到应用程序生态圈，竞争将面面俱到。如何在竞争中挽回颓势，让消费者获得额外的选择，这是想要后发制人的诺基亚和微软必须面对并且解决的问题。

（三）合作是否专注

两者能否真的心无旁骛地合作，也关系到这个新生的品牌联盟能否长久存在，能否占有一片江山。

其实对于诺基亚来说，这次跨领域的合作，并非一拍即合。在高端智能手机操作系统上，微软的 WP7 也并不是唯一的选择。在诺基亚的战略中，它仍不打算立即放弃自己的塞班（Symbian）系统，并且在已经售出 2 亿台塞班系统手机的基础上，仍计划未来再销售 1.5 亿台带有塞班系统的手机。此外，和 Intel 合作的 MeeGo 操作系统的合作也并未完全中止。这也就意味着，诺基亚和微软的结盟，并未完全形成合力，甚至会在内部形成竞争，这就有可能削弱了这个联盟的竞争力和影响力。

问题

1. 在你看来，促成品牌之间的品牌联盟的关键因素都有哪些？

2. 诺基亚与微软在实现品牌合作以前，各自的优劣势都是什么？促成这种合作的最主要原因又是什么？

3. 你认为影响诺基亚和微软两大品牌之间合作前景的因素有哪些？

4. 如果你是 Edward，你将对公司的品牌联盟策略抱有何种看法？对于公司高层又有何种建议？

5. 除了案例中的品牌联盟，你还能举出别的品牌联盟的例子，并进行分析吗？

第三部分

品牌形象策划与设计

99

学习目标

★★★★

知识要求 通过本章的学习，掌握：

● 品牌形象策划与设计分别涵盖哪些内容
● 品牌设计的概念
● 如何利用出色的品牌设计传播品牌
● 品牌背书的概念
● 如何利用品牌背书实现品牌传播
● 品牌植入的概念、方法

技能要求 通过本章的学习，能够：

● 了解什么样的品牌设计可以促成一个品牌的成功
● 了解品牌背书是如何利用所学的品牌背书的知识对相关案例进行分析、总结
● 利用所学的品牌植入的知识对相关案例进行分析、总结

学习指导

★★★★

1. 本章内容包括：品牌设计的概念；品牌背书的概念以及方法；品牌植入的概念，方法；还包括品牌设计、品牌背书以及品牌植入中有关案例成功与失败的分析。

2. 学习方法：理解消化教材中关于相关案例的分析方法及原则，熟练运用这类方法及原则，最后掌握独立分析此类案例的能力。

3. 建议学时：6 学时。

导　语

品牌形象策划与设计：殊途同归

在这个章节中，我们把企业品牌形象传播划分为三个部分，即品牌设计、品牌背书以及品牌植入三大板块。

品牌设计（Brand Design）其实就是一种产品设计，一种融合了品牌定位、品牌个性等品牌元素的产品设计。品牌背书（Brand Endorsement）则是利用第三方信誉与品牌建立某种连接，让消费者形成与第三方相关的品牌联想。品牌植入（Product Placement）就是依托某种媒体，使品牌获得和消费者接触的机会，增加了品牌接触点。

这三大板块之下的案例涵盖了众多行业的一线品牌，包括服装制造、手表制造、日化用品以及家电零售。这些品牌在品牌形象策划与设计方面都表现出色，独树一帜。

通过本章对斯沃琪（Swatch）、卡帕（Kappa）、凡客（Vancl）、联合利华（Unilever）、国美以及佳洁士（Crest）这些案例详细的分析，可以发现这些品牌的成功背后其实都是有迹可循的。例如，斯沃琪（Swatch）和卡帕（Kappa）都是以强大的产品设计及研发能力获得市场认可；凡客诚品（Vancl）则是依靠明星代言人极大地提升了品牌知名度，进而扩大品牌影响；联合利华（Unilever）则利用其强大的母品牌影响力为旗下各子品牌背书，形成品牌群聚效应；而国美及佳洁士则分别利用精心设计的品牌植入为其赢得了有价值的关注。

这些关于品牌形象策划与设计的案例，其实都在说明品牌形象是可以通过一定的渠道塑造和传播的，这种渠道的设计与选择，需要智慧。作为品牌营销者，无论怎么设计，怎么选择，最终的目的只有一个：让更多的消费者喜欢并进而选择这个品牌。

案例 14　斯沃琪：戴在手腕上的时装

考生角色

　　假如你是一家大型企业的产品研发经理 Jim，目前你的部门正在设计研发一批新产品准备在市场上推出，目的是帮助公司吸引更多的客户，进一步扩大市场份额，能够在竞争激烈的行业角逐中站稳脚跟。

　　作为部门的核心人物之一，你必须全程参与产品的研发环节，关注如何挖掘新产品的潜力，如何提升产品品味，以及如何迅速吸引消费者等问题。因此，在新产品投入市场之前，了解业界成功的品牌设计案例，洞察消费潮流，将成为你学习和思考的一个重要过程。

案例介绍

　　斯沃琪（Swatch）作为瑞士名表的典范，散发着无穷的青春活力。斯沃琪（Swatch）手表以其时髦缤纷的色彩、活泼的设计以及颠覆传统的造型，滴答地随着摩登生活的节奏向前迈进。在斯沃琪（Swatch）之前，没有任何流行品牌获得这样的成就：在极短的时间内，占据全球爱好者的心，地位屹立不摇；除了维持既有的版图，同时还持续向其他领域深度发展。

　　斯沃琪不仅是一种新型的优质手表，同时还为时间传递出前所未有的思维，带给人们一种全新的观念：手表不再只是一种昂贵的奢侈品和单纯的计时工具，而是一种"戴在手腕上的时装"。这种观念获得了全世界的认同与接受，不分国家文化，也无论年龄。其充满感情的诉求加上令人振奋、煽动又创意十足的想法，使得风格独具的斯沃琪风靡全球。

　　"让大家知道你的每一秒钟都不虚度。充满好奇心，大胆、勇于接受新事物，让自己的生活独一无二，更重要的是，与别人分享这个想法！"这段话为斯沃琪（Swatch）的哲学做了最好的阐述。这款年轻、创新的腕表已成为激情四射、趣致动人、生活情趣的完美象征。

斯沃琪（Swatch）大事记

　　1983 年，首款斯沃琪（Swatch）腕表诞生，使世界为之震惊。

　　1985 年，琪琪·毕加索（KiKi Picasso）为斯沃琪（Swatch）设计首款艺术家纪念表。

1986 年，斯沃琪（Swatch）首推时尚系列腕表。其后再接再厉，盛邀基思·哈雷（Keith Haring）设计四款艺术家珍藏表。紧接着又推出首款圣诞节珍藏表"Bergstrüssli"。

1988 年，为庆祝斯沃琪（Swatch）诞生 5 周年，斯沃琪（Swatch）腕表家族新添六款周年纪念珍藏表"PuffSpecial"。斯沃琪（Swatch）产量突破 5000 万！

1990 年，斯沃琪（Swatch）多功能表诞生，让时间为之停留。斯沃琪（Swatch）收藏家俱乐部成立，并于 1996 年更名为斯沃琪（Swatch）全球俱乐部。

1991 年，斯沃琪（Swatch）自动表使机械表重新焕发活力。首款斯沃琪（Swatch）传呼型腕表上市。阿尔弗雷德·霍夫昆斯特（Alfred Hofkunst）为斯沃琪（Swatch）设计艺术家珍藏表"Swatchetables"。

1992 年，斯沃琪（Swatch）产量突破 1 亿！斯沃琪（Swatch）计时码表风靡世界。

1993 年，历时 10 年，斯沃琪（Swatch）首推音乐表 MusiCall。维维安·韦斯特伍德（Vivienne Westwood）为斯沃琪（Swatch）设计艺术家珍藏表"Orb"。

1994 年，斯沃琪（Swatch）金属表开创现代金属表新纪元。

1995 年，斯沃琪（Swatch）首推太阳能表。斯沃琪（Swatch）金属系列家族新增具有分段计时功能的多功能表。斯沃琪（Swatch）金属潜水表深入水底世界探险。全球滑雪场喜迎斯沃琪（Swatch）通路表。

1996 年，斯沃琪（Swatch）成为亚特兰大夏季奥运会官方指定计时器。斯沃琪（Swatch）产量突破 2 亿！

1997 年，斯沃琪（Swatch）推出厚度仅为 3.9 毫米的史上最薄塑料表。

1998 年，斯沃琪（Swatch）金属 Scuba 200 潜水表迎来 15 岁生日，潜水深度更上一层楼。斯沃琪（Swatch）网络表开创新一代网络时间。

2000 年，斯沃琪（Swatch）成为悉尼夏季奥运会官方指定计时器。斯沃琪（Swatch）旺多姆广场专卖店在法国巴黎旺多姆广场开门迎客。斯沃琪（Swatch）方形表提醒大众"行事不可太刻板"。尽管腕表的形状可以改变，但斯沃琪（Swatch）精神却一力秉承。

2001 年，"超薄多功能表"成为世界上最薄的塑料多功能表，其厚度仅为 6.6 毫米。

2002 年，斯沃琪（Swatch）产量突破 3 亿！斯沃琪（Swatch）推出特大型表，其尺寸较斯沃琪（Swatch）标准表大 30%。斯沃琪（Swatch）金属系列家族新增透明表。斯沃琪（Swatch）相继推出翻转无穷表和纳巴表。斯沃琪（Swatch）"第 27 州"（The 27th Canton）展现团结决心。斯沃琪（Swatch）史皮卡大道专卖店在意大利米兰史皮卡大道开门迎客。

2003年，为支持小小梦想家基金会，斯沃琪（Swatch）与著名音乐人菲尔·科林斯（Phil Collins）合作，推出菲尔·科林斯（Phil Collins）珍藏系列腕表。

2004年，斯沃琪（Swatch）成为雅典夏季奥运会官方指定计时器。斯沃琪（Swatch）相继推出接触表和开心潜水表。该企业品牌在世界品牌实验室（World Brand Lab）编制的2006年度《世界品牌500强》排行榜中名列第112位。

2008年，Swatch成为北京夏季奥运会官方指定计时器（至此，已累计连续四届成为1996、2000、2004及2008年北京夏季奥运会官方指定计时器）。

资料来源：斯沃琪官网。

案例分析

"斯沃琪（Swatch）到现在只有十几年的历史，但他们已经达到了本时代经典的地位。"

——菲利普·科特勒

一、创新设计为斯沃琪注入活力

斯沃琪为什么会在那么短的时间内获得如此巨大的成就？其成功的秘诀在于品牌设计上的创新，包括产品工艺技术、外观设计的创新，也包括成功的品牌形象构建（当然绝不仅止于此），这就是斯沃琪引以为傲的"下一代技术"战略，意即使用全新的技术为核心竞争力。这里的"技术"除了指狭义的技术之外，还有更宽泛的意义，那就是"为达到目的所用的工具和手段"。所以更准确地说，"下一代技术"就是指运用行业中还没有人用过的所有新工具和新方法来实现高速增长和后来居上。

品牌设计是在企业自身正确定位的基础之上，基于正确品牌定义下的视觉沟通，它是一个协助企业发展的形象实体。品牌设计不仅能够协助企业正确地把握品牌方向，而且能够使人们正确地、快速地对企业形象进行有效深刻的记忆。品牌设计来源于最初的企业品牌战略顾问和策划顾问对企业进行战略整合以后，通过形象的东西所表现出来的东西，后来慢慢形成了专业的品牌设计团体对企业品牌形象设计进行有效的规划。品牌设计与产品的技术工艺、外观设计以及品牌自身形象打造等方面息息相关。

品牌设计注重的是创新，因为创新是一种提升企业竞争力、保持企业可持续发展的新型生产力。就斯沃琪这个品牌而言，如果说品质是它的生命，创新则是它的灵魂。不断的设计创新为斯沃琪提供了持久的发展动力。

二、斯沃琪的成功之道

（一）工艺技术创新

新材料和新技术工艺对斯沃琪的发展予以重要的支持。20 世纪 70 年代中期，瑞士钟表业陷入了第二次世界大战后最大的危机。由于忽视了石英表技术的崛起，瑞士钟表在市场上被全面击溃。工艺精良的瑞士机械手表被走时更加准确、体积更小更薄的日本石英表取代。瑞士钟表全球市场占有率由 1974 年的 43%（9100 万只）降至 1983 年的 15%（4300 万只）以下。两家瑞士著名的钟表公司 ASUAG 和 SSIH 也因此在残酷的市场竞争中遭遇巨额亏损。这两家公司旗下的著名品牌有欧米茄（Omega）、雷达（Rado）、浪琴（Longines）、天梭（TISSOT）。它们面临银行的沉重压力，必须卖掉品牌来换取生存。1985 年，瑞士哈耶克工程公司的创始人哈耶克联合其他的投资者收购了 ASUAG 和 SSIH 公司，组成了 SMH 钟表公司（现已更名为斯沃琪集团）。哈耶克在高工资的瑞士本土（当时瑞士的工资是日本的 5 倍）以竞争对手的成本制造高质量的手表。他给新的手表品牌起名斯沃琪。新的手表由塑胶和其他合成材料制成，重量轻、防震、防水。斯沃琪的"芯"是全新的，整个手表的结构被大大简化。原本手表的三大构件（机械底盘、表壳及镶嵌板）被合并为一体成型的表壳，机械从上方置入。手表的零件由 91 个（一般手表零件为 150 个）减至 51 个。这在当时是革命性的制表工艺。由于减少了零件的转动部分，就降低了手表的损坏概率，并且组装手表所需人手也减少了很多，因此劳动力成本从 30% 降到 10%，手表的价格也就明显比同类手表低了很多。斯沃琪实现了以前只有高价手表才有的品质水准（防震、精准、30 米防水功能等），却以一个低得难以想象的价格在市场上出售。正是凭借于此，斯沃琪大获成功，迄今全球销量已经超过 2 亿块。在它的带动下，瑞士钟表在全球手表市场的占有率又重新升至 51%。

（二）外观设计创新

斯沃琪的成功在很大程度上依赖于其产品独树一帜的外观设计。他们将自己的手表包装成全世界独一无二的装饰品：形状趣怪、设计别出心裁、名字特别、形象高调。因此这些小玩意可以历经各种风潮的袭卷而不衰退。

1. 独特的设计定位

传统瑞士钟表业认为，工艺就是目的，工艺就是一切。而斯沃琪认为，在现代商业竞争中，企业必须随时感知消费者口味的变化，产品必须切实满足消费者的需求，这比掌握新的生产技术更重要。斯沃琪进入大众化的电子表市场时，并没有像日本表一样仅诉求廉价，而是通过市场细分，深入了解消费者的需求，寻找市场切入点，挖掘到一个尚未开发的新市场——消费者的感性需求。通过对需求、动机、购买行为的多元性和差异性多个侧面对消费者进行研究，首先将产品的消费人群进行细分并将目标客户群锁定为 18 岁的年轻人，甚至扩展到崇尚年轻心态的中年人。年轻人没有钱购买高档表，但消费追求感性，需要一种时尚来满足个性，他们选择产品的准则不再基于"好"或者"不好"，而是基于"喜欢"或"不喜欢"。他们所追求的是产品或服务所能提供的一种感觉或附加价值。因此，斯沃琪认为手表不仅仅是一种高质量的计时工具，更应该是一种招人喜爱的装饰品，一种纪念品，它应该充满情感、文化、历史特征，应该能够领导世界手表新的消费文化。斯沃琪从时装行业的春、夏、秋、冬系列服饰中得到灵感，灵活地提出让手表成为"戴在腕上的时装"，走现代时尚路线。这种跨行业得来的灵感为死气沉沉的瑞士表业带来了活力十足的时尚旋风，打破了手表局限于计时功能的单一死板的模式。钟表可以像时装一样成为色彩绚丽的时尚艺术品。斯沃琪名字中的"s"不仅代表它的产地瑞士 Swiss，而且含有"second-watch"的意思，即第二块表之意，表示人们可以像拥有时装一样，同时拥有 2 块或 2 块以上的手表。

2. 多变的产品系列

"我们唯一不变的，是我们一直在变。"为了在手表市场上站稳脚跟，斯沃琪始终保持与时俱进的风格。尽管是批量生产，甚至是自动化生产而且产量巨大，但手表外观千变万化，很难发现两只完全相同的斯沃琪，几乎每只表都是单独设计而成的。斯沃琪有一个精英云集的设计团队，不断挖掘丰富多变的设计主题。设计人员每年都会完成 500 个设计，然后反复讨论研究，最后选出近百款样式进行生产。同时，斯沃琪还聘请许多著名的艺术家（如毕加索）及流行界名人（如日本著名电影导演黑泽明等）进行设计。手表的表盘、表带皆成为他们表达奔放的想象力和不寻常创意、挥洒亮丽色彩的画布。而事实证明，这些由名家设计的表都曾引发斯沃琪迷的狂热追逐。

另外，斯沃琪每年都要向社会公开征集设计方案，丰富设计选题。包括儿童表、少男表、少女表、春夏秋冬四季表、从星期一到星期天每天一块的每周套表等。还针对不同的服饰、不同的节日、纪念日进行专门设计。例如，2008 年，为庆祝北京奥运盛典，斯沃琪推出的一系列具有中国元素的时尚手表。该系列表首次以中国传统文化与艺术精髓为灵感来源，结合奥林匹克理想的诉求，集成了充满东方气韵的龙纹、云纹、牡丹花、青花瓷、白玉壁、盘花、七巧板、鸟巢等古今中国元素。"龙跃福生"、"盛世青花"、"玉兆吉祥"、"国家体育馆鸟巢"等多款奥运纪念表，受到了各国消费者和收藏者的热捧。

"去年的斯沃琪表不能替代今年的斯沃琪表。"这是斯沃琪的目标。正是由于产品的不断推陈出新，迎合了社会不同层次、不同年龄、不同爱好、不同品味消费者的需要，再加上精心的设计广告来刺激人们的购买欲望，因此斯沃琪深受广大消费者的欢迎和喜爱，销售量年年攀升，市场份额不断扩大，公司的效益自然也越来越好。

（三）成功的品牌形象构建

斯沃琪能从一个单纯的手表品牌名称升华为一种文化、一种意识形态的象征，原因在于其非常准确和良好的品牌形象构建。

早在发展之初，为了强调斯沃琪手表可作为配饰不断换新而在潮流变迁中永不衰落的特点，斯沃琪做了一个惊人的举动：设计了一个巨大的斯沃琪手表，长达 152 米，悬挂在法兰克福最高的一幢摩天大厦——德国商业银行总部大楼上，并传达了简单的信息："斯沃琪—瑞士—60 德国马克。"该举动立刻引起了轰动，德国新闻界为斯沃琪免费做了许多广告。在接下来的两个星期内，每个德国人都知道了斯沃琪。第二个巨型斯沃琪手表条幅悬挂在东京的银座，同样取得了轰动性的效果。

斯沃琪为自己打造了一个高品位、低价位的品牌形象。高品位和低价位这两个原本看似难以协调的矛盾，斯沃琪却以高超独特的营销技巧使两者完美统一。斯沃琪虽然不断地推出新款，但每个款式在推出 5 个月后就停止生产；斯沃琪专卖店在人多的时候，故意营造紧张的抢购气氛，对顾客实行叫号购买；甚至在里斯本博物馆设置斯沃琪陈列专柜，对已经停售的手表款式进行拍卖。这些看似无意的促销手法，使得斯沃琪手表逐渐成为经典，为消费者所神往，为收藏者所瞩目。而在市场宣传推广中，斯沃琪承袭其运动、活力的风格，策划出许多新奇的、与众不同的活动，每一个活动都有其鲜明的主题，甚至吻合时尚人士的反传统、叛逆的心理，让斯沃琪的品牌核心价值充分张扬，在张扬中构建独特的魅力。

同时，公司还建立了斯沃琪会员俱乐部，向会员出售特制手表，邀请他们参加俱乐部的活动。俱乐部会员还会收到漂亮的斯沃琪手表杂志，这是一份按季度出版的全彩色杂志，上面刊登关于斯沃琪手表的全部信息；鼓励经销商创立斯沃琪手表博物馆，为斯沃琪手表收集者举办活动，并特制有纪念意义的手表。而且，公司每年分两次推出数目极为有限的时髦手表设计版本，斯沃琪手表的收藏家有特权参与投标，购买其中的一种设计版本。

正是因为与众不同的品位和一系列不局限于传统的行销手法，以及开路先锋大胆无畏的精神，让这个诞生于 80 后的廉价手表发展成为个性鲜明的国际知名品牌。虽然只有短短 12 年的历史，但它已取得了"现代古董"的地位，不仅在里斯本拥有自己的博物馆展台，而且公司每年都会带着耗费几百万美元打造的"斯沃琪（Swatch）情感经历"展览，在全世界周游展出。

另外，斯沃琪还善于利用合理的公共关系来提升自己的品牌形象。与所有热情上进、富有爱心的年轻人一样，斯沃琪在倡导时尚的同时，也将目光投向社会公益事业。斯沃琪是第 1 个国际奥委会指定的长期为奥运会计时、打分和裁判的公司。作为 1996 年亚特兰大、2000 年悉尼、2004 年雅典及 2008 年北京奥运会的官方指定计时器及合作伙伴，斯沃琪在计时技术方面一直居世界领先地位。每年，斯沃琪都要为残疾人奥运会、友好运动、亚运会和英联邦运动会等 150~170 个主要体育项目进行计时。当然在作大型体育要事"时间记录本"的同时，也将其时尚钟表文化传播于无形之中。在这些独特的活动中，斯沃琪作为手表品牌的形象渐渐模糊，代之而来的是一种诱惑、一种激情、一种永恒，一种无穷无尽的唯一。

三、小结

斯沃琪以时髦缤纷的色彩、活泼跃动的设计、颠覆传统的造型向人们传达了时尚、青春、自由、快乐的激情，其高品质、低价位、多变化的品牌战略使其被更多的消费者亲近和认同。时光流逝，斗转星移，唯有斯沃琪的创新精神不变。正如斯沃琪创始人哈耶克说："斯沃琪最叫人心悦诚服的，是它使瑞士的制表工业一直凌驾于先进的欧洲及北美洲等地，同时又保留了瑞士传统的制表技艺。凭借着想象力、创造力以及誓要成功的意志，斯沃琪制造出了优秀而实惠的产品，现在，斯沃琪肩负了明确的使命，将继续发展和推出更多有意思的产品。"

研究斯沃琪的设计创新与品牌经营之道，可以得出这样的结论：现代商业社会中，产品创新、设计创新、品牌战略已经成为提升企业竞争力、保持可持续发展的利器。设计所成就的价值是企业品牌和产品最显性的价值，优秀的设计已经成为企业成功乃至产业革命的必经之路，这对于目前想实现创新和突破的企业来说是有一定的借鉴意义。

问题

1. 谈谈你对品牌设计的理解。

2. "持续的设计创新是企业保持活力的关键"，从本案例中你得到什么启示？

3. 根据文章中提供的资料，你认为除了文中列举的因素，斯沃琪成功的原因还有哪些？

4. 根据自己的理解，举一个除斯沃琪之外的例子，说明品牌设计对于品牌发展的重要作用。

案例 15　Kappa：运动也时尚

考生角色

假如你是 Vivian，一家从事服装生产和销售的公司的产品经理，公司即将成为一个国外著名服装品牌的中国代理商，准备凭借该品牌的强大实力和人气提升自身的知名度，以吸引更多的国内消费者，进一步扩大市场份额，获取丰厚的利润。

作为部门的核心人物之一，你必须关注到该品牌进驻中国后产品的定位和设计问题：如何清除不同国度和文化带来的品牌发展障碍；如何顺利地完成产品的本土化转型；如何迅速地吸引国内客户；等等。因此，了解相关的品牌成功案例，洞察国人消费潮流，将成为你学习和思考的一个重要参考。

案例介绍

Kappa，一个源于意大利的运动鞋服品牌，Logo 为两个背靠背的小人。自2002 年进入中国市场至今，在面临耐克、阿迪达斯两大国际寡头已在中国经营多年和李宁、安踏等本土品牌纷纷崛起的双重夹击之下，短短数年间其市场规模竟呈爆炸式增长之势。2008 年销售额达 33.2 亿元，利润竟超过李宁和安踏，达 13.7 亿元。如今不仅国内几乎所有的大百货商场及运动品牌专卖区都有 Kappa 专卖店，而且有数据表明，Kappa 品牌的潜在消费者数量正在持续增长。

就全球市场来说，Kappa 的表现并不出彩。据国际体育用品制造商协会统计，在全球市场，耐克和阿迪达斯的市场占有率分别为 36.6% 和 22.2%。而包括 Kappa、彪马、锐步等在内的其他竞争者的市场占有率均不超过 5%。相比之下，Kappa 中国市场的表现完全可以称得上"奇迹"。

不同于其他主要竞争品牌 Nike、adidas 等的产品功能诉求，Kappa 给人的感觉是年轻、活力，品牌定位为时尚、运动、性感及品位，本着"时尚运动化，运动时尚化"的理念，Kappa 正在成为中国运动时尚的风向标。

案例分析

Kappa 为何能在中国取得如此成功？其原因不仅在于 Kappa 创新的品牌定位，寻找到了时尚休闲运动的"蓝海"市场，从而避开了耐克、阿迪达斯、李宁、安踏等巨头拼命厮杀的专业运动的"红海"市场，还包括在产品设计、品牌传播渠道等方面的突破和完善。正是凭借这一系列精准有效的品牌发展策略，Kappa 才能在激烈的市场竞争中脱颖而出。

一、以运动时尚设计寻找市场空间

在 Kappa 刚引入到中国时，其代理商中国动向公司将该品牌定位于高端的"专业运动品牌"，这意味着 Kappa 一进入中国市场就要与耐克、阿迪达斯等顶级专业运动品牌同台竞技。然而在之后与耐克、阿迪达斯"硬碰硬"的较量中，Kappa 尝到了失败的滋味。耐克、阿迪达斯不仅拥有先入优势、超级细分的产品线和巨大的品牌号召力，还具备强大的资金实力，其赞助一个项目的钱款可以抵得上 Kappa 几乎全年的市场费用，在这种情况下跟对手去硬拼只有死路一条。有相关数据可以证明：2002 年 Kappa 销售额仅为 1000 多万元，2003 年销售为 4800 多万元，根本无法维系当时 200 多个专卖店的渠道成本，现金流非常紧张，公司时刻处于破产的边缘，急需采取有效的措施来解决自身的发展危机。

2004 年，Kappa 中国的高层运营团队在经过缜密的市场调研之后，终于有了惊人的发现：专业的体育用品所对应的消费人群是真正从事于运动行业或者相对比较专业的运动人士，人数相对较少，而更多的人喜欢运动是为了追求一种运动精神和身着运动装备所带来的愉悦。尤其在年轻消费群体中，大部分人群其实并不需要专业的运动服装，他们需要的是一种运动的感觉。于是他们决定对 Kappa 进行重新定位，即将品牌诉求确定为以下四个主题：运动、时尚、性感、品位。Kappa 的这种定位，与传统运动服装追求宽松、透气性能完全不同，Kappa 的定位是全新的，即运动服装时尚化，走"运动+时尚"的路线。Kappa 对其目标客户群也进行了重新圈定，以 18~30 岁的年轻人为核心客户。于是 Kappa 迅速推出了另外一条产品线——时尚产品线，它强调的是生活化，采用紧身时尚活力运动的设计风格，运动和休闲被很好地结合起来。设计师把体育的精神融汇在里面，但又不是纯粹专业的体育用品。

有别于耐克、阿迪达斯等行业巨头对功能性运动服饰的追求，Kappa 的这一差异化的新定位，在中国开辟了一个新的"蓝海"市场，既避免了与行业巨头的正面冲突，又不至于陷入与以制造为核心竞争力的低端企业的无谓厮杀，为 Kappa 在中国市场的成功奠定了基础。

二、精准的产品设计与研发

Kappa 中国的"运动、时尚、性感、品位"的新定位，势必要求 Kappa 将设计作为其核心竞争力，将更多资源投入设计中。通过实地调研以及在此基础上深入的定量分析，Kappa 发现中国市场年轻人认为时尚和运动之间是存在差异的。也就是说，运动产品在他们看来，功能优异，但缺乏时尚元素。这个缺陷使得众多潜在顾客敬而远之，因为年轻人既喜欢运动，也希望在身着休闲服饰时享受时尚。于是，Kappa 找准这个切入点后，展开了准确的点对点的设计与开发。

Kappa 的产品设计与研发体系主要分三部分：自主开发和设计；第三方合作；共享 BasicNet 集团全球研发体系。为推出适合中国消费特征的产品，中国动向与伦敦艺术大学等海外机构进行合作，逐步扩展自身设计师及营销人员的眼界，丰富其创意构思灵感、预测及引领时装潮流，并将国际设计元素带入中国动向的商品组合内。此外，中国动向内部设计及营销团队也可以参与 BasicNet 集团的产品设计，并使用及开发相关 Kappa 品牌产品，共享 BasicNet 集团全球研发成果。

另外，很多来自意大利、韩国和日本的知名设计师加盟 Kappa，全力打造全新而时尚的风格。瘦削的腰线、贴身的裁剪、亮丽的色彩代替了之前的宽松的身形和相对严肃的设计。在一些特定款型，其他品牌至少有 5 个以上的尺码，但是 Kappa 只有 3~4 个。这种选择把产品做给身材最好的那部分人去穿的"饥饿战术"，其目的是要让穿上 Kappa 的人都为 Kappa 做广告。虽然很多身材不那么纤细的人会感觉 Kappa 的尺码偏小，但是无数魔鬼身材的"榜样效应"会让这些人对 Kappa 更加痴迷。

Kappa 重新设计了品牌视觉识别系统，以彰显与竞争者的区别。Kappa 之所以受到年轻消费群体的青睐，在很大程度上源于其对色彩的理解和把握。熟悉 Kappa 的人都知道，其旗下的产品，每种颜色就代表一个国家。Kappa 的产品色彩异常鲜明，而人们也乐于接受这种独具匠心的设计款式。其夸张、出位的设计和颜色搭配，更加符合意大利品牌的血统。Kappa 中国虽然并未改变那个著名的背靠背 Logo，但是 Kappa 在中国所有新开的旗舰店设计风格都从之前的深蓝色变成红色。这也传达了该品牌的新内涵：亮丽的红色象征着时尚、年轻、热情及快乐的生活方式。

Kappa 的设计理念经历了一个完整的品牌塑造循环：前期调研；洞悉市场需求；寻找发展机遇；制定品牌行驶路线图；让消费者信赖品牌的承诺以及最终创造性地展示给消费者品牌的内涵。通过这些，在设计中嫁接十几岁到二十几岁年龄层的休闲感以扩大销售规模，同时以体现运动创意的独创商品提高品牌的吸引力。

三、多渠道传递 Kappa 的产品设计特色

Kappa 的新定位既与运动相关，又与时尚相关，但又不是单独的运动或时尚。Kappa 是在品牌传播过程中打造一种"运动心·时尚型"的品牌精神。为此，Kappa 在运动和时尚领域都进行了适度的品牌推广和品牌塑造活动。

Kappa 在品牌推广上并不采用血拼电视广告的高成本、高风险推广模式，而是在独特化差异化方面做文章。围绕"运动、时尚、性感、品位"的品牌内涵，Kappa 采用"蓝海"推广战略：在体育营销和娱乐营销的结合点上做文章，执行"运动娱乐化，娱乐运动化"的赞助策略，而不走单纯的专业体育赞助路线。

1. 体育赛事营销

2007 年中国网球公开赛，有一个被众多人士津津乐道的赛事营销亮点：组委会首次让裁判员参加冠军颁奖仪式。本届裁判员的服装赞助商 Kappa，提供的网球赛事营销如此开山创意，让 Kappa 赚足了"注意力经济"。又例如在 2006 年世界杯上，Kappa 赞助黄格选、黄健翔、景岗山等时尚界、体育界有话语权的明星组成的观摩团，赴德国看球，请他们穿上 Kappa 服装，在电视上评论足球，讨论时尚话题。2008 年奥运前夕，Kappa 赞助"奥运舵手选拔"赛事，把体育和娱乐结合在一起，把竞技运动和休闲运动结合在一起，把平民与奥运顶级赛事结合在一起。甚至在最前沿的电子竞技项目上，Kappa 也有涉足：2009 年 1 月 10 日，Kappa 冠名赞助的 PGL 第四季赛季线下总决赛成都市中国乒乓球协会西部国际培训中心落幕，此次比赛设有魔兽争霸和星际争霸两个项目，32 名全球知名选手参与了激烈的角逐。无论是与网球、足球还是电子竞技的结合，都很好地体现了 Kappa 独特的品牌个性——运动性，时尚性，前卫性。

体育赛事营销强调属性、气质的吻合，强调与企业的发展战略、营销资源、品牌推广目的相一致，这些在 Kappa 参与的诸多赛事中都有清晰体现。首先是表现了专业化的品质，作为赞助商，他们为比赛中的裁判、官员以及服务人员提供装备，同时也参加了赛事组织的推广活动，体现了 Kappa 在竞技层面的专业性；其次是体现了休闲时尚化的品位，将一向赛场气氛紧张、严肃的各类比赛，首次融入了娱乐元素，让观众在娱乐中感受着专业体育竞技带来的乐趣，其效果不言而喻。

2. 娱乐营销

2007 年，Kappa 与莱卡联合举办的"衣慕倾心，劲侣霏扬"打造时尚情侣巡演活动在全国展开，该活动分别在杭州、深圳、武汉和大连热力上演。活动当天，好男儿魏斌、张晓晨和巫迪文等作为评委和颁奖嘉宾莅临现场并倾情助

阵。动感十足的热舞，性感、时尚的 Kappa 炫装展示，上演了一出 Kappa 运动时尚秀，让观众大呼过瘾的同时也让他们深切地体会到了 Kappa 运动、时尚的品牌特点。

2008 年 1 月，Kappa 在成都知名酒吧"莲花府邸"举行了隆重的"1984 Kappa 闪耀年代"奥运巡演活动。当红明星谢娜、快男俞灏明亲临现场，为 Kappa 即将展开的奥运活动倾情助阵。

2009 年 5 月 4 日晚，北京竞园艺术中心，Kappa 与内地首席潮流媒体《YOHO! 潮流志》，共同揭开了"Kappa! &YOHO! 2009 潮流盛典"的序幕。林俊杰、羽泉、袁泉、李思菘、李伟菘、李晨、果味 VC、王啸坤、刘维、余虹婷、摄影师陈曼悉数到场。

2009 年 2 月 24 日，Kappa—华谊兄弟 2009 年战略联盟发布会在北京千禧大酒店举行。在此次发布会上，Kappa 和顶级娱乐传媒集团华谊兄弟宣布强强联手。在之后的两年里，双方在影视歌等多个领域都进行了广泛合作。

2010 年 2 月 8 日，Kappa 开动梦幻号"复古街车"。大篷车巡演到访上海大悦城，继续华丽的复古潮流之旅，引来时尚潮人无数，吸引了超过百万人的关注。自 2010 年 1 月以来，Kappa "潮回看，心主流"活动在豆瓣网、新浪微博、开心网、天涯等几大互联网阵地引发热议，掀起了一场将经典元素与前卫的新锐艺术相结合的时尚狂潮。"大篷车潮回看"艺术巡展，就是把全新的复古再创造生活方式带到消费者身边。

Kappa 能以一个运动品牌的身份参与到娱乐圈中，组织和赞助了大量的时尚活动，这与其"运动也时尚"的独特定位是密切相关的。正是凭借对品牌内涵的深刻理解，寻找到了合适的品牌传播接触点，多角度展现了 Kappa 运动、时尚、性感、品位的品牌个性，Kappa 才一步步走向成功。

3. 品牌联合营销

Kappa 在品牌联合营销中成绩斐然。作为一个时尚运动品牌，Kappa 甚至将娱乐的触角伸向了汽车业。貌似风马牛不相及的两个行业，因为 Kappa 以独创性文明的设计风格紧紧地融合在一起。2008 年初，一款带有独特 Kappa 性感品味风格的雪铁龙 C2 轿车在北京国展惊艳亮相。这款 Kappa 版 C2 由 Kappa 品牌服装设计师与法国雪铁龙设计师联手打造，Kappa 服装设计师设计了近百套方案，与法国雪铁龙汽车设计师进行讨论后甄选产生。而 Kappa "时尚型·运动心"的概念车主题也将时尚与运动之美融为一体。上佳优质的材料、无与伦比的设计、卓越精湛的工艺，造就了 Kappa 版 C2 的独特魅力。而把汽车的钢铁质感、庞大的体积轮廓、复杂的动力操控系统与 Kappa 本身一贯动感、时尚的设计风格相结合，也足见 Kappa 把自身品牌特性融入汽车中的睿智与创新。

而在另一个经典案例中，Kappa 则吸收了百事可乐的"娱乐精华"，再一次将联合营销的优势发挥得淋漓尽致。在一次新品发布会上，Kappa 和百事发布了跨行业战略合作的主要内容：Kappa 将百事新包装的时尚元素融入运动服饰，设计并推出了"Kappa—百事影舞"运动产品系列。该系列包括照片、旅行、表情、欢庆 4 个主题，它们的设计灵感分别来源于时尚人群生活的点滴，每款设计各具特色，代表着不同的含义和情趣。这个系列的产品融合了两个品牌对时尚、个性和流行的理解，充分体现了"时尚源自生活"、"时尚由我做主"等 Kappa 与百事共同的品牌主张。Kappa 和百事虽然处于不同行业，但"运动、时尚"显然是两者的契合点，这对追寻时尚步伐的年轻群体而言，具备足够的杀伤力。这次联合营销让 Kappa 和百事的消费群体互相融合且各取所需，再次取得了双赢的效果。

4. 网络营销

Kappa 早在 2002 年就已进入中国市场，但其电子商务部却成立于 2009 年 9 月，并同时在淘宝开通了自己的第一家官方网店——Kappa 淘宝官方旗舰店。尽管成立时间短，但 Kappa 电子商务并没有表现出新生的弱势，其销售量在短时间里出现了成倍增长，并在 2009 年和 2010 年两个"光棍节"（11 月 11 日）的促销活动中分别以 405 万元和 1090 万元连续刷新行业单日销售纪录，取得骄人业绩。

2010 年，Kappa 电子商务在潮人搭、音乐传送带、拼图寻宝等一系列年轻人喜闻乐见的线上活动中开始。通过这一系列活动，Kappa 品牌的知名度得到较大提高，同时也使 Kappa 年轻时尚的形象更加深入目标消费者的心中。继活动之后，Kappa 淘宝旗舰店继续发力，在国庆节、十一节、圣诞节等一系列促销活动中得到消费者的热捧，所有这些骄人的业绩无不再次证明了 Kappa 电子商务的巨大潜力。

众所周知，早期的电商都是以价格取胜，质量次之。但是随着电商平台的商家越来越多，竞争也越来越激烈，以价格为核心的营销理念在电子商务的蓬勃发展下显得独木难支。消费者总是面对着大批低折扣的商品难免发生审"美"疲劳。在这种情况下，优质的服务，良好的品牌形象必然会被更多消费者所接受。Kappa 作为国际知名品牌，无论是品牌形象还是服务质量历来都受到消费者的信赖，即便转战电子商务平台仍保持着大品牌的一贯作风。既买到便宜又能买到放心，消费者自然喜欢。

其实，无论是品牌自身的优势，还是借助诸如互联网等外部因素的催化，能够把内外因更好地结合才是成功营销的王道。Kappa 正是做到了内外兼修且又内外结合，因此其销售奇迹的诞生也就理所应当了。

问题

1. 谈谈你对品牌定位与产品设计的相互作用的理解。

2. 从不同的角度谈谈本案例对你的启示。

3. 根据文章中提供的资料，你认为除了文中列举的因素，Kappa 成功的原因还有哪些？

4. 类比 Kappa 的案例，请再给出一个因为在品牌定位与设计上的创新而获得成功的品牌。

案例 16　凡客诚品：是明星也是凡客

考生角色

假设你是 Andy，是一家广告公司的品牌总监，最近正在争取凡客诚品（VANCL）成为你的客户，它是一家互联网服装品牌，长期愿景是做成互联网时尚生活品牌。为了争取这位客户，你需要对其品牌口号、品牌代言人、广告策略等品牌传播方面的问题提出一系列的长远发展方面的策略规划，你打算怎么做？

案例介绍

"爱网络，爱自由，爱晚起，爱夜间大排档，爱赛车，也爱 29 块的 T-SHIRT，我不是什么旗手，不是谁的代言，我是韩寒，我只代表我自己。我和你一样，我是凡客。"韩寒代言凡客的广告一出现在北京、上海的站牌广告中，就迎来大量舆论追捧。

早在 2010 年 5 月，很多城市的公交站牌、地铁站广告上出现了韩寒和王珞丹年轻靓丽又富有个性的身影，照片旁极简又精准的个性定位语言让人眼前一亮。这一季由他们代言 VANCL 的户外平面广告牌一亮相，就引发一场始料不及的互联网热潮，通过凡客的广告文体在网络中迅速形成了一种网友大联欢局面。

这则以"爱……，不爱……，是……，不是……，我是……"为基本叙述方式的广告体在网上掀起 PS 热潮，越来越多的网民开始以此为模板，用 PS 技术更换图片主角和描述语言。由此创造的全新名词"凡客体"至今依然是网民正确表达自我、企业借势宣传的首选文体；很多网友曾发信来表达凡客广告成为了他们的阅读期待，希望看到更多形式。

"我是凡客"视频由知名导演倾力打造。制作团队沿用了夏季户外平面文案元素，通过更贴切和鲜活的流动画面，全新诠释了"我是凡客"理念。据了解，凡客管理层 2009 年就确定了做大规模线下推广的计划，为此凡客在各地寻找品牌代言人，最终重金签下韩寒和王珞丹。

资料来源：《VANCL 携韩寒诠释平民时尚》，品牌世家网，http://biz.ppsj.com.cn/2010-6-17/2735781633.html。

案例分析

凡客诚品（Vancl），由原卓越网创始人陈年先生 2007 年 10 月创立，主题运营团队均系原卓越网骨干班底。作为一家出身互联网的服装企业，目前凡客诚品已是根植中国互联网且遥遥领先的领军服装品牌。2009 年 5 月被认定为国家高新技术企业。据最新的艾瑞调查报告，凡客诚品已跻身中国网上 B2C 领域收入规模前四位。其所取得的成绩，不但被视为电子商务行业的一个创新，更被传统服装业称为奇迹。

凡客诚品快速崛起的原因有许多。从品牌方面来说，凡客诚品依靠其"平民时尚"的品牌文化定位，主打年轻人群尤其是"80 后"的细分市场；利用微博营销、户外广告等手段进行线上、线下的整合传播等都是它成功的原因。而这其中，借用合适的明星代言人作为其品牌背书是一大重要策略。

一、凡客诚品的品牌传播手段

1. "平民时尚"的品牌定位

凡客诚品自创立以来，就一直坚持"平民时尚"的品牌定位。如同凡客创始人陈年所言，每一个人都很平凡，每一个人又都不平凡，但是平凡的人也可以有自己的风格，这就是平民时尚。凡客就是平民时尚品牌，从当初仅卖男士衬衫到如今涵盖几乎全部服装甚至部分家居，凡客一路走来，不断演绎着平民时尚，也赢得了越来越多时尚年轻人的钟爱。

凡客的平民时尚体现在广告语"我是凡客"上。这句看起来简单的广告语很能够打动人心，因为它蕴涵了一种真实的自我体验：无论是韩寒、王珞丹还是陈年，买过或根本不买凡客诚品衣服的网民都有自己的体验。凡客有着最朴素的品牌理念：亲民，平民，与己相关。而不是如奢侈品般高高在上，令普通人难以企及。当凡客非常勇敢地把 29 元写在韩寒旁边的时候，这是一个信号，每一个平凡或不平凡的人都可以穿 29 元的 T 恤。

它的平民时尚还体现在其亲民的价格上。29元的T恤和59元的帆布鞋是凡客的两类杀手级产品，但是这29元的T恤并不是粗制滥造，而是请了专门的设计师进行许多主题的创意。这种信手涂鸦似的文化被印在T恤衫上，成为街头流行的时尚一景。凡客主打的T恤、POLO衫等定价一般均在99元以下，对消费者极具吸引力。而且只要在凡客的官方网站购买的商品满59元，就可以免运费。如此亲民的价格不能不引起消费者想要尝试甚至重复购买的兴趣。

还有一点，就是凡客代言人的选择。它放弃老少通吃的韩国明星Rain，不请帅气沉稳的金城武，而是选择了时下青年人非常喜欢和佩服的网络写手和赛车手韩寒以及以自然青春为风格的王珞丹，也是看重他们的亲民，以及他们背后的大批粉丝。以上种种策略，都很好地诠释了凡客"平民时尚"的品牌定位。

2. 借助品牌代言人传递诉求

韩寒、王珞丹作为"80后"的标签，迅速得到了大批年轻人的热爱，也让凡客平民时尚的品牌形象迸发活力。韩寒自身的品牌形象是"与众不同、颇具公民精神"，而王珞丹自身的品牌形象是"清新自然舒服、邻家女孩"，也很好地拉近了凡客与大众的距离，较好地契合韩寒和王珞丹个人品牌和凡客企业"大众时尚、平民时尚"文化的诉求。

韩寒是一位颇具代表性的人物，10年前，小说《三重门》让韩寒一举成名；随后，他成为中国大陆唯一一位拉力赛车双料年度总冠军；如今，他拥有4亿2千多万点击量的个人博客；2010年入选《时代》周刊"全球最具影响力人物"的200位候选人名单。很多人愿意称呼他为"80后"的领军人物，因为他是"80后"名气最大的一位，也是"80后"出道最早的代表人物。而王珞丹也是一位"80后"，青春自然，因出演青春励志剧《奋斗》饰演"米莱"和在《我的青春谁做主》里面饰演"钱小样"而受到大家的喜爱。2010年，王珞丹主演的《杜拉拉升职记》取得超高收视，亦被称为新一代的"收视女王"。

在凡客诚品的平面广告中，先锋作家韩寒和演员王珞丹这两位在年轻消费者中受欢迎的代言人成为主角。两位主角以"80后"的个性、调侃的口吻，对自己作了"介绍"，如图3-1所示，使得Vancl的品牌迅速传播开来。这两则广告语都十分恰当地归纳了韩寒、王珞丹的个人特点，传达出了凡客品牌的精神特质，使得凡客和代言人之间恰当地融合在一起。

从目前网上渠道销售成绩来看，这两位代言人的选择已经被证明是极为成功的。自2010年5月初29元T恤VT上线后，短短几天多款产品被抢购一空。2010年，凡客日均销量超过10万件，年销售额突破20亿元。韩寒和王珞丹的人气也大增。这无论对于凡客还是两位代言人都是一个双赢的选择。

图 3-1　韩寒（上）和王珞丹（下）为凡客诚品代言的户外广告

3. "凡客体"引起病毒营销

韩寒和王珞丹的代言，已经为凡客带来了明显的效益，但让凡客自己没有想到的是，广告文案"爱……，不爱……，是……，不是……，我是……"为基本叙述方式的文体效果竟然受到了大家的喜爱，被称为"凡客体"。之后迅速在网上掀起 PS 热潮，越来越多的网民开始以此为模板，用 PS 技术更换图片主角和描述语言，成为了自己和众多明星、名人的个人标签，一时间竟然形成一股独特有趣的社会风潮。

据不完全统计，目前已经有 2000 多张"凡客体"图片在微博、开心网、QQ 群以及各大论坛上疯狂转载。郭德纲、黄晓明、唐骏等千余位明星或被恶搞或被追捧。此外，也有不少是网友个人和企业出于乐趣制作的"凡客体"。

经过一轮疯狂炒作和传播，百度百科中，"凡客体"也已被作为专有词汇收录，定义为：凡客广告文案宣传的文体，该广告意在戏谑主流文化、彰显该品牌的个性形象。然其另类手法也招致不少网友围观，网络上出现了大批恶搞"凡客体"的帖子。

凡客诚品的"无心插柳"已在网络上掀起一场大范围的"病毒营销"。看来，只要是新鲜有趣的点子，或者是可复制性强的广告语，都会吸引网民，成为他们"再创作"的源泉，并进行第二轮疯狂传播。凡客诚品这个"傍名人"的广告创意，通过互联网的病毒营销实现了更大的价值。

4. 微博营销，制造话题

微博兼具了 IM （Instant Messaging） 的个体性、即时性、博客空间的个人信息发布和分享性、社区论坛的话题讨论性以及 SNS 社区的人际关系纽带性，使其更像一个天然的口碑传播平台。由于对这些特点的洞悉，加上灵敏的商业嗅觉和经验，凡客诚品已经把微博运用成为一个很好的与客户沟通的工具。

凡客很早就开始运用微博营销。最初新浪举行"上微博、送围脖"活动，凡是开通微博的人气用户都会收到一条围脖，而这条围脖就是凡客出品，凡客的品牌微博由此知名度大升。

除了简单的送礼之外，凡客还积极制造话题。2009 年 11 月，当时有 4000 粉丝的凡客向关注度第一的姚晨粉丝群发送了一条微博：打算给姚晨的 21 万粉丝们一点福利，但愿姚晨粉丝们出来说句话，怎样操作好？两大粉丝群立刻热烈讨论开来，关注、评论、转发在微博中散开来。2010 年 7 月，当大家都在翘首企盼韩寒《独唱团》上市时，嗅觉敏锐的凡客通过微博发起了秒杀杂志活动。短短几天时间，这次活动的信息转发近 4000 次，新增粉丝超过 2000 人。

除此之外，凡客的一系列活动掀起了全民热潮：抢楼送周年庆 T 恤；参与铅笔换校舍活动；1 元秒杀原价 888 元衣服；拉来姚晨和徐静蕾就凡客产品进行互动。随着韩寒、王珞丹代言的平面和视频广告出来，在新浪微博上，韩寒、王珞丹和凡客的粉丝纷纷将拍下的韩寒版、王珞丹版凡客站牌广告上传，又引起一阵热潮。

除此以外，凡客还要求自己内部的员工每个人都开微博，与消费者进行沟通。比如陈年的微博，开通一个月就有 2 万多粉丝，如果把凡客所有员工的粉丝加起来至少有 10 万。为了发展自己的微博、论坛、博客，凡客专门招聘了管理员，工作内容就是加粉丝、做评论、策划选题、找乐子。员工的个人微博则完全由自己做主，可以讨论公司中的生活、工作和企业文化，也可以是自己的心情记录。

凡客十分注重微博上与消费者的沟通。在凡客的微博上，看不到十分生硬的广告和枯燥的产品介绍。凡客所发布的内容都是消费者最关心的事情，比如配送服务等问题，为客户出主意、想办法，这自然拉近了企业与客户的距离，有效的互动把顾客牢牢地锁定在自己的品牌圈内。

凭借着在微博上不断制造话题，与焦点新闻、事件结合在一起，凭借着名人、赠送、秒杀等策划活动，特别是通过不断转帖一些有影响力的微博信息，为凡客带来的是核裂变式的传播效应，凡客的微博影响力与日俱增。据不完全统计，截至 2010 年 7 月底，凡客品牌微博的粉丝数达到 9000 万。

二、凡客诚品的品牌背书策略

1. 利用名人为其品牌背书

品牌背书（Brand Endorsement）是指品牌为了增强在市场上的承诺制度，借用第三方的信誉，以一种明示或者暗示的方式来对原先品牌的消费承诺做出再一次的确认和肯定，最终使品牌与消费者建立一种可持续的、可信任的品牌关联。通俗地说，产品的背书者就是商品的外延品牌，任何一个产品都有它的背书者，比如飘柔、海飞丝这些品牌的背书品牌是宝洁，而宝洁的背书者就是美国。四川的酒非常出名，在市场上受到消费者的青睐，因此许多四川的中小酒厂在做推广时也在利用川酒这一整体概念，实质上也是在积极地利用背书品牌概念。

企业通常用到的品牌背书策略有国家背书、企业家背书、媒体背书以及名人背书等。其中名人背书大多是指名人代言广告，也叫名人证言（Celebrity Testimonials）。即让一个名人使用某品牌（产品），或者为某品牌（产品）做广告，通过名人的影响力提高品牌或产品的竞争力，往往把该名人称为品牌代言人、产品代言人、形象代言人等。因为名人将自身信誉延伸到或者借用给特定的企业品牌而向消费者输出双重信用。通过名人来为品牌背书，可以起到扩大名人影响力、提高企业品牌认可度和降低消费者购买风险的作用，对品牌在短时间内进入市场并获得较高的市场认可度创造了"捷径"。

凡客诚品选用韩寒和王珞丹作为其品牌代言人，正是运用了名人代言作为其品牌背书的策略。韩寒和王珞丹都是时下年轻新锐人群的偶像，他们分别拥有大批的粉丝，尤其是韩寒，更是许多人的思想代言人。选用他们两人，其实正是看中了其精神气质和凡客所要宣扬的"平民时尚"的品牌精神不谋而合，他们在受众心目中树立的形象也成为凡客的品牌精神之一。

2. 名人背书的作用

名人背书，可以提高企业品牌认可度、扩大名人影响力和降低消费者购买风险，可谓起到"一石三鸟"的作用。

对于企业来说，选择品牌形象代言人具有以下三个方面的优势：①帮助企业快速切入目标市场。企业选择形象代言人的时候，会根据自身产品的目标市场，选择在目标市场人群心目中比较权威或者有说服力的明星或者名人，以此传播自己的理念和主张。②能充分利用明星的无形资产，凸显品牌个性。凡客选择了韩寒和王珞丹，就把自身形象和两位代言人的形象联系在了一起。作为公众人物，他们具有较高的知名度，因此能给凡客带来一定的信誉保证。③能利用明星的公众活动或媒体曝光获得更多的宣传机会。有很多媒体报道关于代言人的新闻，这些都可以成为免费广告，并被品牌的传播所用。

对于名人或者明星来说，品牌的成长和他们自己的影响力是息息相关的。如果品牌的个性特点和选择的代言人十分匹配的话，则代言人也能够依靠品牌的成长更加扩大自身的影响力。以凡客为例，韩寒和王珞丹的户外广告在各个地铁和公交站都能被受众看到，这从某种程度上也是为他们自己做了广告。

对于消费者来说，由于品牌代言人以自身的代言行为，这为企业品牌做了某种程度上的质量和信誉担保，降低了消费者在购买商品时的风险。而且，某个代言人通常都适合代言某一种类型的商品，也代表着一种特定的风格，如果消费者看到某个代言人，基本上就能确定这种商品是否是自己想要的风格。比如韩寒的粉丝可能就会更加清楚地知道凡客的品牌个性是他们追求的，因此，降低了他们选择商品时的时间和精力成本。

3. 代言人的选择策略

（1）代言人选择与目标市场相一致。企业在选择形象代言人时，应该进行深入的市场调研，重视企业品牌形象和产品的风格，使代言人形象与产品风格相符，充分发挥品牌代言人的作用。凡客就是根据自己的目标市场——"80后"为主的年轻人出发来考虑代言人的选择，找到目标市场与代言人之间的最佳结合点。

（2）代言人同品牌的个性相一致。品牌欲立足市场，就必须找到与之匹配的符号载体，这个载体就是品牌代言人。只有代言人个性与品牌个性准确对接，才会产生传播识别的同一性，有效地树立和强化该品牌在公众中的独特位置。凡客就是根据自己产品试图建立的个性来聘请韩寒和王珞丹作为自己的代言人。

（3）代言人生命周期与产品生命周期相一致。产品生命周期包括导入期、成长期、成熟期和衰退期。品牌代言人的人气也会有萌芽、成长、鼎盛和衰退的发展历程。企业主对于有潜质而又处于成长期的产品，应该选择正处于上升期的代言人，找准二者的最佳结合点。凡客诚品作为一家成长性较好的公司，于2010年即公司成立两年多之后，选择了新生代"80后"心目中的精神偶像韩寒和新四小花旦之一的王珞丹，这与凡客的年轻朝气相一致。

三、小结

时下，互联网品牌激战正酣，但是凡客利用韩寒和王珞丹为代言人，诠释了"平民时尚"和"大众时尚"的品牌风格，为我们提供了一个全新的"轻"公司的成长路径。当然，凡客诚品的成功之道不仅限于此，还有产品、物流、电子平台、管理运营、团队等方方面面的原因。

　　其中，聘请品牌代言人或者利用名人进行品牌背书是凡客成功的重要原因。作为一家互联网上成长起来的新型服装公司，凡客找到了名人和互联网之间的最佳结合点，引发了病毒传播和眼球效应。但是在寻找品牌代言人的时候一定要注意代言人与品牌内在精神个性的匹配，符合目标市场以及产品本身的生命周期。同时近年来，行业内出现的很多反面案例已经告诫我们：要防止虚假代言和不恰当恶俗代言现象，这需要完善法律监管和明星自律。

问题

1. 谈谈你对品牌背书的理解。
2. 你认为凡客诚品快速成长的原因有哪些？
3. 你认为凡客还可以借助哪些方式为其品牌背书？
4. 结合所学，请你谈谈品牌代言人代言时应该遵循的原则和注意的事项。

案例 17　有家，就有联合利华

考生角色

　　假设你是 Frank，目前受聘于联合利华，担当其品牌顾问。你需要通过深入了解消费者的需求和心理，结合品牌定位与公司发展，制定实施品牌传播与沟通策略。现在公司为不断提高品牌的知名度和美誉度，扩大市场份额，需要你为联合利华撰写一份关于其品牌和市场策略的策划方案，提出一些关于品牌整合和传播方面的建议，你应怎么做？

案例介绍

　　"有家，就有联合利华"是联合利华一贯的口号。在中国，联合利华"日化为主、食品为辅"的雏形日渐清晰。如今联合利华在中国的年销售额已达到120亿元。如果说力士香皂、和路雪的成功是因为联合利华的营销方式，那么这"120亿"的中国版图，绝非单纯的营销，而是联合利华"品牌+价格+渠道"商业策略的集中体现。

　　联合利华的价格战略，其实是在保持品牌形象的同时，逐步降低成本，把价格空间压缩到低于本地竞争者10%左右，从而抢占市场。尽管表面上降低了利润率，但却可以通过市场份额的迅速扩大给联合利华带来看得见的实惠。在制定价格策略时，还采取降价的方式急速占领市场，比如400克奥妙洗衣粉，价格从近6元直逼3.5元，相当于当时主要对手价格的一半左右。

除了价格战是企业的惯用战术，联合利华的品牌战略也不容小觑。联合利华曾将自己的品牌规模从2000个压缩至400个，目的就是为了使这些品牌成为"有吸引力和有规模的品牌"。这一策略的直接结果就是力士、中华牙膏、奥妙洗衣粉、立顿红茶以及和路雪等品牌的占有率和知名度不断提升。

日化行业的竞争力之一是"渠道"。除了传统的分销商代理，联合利华将大卖场、超市、量贩店等独立出来，作为直供客户和主要客户，由公司直接负责供货。也正是借由家乐福、沃尔玛等同为外企的大超市，联合利华的产品如"有家，就有联合利华"的口号般，开始在中国家庭中蔓延。联合利华毫不讳言，其就是靠着MT（moderntrade，现代通路）守得云开见月明的。

资料来源：《联合利华的品牌营销》，摘自价值中国网，http://www.chinavalue.net/Blog/666917.aspx。

案例分析

作为全球最大的日用消费品公司和广告客户之一，联合利华在大中华区的业务约达12亿元。目前在华拥有奥妙、清扬、力士、中华、和路雪、立顿等14个品牌，涵盖食品、个人护理、家庭护理以及饮食策划等领域。持有全球著名品牌400余个，产品销售范围覆盖150多个国家和地区。

经过80载岁月的磨炼，联合利华公司如今已经发展成为全球最大的冰淇淋、茶饮料、人造奶油和调味品生产商之一，并且也是全球最大的洗涤、洁肤和护发产品生产商之一。

品牌运作是联合利华的一大法宝。联合利华在品牌策略上，很好地运用了多品牌战略和母子品牌战略，并且积极借助"联合利华"这个母品牌为其下繁多的子品牌进行品牌背书，取得了不错的效果。

一、联合利华的品牌战略

1. 多品牌独立运作的品牌战略

联合利华在营销过程中，采用的是多品牌策略。其旗下曾一度拥有2000多个品牌，成为全世界拥有品牌最多的企业。1999年联合利华提出了全球瘦身战略，2004年联合利华瘦身成功，在全球还保留约400个左右品牌。

其中，中国业务集团旗下的品牌相对集中，其中既包括多芬、力士、旁氏、奥妙、立顿、家乐、和路雪等著名的国际品牌，也拥有夏士莲等区域品牌和中华、老蔡等著名的本地品牌。若按照品类分的话，联合利华在中国的品牌可以分为家庭及个人护理用品，有中华、洁诺、夏士莲、力士、旁氏、多芬、凡士林、奥妙和金纺，由联合利华股份有限公司管理；食品，主要品牌包括家乐和立顿，由联合利华食品（中国）有限公司管理；冰淇淋，由和路雪（中国）有限公司管理，生产梦龙、百乐宝、可丽波、可爱多等和路雪冰淇淋，如图3-2所示。

图3-2　联合利华旗下品牌

"成为本地化的跨国公司"是联合利华的全球经营宗旨和长期以来的传统。联合利华的400多个品牌大部分是收购和兼并，甚至是授权使用，并推广到世界各地。这些品牌每个都单独运作，同时又有联合利华整体品牌的背书。经过多年的大力培植，这些品牌都已家喻户晓，成为中国消费者日常生活中的常用品牌。

比如，旁氏原是美国品牌，联合利华将其买下并发展为护肤品名牌，推广到中国；而"夏士莲"原是在东南亚推广的英国牌子，联合利华也将其引入中国。联合利华不仅将众多国际品牌带进中国市场，同时大力培植中国本地的品牌。例如在上海收购了食品类名牌"老蔡酱油"之后，1999年又有两次引人注目的收购行动：一是收购北京食品名牌"京华茶叶"，二是利用旗下占有世界15%市场份额的冰激凌品牌"和路雪"收购另一上海冰激凌名牌"蔓登琳"。

联合利华的品牌战略很明显：它通过收购一些本土品牌，把它们提升到全球品牌运作的整体策略中，使其发展为国际品牌。采用多品牌战略，使产品线覆盖消费者生活的方方面面，在每一个细分市场中占据一定地位。从而提高了企业品牌总体竞争力，扩大了销售额和利润，使得联合利华成为一个统一企业品牌背书下的多品牌航母。

2. 品牌标志和口号：有家，就有联合利华

联合利华的品牌标志是一个大写的U字，代表"Unilever"的首写字母。

2004 年 7 月 1 日启用新标识，是一个由 25 个花鸟、爱心等小图案拼接成的大"U"字，内包含着 25 个小图案，每个图案都有自己独特的含义，如图 3-3 所示。比如一片树叶，象征着植物精华如茶叶，也代表耕耘和成长；一只小鸟，象征着从繁重的家务中解脱出来享受自由。除了代表着让人们更健康、长寿，更具活力的价值观外，这些小图案又都可以自由地拆分运用在各种新媒介上。比如图案中的一朵花代表芳香，当它和一只手的图案结合时，可以被用来代表生产滋润乳霜的部门；再如一片浪花，既可以表示清新与活力，也可以表示个人清洁用品，当和衣物图案结合时还可表示洗衣粉生产部门。"U"字下面为联合利华的英语名字"Unilever"。在中国使用的标识还在英文字母下方增加了中文"联合利华"字样。

图 3-3　联合利华原有 Logo（左）和联合利华新 Logo（右）

"有家，就有联合利华"，这是联合利华的企业宣传广告语。这一口号使人们将联合利华与千家万户的日常生活联系在一起，给人一种温馨、舒适和浪漫的感觉。这是联合利华在全球第一次以本地形象面向本地市场设计的企业新标识。这一举动再次表明联合利华扎根中国、服务中国和推进本地化进程的信心和决心。

联合利华的新标识和口号都不是孤立地推出的，和它相辅相成的是联合利华给自己定义的"21 世纪新使命"。联合利华宣称自己的使命是让您的生活更具活力，旗下的众多品牌能够满足消费者对营养、卫生、个人护理的日常需求。让您心情愉悦、神采焕发，享受更加完美的生活。

3. 公益事业，营造"家"的温暖

联合利华声称自己的使命是努力帮助中国家庭创造更加美好的未来。因此在中国积极投身公益事业，希望通过社会责任营销，加深同消费者之间的品牌情感联系。联合利华在支持社区发展（儿童、可持续农业、支援灾区、文化事业、积极迎世博）、环境保护（节能减排、保护水资源保护水环境）、关爱员工"家庭日"活动等公益事业上都做出了显著的努力，彰显了联合利华"家"的温暖理念。

联合利华在中国资助建立了 20 所希望小学，并与他们定期组织互动活动，每年两次组织员工带薪前往进行一周的支教；关注父母外出打工的留守儿童群体，为他们和父母创造更多的沟通机会，为贫困地区的孩子们创造更好的学习和生活环境，让他们感受到家庭的温暖。联合利华还开展了"联合利华希望之星"项目，为 200 个边远穷困地区的优秀学生提供 4 年的大学学费；公司还在复旦大学设立奖学金，奖励品学兼优的学生。

除了资助孩子的教育，为了让员工的家人亲自感觉公司的活力，感受公司的文化，联合利华每年都会举办一次"家庭日"活动，如今这已经成为联合利华大家庭的盛大联欢节日，如图 3-4 所示。联合利华这一举动将员工的工作、企业的发展和幸福的家庭这三者紧密联系在一起，体现了联合利华充满活力的公司文化，也顺应了中国构建和谐社会的要求。联合利华希望通过自己的努力，让每个家庭都感受到联合利华大家庭的温暖。

图 3-4　联合利华"家庭日"的活动场景

面对自然灾害，联合利华也积极伸出援手，向无数中国家庭献温暖。2008年联合利华对四川地震灾区的捐助总额超过 1000 万元人民币。除在地震发生后及时捐款捐物，大力救助受伤的解放军战士、灾民及伤员外，联合利华还积极参与灾区的重建工作，尤其是受灾学校的重建，受益学生人数超过 6000 人。

联合利华在公益事业上主要着手于三大领域，提出了三大创想：第一是"美好童年"；第二是"美好家园"；第三是"美好社会"。这三个创想层层递进，较好地阐释了联合利华品牌"有家就有联合利华"的公益理念和社会理想。公益事业是一个加强品牌和消费者情感联系的重要途径，联合利华通过以上一系列的公益活动，加强了与消费者的情感沟通，提高了自身品牌的品牌声誉，传播了自身"有家，就有联合利华"的品牌理念，塑造了其温暖大家庭的品牌形象。

二、联合利华的母品牌背书策略

1. 母品牌背书

通俗地说，产品的背书者就是商品的外延品牌，一个母品牌（Parents Brand）进行了"品牌背书"，比如联合利华作为企业品牌，就对奥妙、清扬、力士、中华等众多子品牌进行了"品牌背书"，而这些品牌接受了这个背书，就成了"背书品牌"。

母子品牌背书是一个很常用的品牌背书策略。联合利华的这种通过公司或者企业品牌为其下面的子品牌进行背书就是一个很明显的例子。作为消费品品牌巨头，联合利华在国内有许多品牌的产品，许多国内消费者并不知道力士、夏士莲、和路雪等众多品牌出自于联合利华，所以联合利华决定旗下所有品牌的广告都要在最后打出"有家，就有联合利华"的字幕和新标识。事实证明，这一幕品牌背书策略实施后整体市场反应非常不错，对于联合利华以及各个品牌都有了很大的提升。

2. 母品牌背书的作用

母品牌背书的作用在于，利用母品牌为这些子品牌背书，给这些子品牌提供信誉保证。能够向消费者确定这些产品会带来所承诺的功能优点，可以扩大子品牌的影响力，对子品牌在短时间内进入市场并占有一定市场创造了"捷径"。比如联合利华旗下的立顿红茶、和路雪冰激凌、家乐调味品等都是各自领域的佼佼者，这些品牌在建立的过程中都会以"联合利华"来背书。

对于企业来说，这种策略也可以使各子品牌更好地与不同的消费者接触，增加不同消费群体的信任度，最大限度地提高总体市场占有率，并且子品牌会给母品牌增值，同时也利于企业以一种统一的品牌形象占领消费者的心智。母品牌背书也有利于企业进行品牌延伸，或者在母公司购买其他品牌时，能保持使用那些品牌名称，有利于企业建立一个多品牌的庞大家族。

而对于消费者来说，这种做法可以将他们不熟悉的品牌和熟悉的品牌之间进行联系，从而降低他们购买时的成本和风险，为他们的购买行为提供了更可靠的保障。

3. 母品牌背书的策略

首先，必须建设具有领袖气质的母品牌，保证母品牌的强大影响力。母品牌要足够强大，足够健康，足够有能力承担风险，才能够为旗下的子品牌背书，因此，必须注重母品牌的建设和传播。在推广母品牌的时候，要注重整体的形象维护和价值塑造。这样，才能够让旗下的子品牌尽享母品牌背书的影响力。

其次，也要重视子品牌的品牌建设，保持子品牌形象的独特性和独有性。对于有个性的子品牌，要保护好它们各自的品牌个性，保证它们有各自的发展方向和市场前景。例如和路雪虽然是联合利华的食品品牌，但是 1993 年，和路雪（中国）有限公司就成立了，并且在品牌推广上大力突出和路雪品牌，而没有刻意强调联合利华。

再次，要正确处理母品牌与背书品牌之间的关系，使两者相得益彰，共同发展。避免两者的市场冲突，尤其要避免背书品牌伤害母品牌。要重视消费者的感情，认真考察消费者认为品牌可以延伸到哪里，如果企业要尝试延伸到一个完全未知的领域，一定要调查消费者是否能够接受。

最后，要适当采用隐身品牌架构。有些时候，母子品牌并不一定要联系在一起，并不是总要母品牌为子品牌背书。母公司故意不让消费者知晓的情形叫做叫隐身品牌架构。它适用于以下情形：子品牌的高档形象与母品牌的大众化形象有冲突的时候；某个品牌具有非常浓郁的地方文化特色或者体验色彩；品牌之间风格差异很大的时候；等等。

三、小结

品牌是一个企业的无形资产。对于企业而言，正确认识品牌并运用好品牌策略具有重要的意义，品牌战略是企业做大、做强的一个有效手段。

联合利华在多品牌战略上可圈可点，成为了世界上最大的日用品公司之一。联合利华在重组进入中国市场仅 10 多年，其品牌形象已十分深入人心，这与其高度重视消费者，以"让顾客满意"和提升顾客满意度、品牌忠诚度为企业经营的终极目标是密不可分的。通过"有家，就有联合利华"这句温馨的企业标识语，消费者可以感受到联合利华独特的企业文化和品牌核心价值。而持续不断地推广新产品、推出新品类、设计更富有时代感的品牌标识，提供完善的品牌服务，尤其是十分适当地运用多品牌战略和母子品牌背书战略，则是联合利华成功的奥秘所在。

今后，联合利华需要继续实施多品牌战略，同时对目标市场进行更细致的划分，在优化品牌矩阵组合、对品牌实施系统化管理、审慎收购本土品牌、保证优势品牌的成长性等方面做出努力。

问题

1. 联合利华是怎样践行"有家就有联合利华"的口号的？
2. 你认为联合利华的多品牌战略运用得恰当吗？
3. 请比较一下宝洁和联合利华品牌战略的异同点。
4. 结合所学，请你谈谈母品牌为子品牌背书时应注意哪些要点？

案例 18 国美：与《手机》共创销售奇迹

考生角色

假如你是孙小美，是国内领先的国美电器的市场部员工。时逢元旦、春节两节，家电销售市场的竞争日趋白热化，各商家挖空心思为自己炒作，营销手段更是花样翻新。

在各零售卖场短兵相接的家电销售市场，如何使自己的营销活动"免俗"，同时赚取最多的眼球，获得最大的利润？国美电器与电影《手机》联手营销的创新案例，不仅在价格促销、服务促销外开创了文化促销的新样本，而且也开创了影视作品新的品牌植入线上、线下互动传播形式。

案例介绍

2003 年岁末，国美在鹏润大厦自家的会议室里精心策划了一个发布会，宣布与华谊兄弟公司签订了"联合互动"推广活动协议书。从 12 月 17 日开始，《手机》主创人员将亲临北京、上海、成都、深圳、重庆、郑州、青岛、天津 8 个城市 10 家国美电器连锁店，开展为期近一个月的明星签售活动。据悉，消费者只要在指定的时间里，在国美电器连锁店内购买任何一款家电产品，都能得到电影《手机》的赠票。对此，冯小刚的评价是："开创了电影发行史上的一种新形式！"葛优则还是酷酷的样子，说："嗯，这是件互相帮忙的好事。"

刚开始时华谊兄弟公司的广告业务员仅仅希望国美能在即将上映的贺岁电影《手机》放映前的几分钟里插播贴片广告。但是这位国美的企划部部长对"手机"这两个字异常敏感，最后双方形成了"联合推广"的合作。在这一活动中，国美"花小钱办大事"，赢得了广泛的宣传。

首先，国美充分利用《手机》积聚人气宣传国美品牌。活动期间，冯小刚、葛优、徐帆、张国立、范冰冰、范伟、刘震云、杨欣等明星都会到八大城市国美指定商城与购物的消费者面对面，这样使在国美购物的消费者有机会得到由作家刘震云或明星亲笔签名的同名小说《手机》及冯小刚的《我把青春献给你》。如此一来，国美就不仅仅是在用价格和服务吸引消费者，而是用众多明星来增加吸引力。

国美与华谊兄弟公司达成协议的另一个条件是，《手机》所有的装潢海报中都会有国美的宣传字样，包括见面会、首映式门票、请柬、记者佩戴的胸牌以及路牌广告上，都要出现国美电器的 Logo，同时授权国美在 4 个月内使用"几大明星走进国美电器"之类的字样。

其中最重要的一点是，华谊兄弟公司在电影海报上给国美留出了一小部分空间，让国美自己发挥。但出乎华谊预料的是，国美没有用什么特别的品牌设计，只是写了一句话——"买手机到国美，我们的选择"。然而，后来《手机》剧组的众明星都在电影海报上签下了自己的名字。所以国美这样做的目的就是，让消费者以为这些明星在替国美做广告。

"事实上，在这件事上我们也打了个擦边球。"江波倒是直言不讳，"这个策划收到了很好的效果。而且和《手机》的其他广告赞助商摩托罗拉、宝马、中国人寿相比，国美花的钱仅仅是他们的 1/5~1/6。"

另外，在影片宣传期间，《手机》在全国各地电视台的文化栏目中频频亮相，国美自然可以随着《手机》堂而皇之地出现在观众面前。国美借着与《手机》的联姻，甚至进入了中央电视台环球咨询榜的前三条。此项策划在电视媒体上的宣传费也是一笔不小的数字。而这笔钱显然是负责电视媒体宣传的华谊兄弟公司在埋单——国美又搭了不知多少趟顺风车。

此次与贺岁电影合作，是国美从价格营销向文化营销转变的又一次重要尝试。而合作的另一方，著名导演冯小刚倾力打造的贺岁巨片也是抓住了流行时尚中的热点——手机，大做文章。在国美连锁店里的宣传活动大大增加了《手机》与消费者直接接触的机会，拓宽了《手机》的宣传渠道。

资料来源：① 杨阳：《为国美〈手机〉营销策划案算账》，《电器制造商》，2004 年 2 月。

② 江波：《商业与文化撞出火花——国美电器与电影〈手机〉联合营销创新案例》，http://www.ni-wota.com/submsg/687912。

案例分析

一、品牌植入的发展历程

品牌内容营销是将内容作为品牌营销的载体，借助具有娱乐性、话题性的内容产品，达到宣传品牌、赋予品牌额外价值的目的。

植入广告也称植入式营销传播、软广告、隐性广告，它是目前受关注最多的品牌内容营销的主要形式之一。目前最常用的内容载体有：电影、电视剧、体育赛事、游戏、博客等。品牌植入是借上述内容载体，将产品或品牌以道具、对白、场景或者形象等方式放置在节目的内容中。

1. 品牌植入营销在国内的兴起

美国全球品牌内容营销协会的主席说"我们正在从这个品牌营销的打扰时代进入一个植入的时代"。他的表达是随着传统广告在消费者心中的地位的削弱，借助植入、内容载体以及一些娱乐性特质的品牌植入，正是大行其道的时候。

在美国，植入广告、版权、衍生品业务等非银幕业务单元的收入在整个影片创收中的比例占整个影片收入的 80%，银幕所得仅占 20%；而在中国非银幕所得不到 10% 的比例，成长空间巨大。2010 年，随着春晚小品中植入广告所引发的争议，以品牌植入为代表的品牌植入概念迅速成为业内外人士的重要话题，寻求投资方、制作方、消费者几方共赢的品牌植入模式成为内容文化产业尤其是影视剧行业的热点。

而今，媒体碎片化和网络及视频游戏的发展使人们越来越远离广告花费最多的电视媒体转而关注形式多样的内容市场。近年来，国内外一系列真人秀、文化公益体育节目的走红将植入式营销推到了一个新的发展阶段：企业和内容平台的深入融合。即通过与具有娱乐化内容的载体有机地结合，使受众在无防备地接触到娱乐内容的同时，感受到根植于内容之中的品牌精神。在植入过程中，内容已不仅仅作为娱乐产品而存在，而成为为品牌而服务的传播渠道；品牌所传达的也不再仅仅是简单的产品信息，而是更深层次的品牌内涵和核心价值。

可以说，植入是植入式广告更深层次的运作方式。但对于企业来说，它同时也是一种高风险性的活动，需要做好长期打算和周密的考虑。

2. 品牌植入之惑

20 世纪 90 年代初期，电视剧《编辑部的故事》首次采用了类似植入的表现形式，在剧中播出了百龙矿泉壶的随片广告，这也拉开了品牌植入营销在中国发展的大幕。品牌植入是指将品牌移植到某项内容中，用作道具、线索或场景，以隐性的方式向消费者传递品牌信息。品牌植入营销在国外早已风靡，最早有据可查的品牌植入传播案例是戈登杜松子酒在《非洲皇后号》（1951 年）中的植入，而《007》等好莱坞大片更是将其发展到了登峰造极的地步。

数据显示，美国植入广告市场从 1974 年开始，当年它只有 1740 万美元的市场经营额，到 2009 年到了 120 亿美元，预计到 2012 年可能突破 200 亿美元。相比之下，中国的植入式广告在 2009 年整体市场规模大概是 20 个亿，但是增长速度非常快。除了量的变化，植入在新的时期呈现了一些新的形式和新趋势。首先是平台的多样化。其应用不仅体现在影视剧、电视节目，还在网络上也有大规模的发展和突破。比如网络视频、微博、博客等。其次是形式的多样性。除了上述一般的植入广告形式，可能还会有一些公司活动、销售促进或者是销售会议营销等，也都会含有植入广告或者是植入的方式在里面。

相对于国外而言，国产影视剧作品的品牌植入营销发展较晚，因此对品牌植入的运用大都停留在较浅的层次上，即只是简单地将品牌放入影视作品中，单求品牌的曝光率，而忽略了与剧情的匹配性。简单生硬的植入与过度植入，都会使植入品牌的宣传效果差强人意，而且还会使影视剧的观赏性减弱，造成观众的满意度下降，导致观众流失，对影视剧品牌与植入品牌造成双重打击，品牌植入蜕变为"品牌之辱"。

二、国美品牌植入的创新应用——渠道营销策略

1.《手机》影片简介

电影《手机》是冯小刚的代表作，该影片是根据作家刘震云同名小说改编而成。影片集合时尚、大众、思想等元素，着重讲述的是一个男人和三个女人之间的恩恩怨怨，而他们之间的聚散离合、爱恨情仇都与手机有关。

作为冯氏电影 2003 年的贺岁片与商业片，《手机》可谓商家的宠儿。拍摄前期便与摩托罗拉、宝马、中国移动以及中国人寿等赞助商签约，从主人公的通信装备到交通工具无不被赞助商的品牌武装起来。

2."国美"品牌植入的权衡

（1）强硬植入、贴片广告的摒弃。作为全国最大的家电零售连锁企业之一，国美电器成立于 1987 年，在其成立伊始，便以质优价廉的商品、规范化的服务在社会上具有良好的口碑。截至 2003 年，国美电器已在北京、上海、广州、西安、成都等国内 15 个大中型城市建立了 80 余家直营店，40 余家加盟店。

电影是文化产品，最简单、最直接的产生效益的办法就是贴片广告，华谊兄弟想到国美电器是很自然的。一般来说，当影片基本拍摄完成后，企业与电影制作方的合作方式只能通过电影贴片来体现。但是由于院线成本很高，所以电影贴片的利润对于电影制作方来说其实很低。是为了获得更高利润，冒着过度植入的风险，强行将国美电器植入已趋于饱和的影片之中，还是为了影片艺术性，采取简单浅层、利润很低的电影贴片，华谊娱乐营销部成员和导演冯小

刚都面临着抉择。而对于国美来说，贴片广告尽管资金的实际数额不高，但宣传效果也一般，没有太多的新闻价值。但是如果能搭上文化界的这趟快车，则将吸引更多"眼球"，为国美整体品牌的宣传起到"四两拨千斤"的作用。

（2）创新合作形式。为配合电影《手机》的推广活动、增加《手机》在同档期电影中的曝光度，华谊和国美电器经商议，决定在 2003 年 12 月（电影档期）双方展开一次深层次、双赢的互动活动，即"联合互动"推广活动。活动并不是签名售书、明星代言这样简单浅层的形式，而是一次从店面展示到明星互动等多种宣传方式相结合的立体式活动。值得一提的是，这次活动是国内首次大规模、全国性的明星巡回签售。活动主要措施有：

1）以明星会聚人气，共同搭建宣传平台。从 12 月中旬起，冯小刚率领葛优、徐帆、张国立、范冰冰、范伟、刘震云等主创人员，巡回北京、上海、成都、深圳、重庆、青岛、郑州、天津 8 大城市的 10 多家国美连锁店，开展为期近 1 个月的明星互动活动。《手机》众明星将与国美电器消费者面对面交流互动，同时消费者还有机会得到由作家刘震云或明星亲笔签名的同名小说《手机》及冯小刚的《我把青春献给你》。

2）充分利用国美终端媒体资源，重复宣传曝光片花。《手机》片花广告将在国美电器 100 多家连锁店的电视屏幕上反复播放，另外电影海报、DM 等宣传品也将在国美连锁店内进行布置。

3）电影门票赠送。华谊赠送国美电器一定数量的《手机》电影门票，由后者自由提供给消费者。

对于国美此次《手机》宣传的策划，业界认为创造了家电连锁企业的几个"第一"：第一次抓住社会热点做文章；第一次有八位大腕级明星在八大城市巡回签售，帮国美促销家电；第一次进行品牌营销的尝试——以前是价格营销、服务营销。

但是，要保持自己这种"第一"的优势，国美未雨绸缪，事前还与华谊所签订的协议的另一项内容——"国美电器是电影《手机》唯一授权的家电零售商，双方签订的是排他性协议，其他家电零售企业无权发布与电影《手机》相关的信息"。事实证明，国美的这款保护条款也为自己起到了很好的保护作用。

三、品牌植入的影响因素

实施品牌植入实际上是品牌"借势"，通过内容传播来宣传品牌，而后期由于品牌自身是出发点，则有可能演变为品牌自身的"造势"行为。当然，按照品牌植入内容的程度，每种植入所能达到的传播效果是不同的。由于不同产品和品牌在传播过程中的需求不同、运作能力不同以及品牌本身对于宣传手段的不同选择，并不能说品牌介入内容的程度越深就越有效果。目前对于利用内容平台进行营销的效果测量还比较难以实施，因此，企业要根据自身的和品牌所处的不同时期来适当选择植入的方式。

品牌植入的最大价值在于传播过程的隐蔽性，即通过将品牌符号、品牌形象、品牌理念等策略性地融入内容产品之中，在受众接触内容产品的同时将品牌信息潜移默化地传递给目标消费者。在进行品牌植入时，应考虑四个要素：

第一，内容产品目标与受众品牌目标消费者的匹配度。只有二者相互重合，才能确保品牌信息能够准确到达所要传播的对象，完成有效的传播。

第二，植入环境与品牌形象的匹配度。植入环境包括氛围、基调、情节、使用者等。品牌形象与植入环境不相符会传递错误的品牌信息，甚至与受众既有的品牌知识产生冲突，造成认知混乱，不利于品牌形象的巩固。

第三，内容产品所能承载的信息与品牌整体宣传战略所需传达的信息的匹配度。内容能否传达出品牌亟待传达的信息，能否与企业整体品牌战略中其他环节所传播的信息协调一致，将直接影响品牌传播的效果。

第四，其他将要植入内容产品中的品牌与企业自身品牌的匹配度。一方面，就本品类而言，要看品牌是否享有独占性资源，即内容产品中出现的所有同类产品是否都是本品牌。例如，某影视剧中主人公使用的手机既有诺基亚，又有摩托罗拉，这种植入效果显然并不理想。另一方面，要了解其他品类中植入的品牌有哪些。因为品牌植入往往通过展示大多数人所向往或至少是赞赏的生活方式来影响消费者，而这种特定的生活方式正是由各种品牌形成的集合搭建而成，是否与"配套"的其他品牌同时出现对植入的成败大有影响。与高端品牌搭档，能够提升本品牌的形象及地位。例如，欧米茄借助在《007》中的植入与宝马车搭档，成功地从瑞士三流手表阵营跨越到一流市场。而与本品牌身份相当的品牌进行合作，也能够与相应的某种生活方式建立强烈的联系。

四、小结

对于国美来说，对《手机》影片的线下植入收到了很好的效果。而且和《手机》的其他广告赞助商摩托罗拉、宝马、中国人寿相比，国美内部人士透露，"国美花的钱仅仅是他们的 1/5 到 1/6"。同时，在明星的邀请和接待等方面，国美基本不用大费周章，完全配合华谊按照电影的原本的宣传计划执行即可。

国美的"买家电送电影票"促销活动，短时间内就送出 30 万张。可以说，《手机》很好地解决了在原定宣传推广成本不大幅增加（甚至反而减少）的前提下，在大片云集的档期中脱颖而出、打响知名度的问题，并为最终票房的成功奠定了坚实的基础。最终，其以逾 5000 万元的票房雄居当年国产电影票房榜首。

双方的这次合作是品牌植入线上与线下紧密合作形式创新的典范，取得了共赢。唯一不变的就是变化，个体和组织只有随机应变，在变中求进，才能生存。在品牌塑造的过程中，营销人也只有不断审时度势，求新求变，才能出奇制胜，占尽先机。

问题

1. 谈谈你对品牌植入的理解。

2. 除了案例分析中提到的，你认为国美进行品牌植入的成功之处还包括哪些方面？

3. 根据国美案例的启示，你是否还可以列举其他品牌进行品牌植入的成功案例？

案例 19 佳洁士：《全优 7 笑果》自制剧传播

考生角色

假如你是某外资日化用品企业的品牌总监 Thompson，公司近期决定为旗下的一个口腔护理品牌在互联网上发起一轮营销造势活动，目标消费人群是在校大学生以及职场白领，目的是提升该品牌某系列口腔护理产品的知名度，以期提升产品的销量，并积累网络舆论口碑。你该如何设计活动方案，才能协助品牌实现名利双收？

案例介绍

2010 年 10 月 9 日，宝洁旗下个人口腔护理品牌佳洁士联手视频网站优酷网推出了系列自制剧《全优 7 笑果》，力图"用专业的力量，拯救迷失的温暖笑容"。

《全优 7 笑果》这部总共 12 集的迷你情景喜剧，讲述的是一个牙科诊所里的六位牙科医护工作人员，和不同的来此就诊的病患之间发生的幽默离奇、恶搞有趣的故事。由于此部自制剧主要由七个人物、七类角色构成，碰撞出不一样的喜剧火花，因此，被命名为《全优 7 笑果》。在剧中，佳洁士大量植入了旗下的包括牙膏、牙刷、漱口水等产品。

与此同时，佳洁士在人人网设置了活动主页，以"找出身边7笑果，实习星探万元奖"作为主题，并用佳洁士产品为奖品，鼓励人人网用户自发推荐友人，吸引更多的用户点击关注。

最终，此剧在优酷的播出，以及在人人网的传播，均获得了不错的反响。剧集从10月9日一经播出，就受到网民的热议和追捧，全剧总播放量达到了3266万次，[①]每集平均播放量也达到了278万次，并获得了过千的平均评论量。

图 3-5　佳洁士与优酷网联合推出的网络自制剧《全优7笑果》

案例分析

根据相关的品牌介绍，可以发现佳洁士是一个善于做营销的品牌。在案例中，佳洁士的自制剧植入也是有声有色，精彩有加。

一、品牌植入

佳洁士与优酷此次联合出品的《全优7效果》是一次典型的品牌植入。品

---

① 根据优酷网提供的数据，截至2010年2月24日。

牌植入① （Product Placement），或称植入营销 （Embedded Marketing），是指一种广告形式，在没有任何广告的环境中，比如电影、电视剧以及新闻节目等，植入品牌的产品或服务。这种植入通常是在消费者没有被明确告知的情况下发生的。

以连续播放的剧集为例，一个成功的品牌植入应该具备以下特点：

（一）契合

契合是一个成功品牌植入必须具备的首要条件，它包含两个方面：第一，剧集的主题是否和品牌的内涵能够呼应，从而相得益彰；第二，品牌的内涵要与主要的目标人群的特质有契合。

（二）突出

除了要与品牌的内涵相契合以外，品牌在植入过程中也需要得到某种程度的突出，即对于受众来说，能够在某种合理刺激下辨识出品牌，并建立品牌联想，才能算品牌植入的有效。

（三）得当

品牌植入必然会引发一个重要问题，就是引起受众反感、厌恶等负面的情绪，一旦处理不当，就可能会适得其反，对品牌造成不良影响。它与第二个特点"突出"不矛盾，"突出"强调的是以尊重受众的感受为前提。因此，保持得当而不过度，在剧集适当的时机，才能让品牌的植入有的放矢。

二、成功的自制剧品牌植入

自制剧是指媒体机构（包括电视台、视频网站等）联合某些商业品牌，针对特定的话题或者内容，独立制作、发行的电视剧，网络剧等娱乐视频产品。

自制剧的提法始见于湖南卫视、东方卫视等电视媒体中的自属电视剧。2009 年，湖南卫视和东方卫视先后推出专属的自制电视剧《丑女无敌》和《网球王子》。

随后，传统电视领域的自制剧做法启发了视频网站，视频网站纷纷跟进，在自制剧领域跑马圈地。国内的一线视频网站，比如优酷、土豆、酷 6 等大多都已经启动或正在运营专门的自制剧项目。例如，2009 年优酷网联合康师傅品牌合作拍摄播出的《嘻哈四重奏》，2010 年土豆网联合康师傅品牌合作拍摄播出的《女生宿舍那点事儿》。

通过案例的描述介绍，佳洁士此次品牌植入之所以能够成功，主要要归功

---

① 资料来源：维基百科，http://en.wikipedia.org/wiki/Product_placement#cite_note-3。

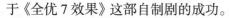
于《全优 7 效果》这部自制剧的成功。

（一）内涵契合

这部自制剧以医疗机构作为情境，并且以培养健康科学的口腔卫生习惯为主题，这同佳洁士口腔护理品牌的内涵十分契合。在全剧中，随处可见佳洁士产品的身影，从牙膏到漱口水，再到电动牙刷，佳洁士的产品俨然成为贯穿全剧的重要道具。这些道具的频繁出现，让消费者在轻松愉悦的情绪之下对佳洁士品牌建立了积极快乐的品牌联想。

（二）品牌烙印

在总共 12 集的迷你剧中，佳洁士品牌的品牌烙印随处可见。"全优 7 效果"不仅出现在剧集名称中，还频繁出现在剧集之中，佳洁士作为全剧唯一赞助商的地位一目了然。每集片末的"全优随堂测试"环节在指导消费者口腔护理常识的同时，再次强化了佳洁士产品的充满关怀和体贴的品牌形象，寓教于乐，为整部剧打上了很深的品牌烙印。

（三）传播得力

剧集仅上线四个多月，就交出了全剧总播放量达到 3266 万次、每集平均播放量达到 278 万次的绝佳成绩单。

欢快动听的剧集主题曲"七个巧"的口碑传播就能反映出这部剧集在网络中传播得是如何得力。在这部自制剧走红之后，这首主题曲也自然而然地成为情景喜剧的一个符号，像病毒一样在网络中蔓延开来，许多网民都自发地在互联网中搜寻该主题曲。

三、自制剧的背后

《全优 7 笑果》在如此短的时间内就能达到数百万量级的播放量，绝不仅仅是偶然。从内容的制作，到传播平台的选择，再到传播策略的运用，这些细节环环相扣，最终勾勒出佳洁士这次品牌植入的完整思路。

（一）独特的内容制作

《全优 7 效果》能够成功"收买人心"，其第一要素就是这部自制剧本身一些匠心独运的考量。

1. 故事简单

借《实习生格蕾》、《豪斯医生》等医疗题材美剧的风靡，《全优 7 笑果》也以医疗作为剧集的主要情境，得到了认可。

剧集的每集都是由一个简单的故事线索，简洁幽默的人物对白，平均仅有七八分钟的时长构成，这些细微的元素最终促成了网民能够抱着纯粹的娱乐休闲心态前往观看。

2. 喜剧基因

除了简单的故事，轻松欢快的情节也是佳洁士这部《全优 7 笑果》能够留住大量网民的原因。佳洁士之所以选择这部实足的情景喜剧作为品牌植入对象，原因有三：其一，在当下，互联网中的娱乐内容是最容易吸引网民的注意，而轻松欢快的主题也是这些情景喜剧能够大行其道的原因；其二，风格欢快的喜剧可以给品牌带来积极的品牌联想，无形中为品牌加分不少；其三，喜剧本身可以减少甚至抵消因为品牌植入而使消费者产生的反感与厌烦等消极情绪。

3. 自制剧标签

《全优 7 笑果》的自制剧身份，使得它在题材发挥，内容叙述方面更加自由，不受限制，游刃有余。

随着各大门户视频纷纷开始往内容制作方面涉足转型，投资拍摄自己专属的自制剧愈发成为一种风潮。例如优酷网的《嘻哈四重奏》，酷 6 网的《男得有爱》，土豆网的《欢迎爱光临》，均获得了海量的关注和热捧。而带着自制剧标签的《全优 7 笑果》也就为品牌的互联网传播打造了一个不错的平台。

事实上，自制剧对于品牌和视频网站来说是一种双赢的合作，品牌通过自制剧搭建的平台接触到消费者，而自制剧获得品牌资金支持可以产出更多优质内容。

（二）大众化的传播载体

除了本身别出心裁的制作内容以外，网络视频作为品牌植入的载体也是佳洁士这次植入营销能够获得大量网民青睐的另外一个原因。

根据中国互联网信息中心（CNNIC）2010 年 12 月发布的《第 27 次中国互联网络发展状况统计报告》提供的数据，截至 2010 年 12 月，中国国内视频用户规模已经达到了 2.84 亿，在网民中的渗透率为 62.1%，即每 100 位网民就有 60 位是网络视频的用户。

（三）强势的传播平台

一部自制剧能具备多大的影响力，有多大的影响范围，传播平台是其中的一个关键性因素。《全优 7 效果》的剧集能够在互联网上获得如此多的关注，离不开人人网和优酷网两大平台，如图 3-6 所示。

据人人网提供的数据，截至 2010 年 11 月，人人网注册用户数增长至 1.6 亿，人均单日有效浏览时间达 60 分钟。也就是说，依托人人网，佳洁士能够接触到数量巨大并且优质的用户群。

根据第三方数据公司艾瑞网的报告显示，截至 2010 年 9 月，优酷的注册用户数为 7653 万，月独立访问用户数为 2.03 亿，日均视频上传数为 6 万。此

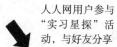

传播平台方

人人网成为剧集传播的主力平台，利用人人网中的人际关系链，达到"一传十，十传百"之效

人人网"一键分享"按钮，二次传播剧集

人人网用户参与"实习星探"活动，与好友分享

与优酷网联合制作自制剧《全优7笑果》，实现品牌植入

借喜剧向佳洁士消费者传达品牌健康快乐的理念

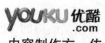

内容制作方、传播平台方

依托优酷网门户视频网站的角色，进一步扩展剧集的影响力

消费者

图3-6　佳洁士《全优7笑果》的网络传播平台

外，优酷丰富的自制剧制作、传播经验也是佳洁士所看重的。2010年，优酷推出了多部大获成功的自制剧，比如"11度青春"系列网剧。因而，这个用户规模巨大的优酷也就成为佳洁士进行自制剧合作的不二人选。剧集在优酷首页停留长达两个多月，获得千万级的播放量就是例证。

（四）机智的传播策略

佳洁士的这次品牌植入能够大放异彩，除了内容制作以及传播平台上用心着力以外，还有机智巧妙的传播策略的功劳。

1. 一周一集

《全优7效果》的播放完全仿造电视剧的播放模式，采用一周播出一集。这种设计就形如饥饿营销，其意义有二：第一，吊足了网民的胃口，其注意力也被长时间吸引；第二，在不流失主要观众的前提下，一周一集能够尽可能长时间，大范围地让剧集在互联网上得到传播。

剧集只要越广泛、越深入、越持续地得到分享与传播，佳洁士品牌接触到消费者的概率就越大，这次品牌植入带来的价值也就越大。

2. 设置话题

当足够多的网民花了足够长的时间在剧集上时，如何利用话题让剧集保持热度并形成多次传播就成为品牌在品牌植入时必须完成的功课，而佳洁士就很好地做到了这一点。

在《全优7笑果》中，佳洁士启用了众多美女演员，让这部喜剧增添亮点的同时也引爆了网民的话题讨论。每集都有数千条的评论，剧集在话题设置上的功力可见一斑。

与此同时，剧集制作方在《全优7笑果》剧中大量运用了网络段子，比如互联网上流行的冷笑话等，让网民倍感新鲜之余也增加了对佳洁士品牌好感度。

四、小结

自制剧的品牌植入固然能够获得海量的关注与热捧，但就如同面对其他所有新式的品牌营销手段一样，品牌营销者们需要在不断尝试新营销手段的同时发现问题，对其中的问题进行正本清源。

（一）效果测量

虽然自制剧的传播范围、影响人群等基本数据是可以测量而得的，但对于品牌更重要的销售量来说，却无法准确测量而得。成功的品牌植入不必然带来成功的产品或服务的销售，很有可能会造成"雷声大，雨点小"的困窘局面。所以，一部成功的自制剧品牌植入，很难计算出究竟有多少的网络虚拟关注转化为了实实在在的销售量，而这种不可测将极大地制约品牌在自制剧植入中的投入。

（二）度的把握

在品牌植入中，最关键也是最难把握的就是度的问题。这个问题就回到了前文提及的品牌植入特点当中的"得当"。消费者在接触到一个品牌植入时，会如何反应，会对品牌有什么印象，这都是品牌需要在品牌植入之前就周全考虑的。品牌植入固然可以降低自制剧的制作成本，但如果缺乏精心设计与瞻前顾后，品牌设计也大可不必采用了。

（三）营销只是手段

无论品牌如何利用各自新颖、创新的媒体或者手段，品牌在品牌传播、公共关系塑造中，居于核心地位的应该是品牌的产品以及服务。如果只是一味强调营销手段，那将会本末倒置，品牌就必然不能赢得消费者的喜爱。

问题

1. 你是如何理解自制剧以及自制剧的品牌植入的？

2. 你认为除了案例分析中所提到的各种因素之外，还有什么因素促使佳洁士这次品牌植入能够取得成功？

3. 除了佳洁士与优酷合作的《全优7笑果》品牌植入营销案例以外，你还能举出一个案例吗？请分析。

第四部分

品牌文化

学习目标

知识要求 通过本章的学习，掌握：

- 品牌文化的概念及塑造方法
- 品牌个性的概念及内涵
- 社会风潮的定义和运用
- 品牌族群的含义和营销应用方法
- 品牌的本土化和国际化塑造路径

技能要求 通过本章的学习，能够：

- 进行中国元素的整合营销
- 迎合消费心态和社会风潮，进行卡通营销
- 进行国际化品牌本土性品牌文化的塑造
- 为一个品牌文化模糊的企业塑造品牌文化
- 为一个品牌进行品牌文化传播制定传播策略

学习指导

1. 本章内容包括：品牌文化概念、构成要素及塑造品牌文化的方式，品牌个性的概念及内涵，品牌中国元素的运用、国际品牌本土化与本土品牌国际化的路径、品牌文化的整合传播模式等。

2. 学习方法：研究三个比较成功的品牌文化塑造案例，分别是日化行业的玉兰油、文化产品行业的兔斯基、服装品牌 H，对玉兰油借助中国元素传播品牌文化阐述中国式美丽、兔斯基迎合 kidult 社会风潮进行卡通营销以及 HM 打造"快时尚"进行了一些探讨。通过案例分析法分析具体品牌的品牌运作和实际操作方面，力求总结出一些相通的经验。理论结合实践，从更多的品牌中发现和总结品牌文化塑造的途径和方法。

希望学生能深入学习基本品牌文化的有关理论，结合社会热点文化现象和思潮，精心研读案例，梳理利用塑造品牌文化成功的品牌，选择感兴趣的一两个不太成功的品牌，为其品牌文化撰写相关策划和建议书。

3. 建议学时：3 学时。

导　语

品牌文化：发掘文化元素　把握时代潮流

品牌文化（Brand Culture）是品牌在经营中逐步形成的文化积淀，代表了企业和消费者的利益认知、情感归属，是品牌与传统文化以及企业个性形象的总和。在品牌建设与管理中，品牌文化的作用：增加品牌效力，承载企业的社会功能；满足消费者更多的精神追求；培养忠实的目标消费群。

品牌文化的核心是文化内涵，具体而言是其蕴涵的深刻的价值内涵和情感内涵，也就是品牌所凝练的价值观念、生活态度、审美情趣、个性修养、时尚品位、情感诉求等精神象征。品牌文化的塑造，通过创造产品的物质效用与品牌精神高度统一的完美境界，能超越时空的限制带给消费者更多的高层次的满足、心灵的慰藉和精神的寄托，在消费者心灵深处形成潜在的文化认同和情感眷恋。

建立品牌文化，指通过赋予品牌深刻而丰富的文化内涵，建立鲜明的品牌定位，充分利用各种强有效的内外部传播途径形成消费者对品牌在精神上的高度认同，创造品牌信仰，最终形成强烈的品牌忠诚。品牌文化是赢得消费者心理占有率的一朵奇葩。拥有品牌忠诚就可以赢得顾客忠诚，赢得稳定的市场，能够大大增强企业的竞争能力，为品牌战略的成功实施提供强有力的保障。

通过对本章案例的学习，你可以进一步理解品牌文化塑造的流程及其对企业发展的重要意义。玉兰油借助中国元素之美，彰显了自己的品牌文化，同时赢得了万千东方女性的心；而兔斯基则给我们看到了一个鲜活的卡通营销的成功案例，它迎合了 Kidult 的社会文化风潮；H&M 则在彰显品牌个性方面通过其衣服的设计和品牌的塑造，为我们阐释了"快时尚"的定义。

案例 20　玉兰油：彰显中国之美

考生角色

假如你是某外资消费品品牌经理 Timmy，打算引进国外成功多年的成熟品牌进入中国，需要更深入地了解中国消费者的消费心理和市场的营销趋势，以不断推出新的营销推广计划吸引消费者。

2008 年，随着北京奥运会的成功召开，中国元素逐渐流行于中国市场，你会如何推陈出新，以吸引消费者的眼球？

案例介绍

2007 年 12 月 20 日，"中国式美丽"耀亮夜空，璀璨盛放。伴随中国女性走过 18 载美丽旅程的全球著名护肤品牌玉兰油（OLAY），携手国际巨星张曼玉、著名导演贾樟柯以及著名影星林志玲，于艺术胜地北京中国电影博物馆隆重举行"在世界目光中盛放——玉兰油中国式美丽全球首映"盛大活动，将中国式美丽带到世界面前。

用具象的眼睛捕捉意象的心灵，发现源自中国女性心灵深处的独特美丽，让整场晚会高潮迭起，精彩纷呈。大导演贾樟柯、著名造型师李大齐、知性美丽的林志玲以及优雅极致的张曼玉分别对中国式美丽进行了精辟领悟，牵手玉兰油，让中国式美丽在三重惊喜中盛放。

（一）中国式美丽精粹元素，全球首发

作为呵护中国女性的美丽使者，玉兰油不断发现中国女性的美丽特质。在当晚"玉兰油中国式美丽全球首映"的盛会上，在张曼玉、林志玲、周迅等群星的联袂出镜下，10 张记录着玉兰油眼中的中国式美丽精粹的精美平面影像，由宝洁公司大中华区高档美容品、护肤品及彩妆副总裁黄文丽女士揭开，生动地诠释着玉兰油洞察的中国女性非同寻常的美丽，标志着玉兰油中国式美丽在全球的盛放。这 10 张凝聚着中国式美丽精粹元素的平面影像，由著名摄影师 Wing Shya、Andreas Smetana 及中国三大时尚杂志 COSMOPOLITIAN、BAZZAR、ELLE 联合创作，分别代表了中国女性独特美丽的 10 个侧面：创想无限；变；瓷娃娃；爱；敢；真；多；水；凤；美而不自知。

（二）大片式品牌创意广告，深度演绎中国式美丽

除了精心拍摄的十大美丽精粹平面影像，玉兰油还邀请到第六代导演的领军人物贾樟柯，以他创新的视角，以及对中国女性的独特了解，盛邀知名影星赵涛、田原深度演绎玉兰油中国式美丽精粹元素。富于中国式美丽神韵的镜头故事，玉兰油细细解读，希望选取其中的美丽精华，将这部集中展示了现代中国女性多个生活侧面的广告片带到世界面前。在中国式美丽下一阶段的推广中，玉兰油还会继续与贾樟柯导演合作，将更多的中国式美丽的精粹元素带到镜头前。

在平面广告中，玉兰油也配合精心挑选的代言人完美诠释了玉兰油中国式美丽的元素，塑造了新时代各类中国女性的代表性特质。

（三）启动慈善影像库，发现更多的中国式美丽

除了精心描绘中国式的美丽外，玉兰油还发起建立了"全球中国式美丽慈善影像库"。2007 年 9 月，玉兰油已经正式捐出 300 万元，与宋庆龄基金会合作成立"玉兰油创新与梦想基金"。而从这一刻开始，"全球中国式美丽慈善影像库"每收集到一张照片，玉兰油将额外再捐出 1 元钱到宋庆龄基金会，用于"玉兰油创新与梦想基金"，帮助那些有才华而且需要帮助的年轻女性实现更大的美丽愿望，让她们飞得更高，走得更远。同时，玉兰油将从这些浓缩着中国女性情影的精美影像中挑选出 200 张精华，出版一本名为《2008 发现中国式美丽》（暂定）的图册，送给国际友人。玉兰油还会将中国式美丽的概念和图片带到国际顶级时尚盛会上，如在米兰时装周上建立中国式美丽影像墙，在多元美丽的争奇斗艳中，以它独有的魅力感动世界，让中国式美丽在国际时尚舞台上闪耀出璀璨的光芒。同时，玉兰油还将联合深具影响力的媒体集团——南方报业集团，在全球范围内发现中国式美丽，让更多的人加入到这场全球华人共襄的盛大活动中来，缔造中国式美丽盛放全球的传奇。

资料来源：樊逸君：《在世界目光中盛放——玉兰油中国式美丽全球首映》，搜狐女人，http://women.sohu.com/20071221/n254229499.shtml。

案例分析

一、何谓"中国元素"

"中国元素"是一个立体化的概念，它既囊括了中华民族的文化、形象、符号或风俗习惯等精神文明，也包含着日常生活、衣食住行等物质文明。具体来说，中国元素具有市场、理念、产品和伦理四个层面的含义。在市场层面上，中国元素是指中国企业必须注重中国市场的特殊性，主张用中国的市场模

式来解决中国的营销问题；在理念层面上，中国元素是指在品牌传播中融入中国自身的文化个性，这里的文化个性是被大多数中国人（包括海外华人）认同的、凝结着中华民族传统文化精神，并体现国家尊严和民族利益的形象、符号或风俗习惯等；在产品层面上，中国元素是指生产符合中国人消费习惯和地域特色的产品，以此满足中国人特定的物质和文化需求；在伦理层面上，中国元素强调品牌传播必须符合中国的道德伦理规范，反对文化歧视。①

通过从视觉、行为和理念三个角度的分析，中国元素的范围之广、时间跨度之宽、内涵意义之深，可见一斑。在这一识别系统中，既有静态的元素，又有动态的元素；既有传统的元素，又有现代的元素；既有物质的元素，又有精神的元素……这些不同类别的元素，能够对不同品牌产生的化学作用各不相同。在具体应用中，选择恰当合适的元素，是成功的第一步。同时，如何不断挖掘、开发、强化可以代表中华民族的元素，也是品牌经营者的时代使命。

表 4-1　中国元素识别系统

识别层面	识别类型	识别内容
视觉识别 （VI）	人文、自然景观	长城、天安门、水立方、长江、黄河等
	动、植物	龙、熊猫、牡丹等
	色彩、图形、符号	红色、福字、灯笼、图腾等
	城市、人物	北京、毛主席、姚明等
	学校、企业、品牌	北京大学、李宁、海尔等
行为识别 （BI）	重大发明创造、创举	四大发明、中医药、杂交水稻、神舟六号等
	民俗节日、手工艺、服饰、特色食品等	春节、风筝、唐装、饺子等
	传统戏曲、乐器、体育项目等	京剧、二胡、乒乓球等
	重要著作	《论语》、《本草纲目》、四大名著等
理念识别 （MI）	思想、精神、品格	孔孟之道、中庸、勤劳、礼仪等

二、寻找品牌与中国元素的结合点

对于一个外资品牌而言，玉兰油无疑是深谙中国元素营销之道的高手。刚进入中国市场，它就为自己取了一个非常亲切和贴近中国消费者的名字：玉兰油。以洁白、优雅的玉兰花为名，玉兰油走清雅、温柔路线，一步一步打动了

145

---

① 阴雅婷：《中国元素助力 2008 奥运广告营销》，《今传媒》，人民网，2008 年 5 月 7 日。

中国消费者的芳心。近年来，随着中国经济的高速发展以及 2008 年北京奥运的举办，崇尚中国元素、加速中国元素与世界的融会贯通成为当今社会的主流价值观。玉兰油开始将中国元素更加深入地融入品牌理念之中，立志为消费者打造中国式美丽。

1. 从产品属性出发，以美丽为突破点

作为化妆品品牌，玉兰油的产品属性决定了它是帮助女性获得美丽的工具。中国本是尚美的国度，还有着独特的审美哲学，追求天人合一、含蓄内蕴。以美丽为突破点寻求品牌与中国元素的结合，提出"中国式美丽"的概念，是玉兰油从自身特点出发探索到的一条中国元素营销的畅通大道。

2. 十大中国式美丽精粹元素的提炼

什么样的美丽是中国特有的？玉兰油通过"中国式美丽"的系列活动发起讨论，引导大众和消费者探讨中国式美丽的独特气质，并且总结出了"创想无限、变、瓷娃娃、敢、多、水、真、凤、爱、美而不自知"十种中国式美丽精粹元素，使"中国式美丽"这一理念轮廓初显。

3. 中国式美丽的系统化解释

一种中国美丽元素的背后，都对应着一种美丽中国女人的类型，例如"瓷娃娃"对应纯净如瓷型，"多"对应能干多责型等。玉兰油为中国女性选择了中国消费者熟悉的人物作为代表，例如用周迅来诠释"变"，用杨丽萍来诠释"敢"，借助这些公众人物的特点和故事进一步充实"中国式美丽"的内容。通过十种中国式美丽精粹元素及其衍生出来的代表人物、故事、美丽中国女人类型，"中国式美丽"的理念从单纯的概念阶段走向了有血有肉、生动形象的系统化阶段。

4. 中国式美丽的理念延伸

"中国式美丽"并不局限于挖掘中国女人的美丽，更将理念延伸至对整个中国独特魅力的探索。从"美丽女人"到"美丽中国"是"中国式美丽"理念的升华。无论是著名旅美摄影艺术家、中国艺术视觉大师赵辉先生的《中国故事》影像作品展，还是时尚摄影家娟子在西藏拍摄的"中国式美丽"主题作品，都是从"美丽中国"的层面对"中国式美丽"的诠释。

三、中国元素的纯熟运用

1. 建立有中国元素的标识系统

玉兰油为"中国式美丽"开发了一整套识别系统：中英文标识以鲜艳的中国红为底色，并且将有中国传统特色的小碎花镶嵌于标识中；十个中国式美丽精粹元素都有各自的一套平面影像，均出自名门之手，其中的文字和图像都包含了与"中国式美丽"交相呼应的中国元素设计；"中国式美丽"网站上也充满了灵动的剪纸蝴蝶、闪烁的五彩烟花等中国元素。

2. 拍摄有中国元素的广告宣传片

中国第六代导演贾樟柯为玉兰油拍摄的广告宣传片，从视觉、听觉两个方面立体地呈现出十种中国式美丽精粹元素：电焊面具下的笑容以及雪原上的深情呐喊等镜头，都从一个个侧面展现出了中国女性特有的低调、含蓄、于不经意间表露的美丽，表达了贾樟柯对中国式美丽的独特理解。至此，消费者对"中国式美丽"的理念认知提升到了一个新的高度。

3. 选取中国知名女性为"美丽"代言

玉兰油采用了将中国元素与明星相绑定的策略，选取了张曼玉、周迅、林志玲、杨丽萍等多位明星为"美丽"代言，利用其影响力、权威性来为"中国式美丽"做背书，使中国元素更容易被消费者理解和接受。此外，用明星故事来演绎十种中国式美丽精粹元素，也丰富了"中国式美丽"的含义，如表4-2所示。

表4-2　中国式美丽的诠释系统

元素	中国女人的类型	代表人物	关键词
创想无限	创想无限型	张曼玉	无尽的进取、寻觅、尝试和可能
变	越变越美型	周迅	破茧新生，化蛹为蝶
瓷娃娃	纯净如瓷型	林志玲	洁白，无瑕，细腻，精致
敢	敢梦敢想型	杨丽萍	超越现实，成就心中梦想
多	能干多责型	朱楠	角色转换，责任担当
水	外柔内刚型	刘雯	温柔多情，忍耐坚毅
真	忠于真我型	曾子墨	率性、真实、坦诚
凤	凤眼观世型	刘丹	心灵之窗，自信升华
爱	至爱无私型	OLAY公关经理刘岚	春风化雨，润物无声
美而不自知	含蓄低调型	OLAY美容顾问	不经意间表露美

4. 布置充满中国元素的活动现场

玉兰油在"OLAY中国式美丽璀璨之夜"和"在世界目光中盛放——OLAY中国式美丽全球首映"的大型活动中，都将中国元素用时尚而大胆的方式表现出来。例如在"璀璨之夜"活动现场里充满中国风格的线条设计、拱形的门廊及闪烁的垂帘、嘉宾身上的改良旗袍和唐装等原来很古旧的中国元素经过创新和别出心裁的设计之后，立刻成为夺人眼球的焦点。

四、对中国消费者的深刻洞察

要使中国元素在品牌营销传播中发挥效应，离不开品牌对中国消费者独特内心状态的深入洞察和把握。在经济和社会高速发展的今日中国，消费者的自信心较以往有了非常大的提高。玉兰油携"中国式美丽"的全新理念，振臂高呼：世上什么最美？OLAY 说："那是中国女人。"这种为美丽中国、中国女人毫不吝啬的赞叹之情赢得了中国消费者的青睐。而针对中国女性含蓄、低调的心理，玉兰油又提出"美而不自知"的观点，促进消费者对玉兰油品牌产生更多好感。

同时，"你"，这个第二人称在广告和宣传语中的大量出现，更是从心理暗示的层面告诉每个接受信息的受众：你就是最美的。例如，在对十种中国式美丽精粹元素的阐述过程中，首先将有代表性的明星人物来做诠释，其后"她就是你，创意无限的中国女人"、"她就是你，敢梦敢想的中国女人"等语言来暗示消费者拥有与明星一样的美丽。此外，因为"一直陪着你，OLAY 懂你"、"OLAY 与你一起，活出中国式美丽"等广告语言也是大量运用第二人称，拉近品牌与一个具体消费者的距离。

五、小结

中国元素运用得当，是锦上添花；如若运用不妥，则会造成负面影响，如耐克的"恐惧斗室"、"立邦漆的龙"等广告都因对中国元素背后所蕴涵的中国文化及价值观缺乏了解而遭到责骂。总体而言，在玉兰油的中国元素营销中，有两点经验可供其他品牌借鉴：

（1）深入理解中国元素并不仅仅是符号式的具象元素，还包含了精神、理念层面上的抽象元素。玉兰油在品牌营销传播活动中不仅运用了京剧、麻花辫、剪纸等多种具象的中国元素，更蕴涵了深层次的抽象中国元素——中国女性特有的低调、含蓄之美丽，并融入品牌理念之中。

（2）有效传达中国元素在中国的传播上，应该具体化、深入化和系统化。中国元素营销不只是提出一个有中国元素的概念，更是整合运用多种传播方法，对这个概念进行诠释和填充。玉兰油正是将"中国式美丽"这个抽象理念具体化为十种中国式美丽精粹元素，从"中国女人"到"美丽中国"，从知名中国女性到普通女性群体，由浅入深、由点到面地表现中国之美。

问题

1. 谈谈你对中国元素的理解。

2. 除了案例分析中提到的，你认为玉兰油运用"中国元素"的成功之处还包括哪些方面？

3. 根据玉兰油案例的启示，你是否还可以列举其他品牌运用中国元素进行品牌营销的成功案例？

案例 21　兔斯基：成人孩童风 （Kidult）的卡通代言

考生角色

假设你是一家广告公司的策划总监董小姐，现在负责一家果汁饮品客户的品牌建立和维护工作。这家企业最近推出了一款新的饮品，目标市场主要是针对都市中的那些新潮、时尚、注重文化理念和形象的年轻白领和大学生，希望你能够为这款新品提交一份树立其品牌文化的策划案，最好是能够设计一个卡通形象，迎合现在的都市人群中的成人孩童风潮（Kidult）。你打算怎么设计这份策划案？

149

案例介绍

据悉，兔斯基的版权已经被打造了哈利·波特系列的美国时代华纳公司买下。有圈内人士透露，哈利·波特系列结束后，兔斯基有望成为时代华纳着力打造的下一个目标。

2006 年 12 月，一只耳朵细长、手臂像两根面条、时刻会摆出各种稀奇古怪形态的动画兔子出现在网上。短短几天后，这只兔子已经风靡网络，成为超级网络明星。中国网民习惯把兔斯基称为"国产欠揍兔子"，是因为这只兔子虽然时常会"说"出些富有哲理的话，却总是一副欠揍的表情。4 年后的今天，大家仍能在各大论坛、博客、微博、MSN 和 QQ 上看到这只兔子，它可能正在做广播体操，也可能正在撞砖块、看飞机、喷血……

创作出兔斯基这一形象的王卯卯在上海签售新书时透露，兔斯基已经全权委托给时代华纳经营。王卯卯表示，时代华纳很有经验，很多关于兔斯基的新项目已经在接洽，"不久后，这只兔子将会以更多不同的形式出现"。虽然王卯卯拒绝透露兔斯基的身价，但记者了解到，这只兔子为某手机代言的价码已经高达百万元人民币。

随后，记者从一位不愿透露姓名的圈内人士处打探到，早在两年前，时代华纳就已经在计划将兔斯基搬上大银幕了。这位圈内人士告诉记者，今年三、四月间，香港曾举办过一次兔斯基展览，这次展览的幕后操盘手就是时代华纳。

这位圈内人士还表示，米高梅宣布破产后，时代华纳开出 15 亿美元的价格加入了收购者的行列，但这和打造兔斯基并不冲突。"时代华纳曾经推出过《黑客帝国》系列和哈利·波特系列，在电影推广上很有经验。现在哈利·波特系列要结束了，最新一集《007》电影又确定了由望远镜娱乐公司负责一半投资，时代华纳拿下《007》的胜算并不大。在这种情况下，时代华纳另外开发新项目的可能性更大，更何况是他们一早看好的项目。"这是不是意味着这只兔子可能成为继哈利·波特之后的下一个主打呢？

图 4-1　兔斯基的漫画书

资料来源：摘自腾讯动漫：《时代华纳买下兔斯基　这只兔子身价不菲》，http://xw.2500sz.com/news/tppd/wht/2011/1/27/769035.shtml。

案例分析

一、兔斯基：一只风靡网络和现实世界的兔子

1. 典型的网络文化产物

兔斯基（Tuski）是在聊天工具中盛行的表情动漫形象，在 QQ 表情中是最火的表情之一。它就是那只眯着双眼、耳朵细细长长、脸长得圆圆可爱、转动着两根面条般的手臂做着搞笑动作的兔子。因为它有时乐观有时消沉、喜欢自娱自乐、有着丰富的想象力、热情、单纯、随和又随意，十分符合当下年轻人的性格喜好，所以自诞生以来一直备受推崇。从 2007 年初开始，它就以病毒

扩散般速度在互联网中传播。

兔斯基是一个典型的网络文化产物，这个形象是中国传媒大学动画系 2004 级学生王卯卯（MOMO）在读大三的时候创作的动画表情。它自从被推出以后受到了广泛的欢迎。它说的许多话语都带着一种人生哲理，虽然有时候看起来贱贱的，让人感觉它有点找抽。但正是这样的一只拟人化的兔子，在网络快速发展的年代，借助博客、QQ 等即时聊天工具，成为一款畅销的文化产品。兔斯基被推向文化产业领域，它成为了摩托罗拉的卡通形象，用兔斯基形象制作的笔记本、T 恤衫、海报等产品在网上极其热销。

除了兔斯基，近些年国内还有很多动漫形象横空出世并快速走红，例如"悠嘻猴"、"张小盒"等。这种虚拟形象不仅自身受到广泛喜爱，而且以其丰富的文化价值也可以进行许多周边创意文化产品的衍生，或者为其他品牌推广做形象代言，形成一条独特的创意文化产业链。

2. 巨大的商业价值和经济效益

兔斯基因为网民的追捧而获得了巨大的商业价值。现在，这只名为"兔斯基"的"兔子"已经名声在外，为创作者王卯卯赚得了许多商业合作的机会。

2007 年底，随着"MOTO Q8"营销活动的展开，这位全球手机史上第一位虚拟代言人——"兔斯基"，正式成为"摩托罗拉"全键盘智能手机"MOTO Q8"的形象大使。因为其已被广大网民用以处理文档、上网聊天，所以被形容为"网络达人"或"通信达人"，并像真实偶像明星一样握着手机出现在各大城市的广告牌和公交车上。作为一款以瞄准喜欢时尚、热衷上网的中国年轻人为目标消费者的手机，"MOTO Q8"使用了一个极具创意的互动平台，尽可能地植入目标消费者的消费文化，利用其实现个人表达的 Web 2.0 文化，触动中国年轻人的情感，获得了巨大的成功。

图 4-2　兔斯基成为 MOTO Q8 的形象大使

第四部分 品牌文化

和"摩托罗拉"一样，"惠普"也看中了"兔斯基"的巨大魅力和商业价值。在北京启动"我的电脑我的舞台"年轻人市场策略，让"兔斯基"成了"惠普"笔记本电脑的代言人。进入年轻人生活的营销方式，显然和"惠普"的营销战略产生了共鸣，而希望将自己的品牌融入年轻人的生活中，是"惠普"选择"兔斯基"为形象代言的主要目的。

图4-3　兔斯基成为惠普 HP 电脑的代言人

152

2010 年 11 月，兔斯基的版权已经被打造了"哈利·波特"系列的美国时代华纳公司买下。华纳将着重发展兔斯基在大中华区的市场，现已为兔斯基任命了品牌代理商，将进一步扩展兔斯基在数字领域以外的覆盖层面；代理商现已着手开拓各类产品商机，包括电子商品、服装、运动用品、家具陈设、礼品等。相比国内尚处于初级阶段的品牌运营来看，拥有更资深经验的时代华纳明显能够带给这只草根兔子更宽广的舞台。兔斯基卖给时代华纳后，其衍生产品的文化经济价值和虚拟代言产品所产生的商业价值也将更巨大。

二、新族群时代下的 Kidult 风潮

（一）新族群时代

随着社会的发展和分化，社会文化的族群分化现象越来越明显，出现了许多新兴族群。例如追求"什么都来得晚一些"的 Latte 族；还有率先实现"绕着地球跑"理想的 IF（International Freeman）国际自由人；拥戴只在需要钱的时候去挣钱的 Freeters 飞特族（即自由职业者）；表面上看起来光鲜亮丽，但却承受不了挫折的草莓族；有高学历、高收入、追求生活享受、崇尚自由解放的

BOBO 布波族。每种族群都有不同于传统社会的鲜明特点和生存方式。

新的族群是一种社会发展的新形态，而消费符号则显而易见地成为新族群的划分基础。同时，由于消费符号的决定性地位，社会群体划分的标志已经从单一的经济实力转向多元化。每个族群都有自己的偶像或者说是代言人，大多族群都有自己的"理想主义"。因此，在成为族群代言人方面，类似于兔斯基这样的虚拟偶像有着诸多优势。虚拟偶像是族群文化的产物，拥有和族群高度一致的文化认同，有自己的性格，有丰富多彩的故事，能够迅速俘获消费者的内心，使这个群体如滚雪球一样壮大。

随着年轻人开始在消费市场占据主导地位，依托进入族群的文化成功品牌接近消费者的终南捷径。为此，众多企业的营销人员费尽心思寻找当红名人，通过网络上最流行的热点和话题，试图捕捉目标族群的消费文化，而虚拟偶像为他们提供了一个完美的族群文化切入点。因此，一些企业通过采用虚拟偶像代言品牌来与目标消费者群体互动，从而与他们建立一种长久稳定的建设性关系，使品牌形象深植于消费者。如摩托罗拉 Q8 和惠普选用兔斯基作为虚拟代言人，酷儿饮料以一个可爱的卡通形象主打年轻人和孩童市场等。

（二）Kidult 风潮

兔斯基的红火除了与其自身的可爱、搞笑有关以外，还因为其伴随着一股成人孩童风（Kidult）的社会风潮而兴起。成人孩童风（Kidult）即由 Kid+Adult 而来，是个新兴的混种词汇，这个词最早来自于 1985 年 8 月 11 日《泰晤士报》上的一篇广告界的文章"ComingSoon：TV'sNewBoyNetwork"。在中国，Kidult 又叫做装嫩一族。《波士顿环球报》诠释道："对于装嫩一族来说，青年时代并非一定要在 30 岁甚至是 40 岁结束。"

成人孩童化现象最早是指成年人的一种外表打扮的表征或充满童趣的消费行为，但随着孩童化的社会价值开始逐渐成为风尚，传统的成人观念受到调侃，Kidult 现象现已逐渐深入至一种内心精神的追求，并成为当前的流行文化现象之一。与 Kidult 文化相似的表述还有：卡哇伊（Kawaii）文化、蔻（CUTE/Q）文化等。Kidult 或痴迷玩儿童玩具（比如万花筒、智力拼盘）；或到陶艺馆里玩泥巴；或喜欢看动画、漫画、连环画，将卡通进行到底；或将自己的居室布置成卡通天地，每天抱着毛绒玩具看着电视……他们在日常工作、生活中不断创新、享受充满童趣的情调，其最根本的表现是保持童趣快乐，愿意接纳可爱、纯真的生活方式，不愿受传统社会成人观念的束缚。在一定程度上，Kidult 已成为一种社会潜意识。这也正是兔斯基、悠嘻猴、张小盒等动漫形象能够迅速流行的原因。

Kidult 文化潮促进了动漫产业、休闲文化产业、玩具生产行业的蓬勃发展。

153

以美国、日本、韩国为代表，其商业生产体现 Kidult 意味的产品涉及广泛，如普通家居产品装饰品、玩具类及电子通信产品等，人们购买的热度也非常高，定期举办的国际动漫节更是吸引了无数热爱者。在美国，Kidult 决定着每年 6 千亿美元的消费，也影响着企业对未来的品牌规划。近年来，Kidult 潮已经波及中国，针对 Kidult 族衍生出来的产业和商家更是如雨后春笋，这应该成为中国本土化的青年文化产业的一个发展契机。据中国社会调查事务所的一项调查显示，我国每年仅玩具市场的成人消费需求就高达 500 亿人民币左右。

三、Kidult 风潮下的品牌营销

Kidult 这一特殊群体正在成为社会的重要力量，已经日趋成为各大品牌不可忽视的市场。越来越多的企业看到了 Kidult 的市场商机，纷纷将触角延伸到这一领域。

（一）Kidult 风潮涉及的行业

1. 文化娱乐产业

Kidult 追求简单快乐、返璞归真的生活方式，文化娱乐产业的影响愈来愈大。朱德庸的《双响炮》等成人幽默漫画，几米的《地下铁》等都市爱情漫画，《哈利·波特》等书籍畅销；以成人为受众的卡通片，如《辛普森一家》、《小猪麦兜》等在全球获得大卖。迪斯尼等主题乐园这类原来儿童专属的游乐场所，现也成为童心未泯的成年人的休闲之处。带浓厚 Kidult 意味的音乐、图片、书籍等文化产品已形成市场规模。

2. 时尚产业

Kidult 以孩童般的好奇心加成年人的购买力，成为时尚消费的中坚力量。顶尖品牌宝格丽（Bvlgari）推出售价 5 万元人民币的米奇老鼠腕表，迪奥（Dior）推出糖果手链和甜心家族系列，植春秀（Shu uemura）推出由日本著名漫画师设计的包装，普拉达（Prada）为优雅男士推出 "Trick" 钥匙扣及机器人图案配件系列，路易·威登（LV）为 Kidult 女性设计樱桃包等成为新时尚，周大福也把水晶鞋、小美人鱼、白雪公主等深受人们喜爱的卡通打造成优雅的钻戒、精巧的吊坠。所以说 Kidult 引导了时尚品牌童心风潮的形成，影响全球时尚界的走向。

3. IT/家电产业

高科技行业品牌也竞相推出充满童真的产品。苹果 iBook 手提电脑，伊莱克斯 OZ 企鹅冰箱，微软 X-BOX 游戏机，索尼的 AIBO 机器狗，诺基亚的 N.Gage 游戏手机等获得热卖；IBM 公司将一只有长茸毛和粉红色尾巴，顽皮、合群的 "红豹"，用来体现 IBM 友好、积极、主动、亲切和强调服务的新形象，

别出心裁的 "红豹" 成为 IBM 欧洲市场推广活动的重要内容。这些童趣造型和形象利用成人的 Kidult 心理，激发了消费者的兴趣和关注。

4. 玩具和动漫产业

动漫产业登陆我国内地始于 20 世纪 90 年代初，包括以游戏文化、动漫为特色的服装、仿真玩具、饰品、装饰品等实物产品，主要集中在京、沪、穗一带，近年来在长三角、湖南等地也逐渐出现产业化的趋势。发达国家的经验表明，在整个动漫游戏庞大的产业链中，70%~80% 的利润是靠周边产品实现的。另据有关部门对京、沪、穗三大城市有关动漫产品消费的调查表明，每年 14~30 岁青年的消费额超过 100 亿元，整个动漫产品消费市场极为可观。

（二）Kidult 风潮下的品牌营销手段

许多企业已经开始注重 Kidult 这个市场，在各个领域顺应这一风潮，加大了对品牌传播力度和营销力度。

1. 针对 Kidult 的心态，做好产品设计

可以针对 Kidult 的孩童化心态，根据品牌和产品需要，在自身产品中融入卡通元素。如设计造型有趣的产品、利用可爱的包装、借用卡通代言、利用卡通造型的赠品等方式，加强 Kidult 群体对品牌的认同感，形成话题性的传播效应，激发起他们的购买欲望，促成消费者的购买行为。

2. 开展卡通营销传播

开展卡通营销传播，将隐形的广告宣传与新卡通风潮巧妙结合。如自创卡通形象或进行卡通品牌授权，或借用卡通形象、热门卡通片，进行品牌植入营销或周边产品开发。动画片《喜羊羊与灰太郎》的热播，使印有喜羊羊、灰太郎家族成员形象的各类产品，如衣服、饰品、饭盒、文具等不仅深获孩子喜爱，更受到众多青年消费者的青睐。一方面企业凭借卡通形象的知名度树立新品牌；另一方面这种广告与产品的结合巧妙掩盖了普通产品广告中令人反感的商业气息，又暗符人们潜意识追逐童真童趣的动机，能节省巨额广告费，降低风险。

3. 寻找合适的品牌传播渠道

近年来涌现了越来越多形式活泼、类似儿童时期弹玻璃珠、拍纸片、打沙袋等游戏影子的娱乐节目。从中国台湾的《我猜我猜我猜猜猜》到韩国的《情书》，再到内地的《智勇大冲关》，成人在娱乐节目中肆无忌惮地玩耍，做出许多日常生活中不能不敢也不应做的事情，完全沉浸在儿童游戏的快乐中。这类节目以高收视率赢得诸多企业的高额广告赞助，也为这些企业扩大了品牌宣传力度。

4. 在品牌传播过程中贯穿快乐体验

可以开展能够展现消费者创造力的主题推广活动，或在儿童节等特定时期

布置充满童趣的销售终端，最大限度地调动 Kidult 群体的积极性，与品牌充分互动。如一些媒体或者俱乐部专为 Kidult 族群举办的回顾、庆典活动，旅行社针对"70 后"、"80 后"在六一期间推出的"儿童节活动"，一些 B2C、C2C 网站如淘宝、易趣等推出的"重温儿童节"购物专场。同时，寻找吸引 Kidult 的品牌传播渠道。

四、小结

2009 年，国务院出台的《文化产业振兴规划》将动漫产业列入国家重点发展的文化产业门类之一。2010 年，中国动漫市场的价值规模高达 208 亿元。迪斯尼乐园的火爆，史努比小狗（Snoopy）、凯蒂猫（Hello Kitty）的畅销，麦兜——这个被称为"温暖了整个香港"的小粉猪甚至入选了某知名杂志的 2004 年度评选。这些无一不说明 Kidult 时尚文化目前已经风靡中国，引发了一场时尚文化的流行风潮。

Kidult 经济的前景广阔，如何更好地唤醒消费者的需求，加大对这一特殊群体的品牌传播力度，满足消费者的需求，理应引起企业经营管理者的重视。无论背后的心态是追求童真，以孩子般的心态保持对事物的好奇心和热爱，还是暂时逃离社会压力，抑或是为了彰显个性，Kidult 风潮影响下的消费者心理都值得我们去研究，他们的消费行为值得追踪和观察，并在实际的营销中加以运用。

问题

1. 你认为兔斯基获得商业成功的因素有哪些？
2. 你认为 Kidult 风潮的品牌营销还应该从哪些方面着手？
3. 根据自己的观察，试着再举出一种社会风潮的例子并试做分析。
4. 你打算如何设计这家果汁品牌的策划方案以迎合这种 Kidult 风潮？

案例 22　H&M："快时尚"文化

考生角色

假如你是 Mark，一家以服装生产和销售为主的企业的品牌总监，所在的公司最近计划进一步扩大市场份额，意在竞争激烈的服装产品市场站稳脚跟。

作为公司品牌总监，你被要求参与到发展战略的制定环节中去，需要通过构建一种适合的公司品牌文化以吸引更多的客户，从而促进销售利润的增长。因此，学习业界成功的品牌发展案例，洞察消费潮流，成为你参与设计讨论的一个重要依据。

案例介绍

2010 年 11 月 22 日，世界著名服饰品牌 Hennes&MauritzAB（以下简称 H&M）宣布新一轮的设计将牵手全球知名品牌浪凡（Lanvin），于 2010 年 11 月 23 日早 8 时起在全球开始限售部分新款时装。该消息是以视频短片的形式在 H&M 官方网站上播放出来的。在短短的三周内，该消息就通过媒体、微博、社交网站等渠道传遍了全世界。销售日到来前夜，在北京、上海、广州、香港、东京、纽约等多个城市，无数的 H&M 粉丝通宵排起长队，就为了能一大早冲进 H&M 店中，把全球同步发售的 Lanvin for H&M 系列收入囊中。据多家媒体报道，当日很多 H&M 店面刚开门几分钟，限量货品就被一扫而光，甚至有人为了争抢某件商品发生了肢体冲突。

像这样由 H&M 制造的购物疯抢已经不是第一次了：2004 年，H&M 推出"Karl Lagerfeld for H&M"系列，其巴黎的旗舰店在销售当天开门不到半小时，30 款时装就被蜂拥的顾客扫荡一空；2007 年 H&M 在香港中环开设首家旗舰店，更是轰动全城，引发了从各地赶来的人们的抢购热潮；同年春季，分别与娱乐明星麦当娜（Madonna）和凯莉·米洛（Kylie Ann Minogue）合作推出名为 M by Madonna 和 H&M love Kylie 的服装系列，也同样引起了全球时尚界的关注；2008 年，H&M 推出川久保玲设计的圆点衣和不对称剪裁系列，曾在东京店引发了抢购热潮；2009 年，H&M 推出与周仰杰（Jimmy Choo）合作设计的鞋和手袋，同样也在全球引起了疯抢。

"打开 80%的欧洲人的衣橱，你一定会找到 H&M 的 Logo。"作为瑞典最大的服装连锁经营商，欧洲第三大最有影响力品牌，拥有 100 多名设计师，雇员总数超过 50000 人，迄今已在全世界超过 37 个国家开了 2000 多个专卖店的服饰品牌，究竟有什么样的营销秘诀，能吸引如此多的消费者为之疯狂呢？它又是如何利用这种秘诀使自己在当今萧条的全球市场上异军突起呢？

资料来源：《H&M"制造"疯狂》，网易新闻中心，2010 年 12 月 8 日。

案例分析

所谓品牌文化（Brand Culture），是指通过赋予品牌深刻而丰富的文化内涵，建立鲜明的品牌定位，并充分利用各种强有效的内外部传播途径形成消费者对品牌在精神上的高度认同，创造品牌信仰，最终形成强烈的品牌忠诚。拥有品牌忠诚就可以赢得顾客忠诚，赢得稳定的市场，大大增强企业的竞争能力，为品牌战略的成功实施提供强有力的保障。

通过研究 H&M 的发展历程可以发现，其产品之所以能风靡全球，得力于公司兼顾流行、品质及价格的"三合一"哲学，以及积极扩张的政策。在这种哲学和策略的指导下，H&M 创造出了一种以"快、狠、准"为主要特征的"快时尚"的品牌文化，通过"多款、平价、少量"的产品法则，迅速地占领了潮流消费者的衣橱。可以毫不夸张地说，正是凭借这种准确的品牌文化定位，成就了 H&M 今日的辉煌。

一、解构 H&M 的"快时尚"文化

（一）"快时尚"的含义

快时尚（Fast Fashion）的概念源自于 20 世纪的欧洲，起初只是用来定义一种商业运作模式，如今已经发展成为一种风靡全球的品牌文化。它包含三方面的含义，即上货时间快、平价和紧跟时尚潮流。H&M 作为快时尚的典型代表，其商业运作模式也呈现出这些特点：

（1）上货时间快。与其他服装品牌以季度为单位更新其服装设计不同，H&M 6~12 周就更换一次销售的服饰。"我们能够有效地留住老顾客，也能吸引新顾客，因为橱窗以及陈列的服饰每天都在更新。"H&M 中国区公关经理吴骊说。H&M 的产品周期很短，从设计生产到运输上架的时间最快为 21 天，而且流行元素越多的产品，供货周期越短。黑裤子和白衬衫等基本款则是根据往年流行趋势提前一年或者半年下单。

（2）平价。作为一个在全球 28 个国家销售服装与化妆品、拥有 5 万名雇员的大品牌，H&M 竟然没有一家属于自己的成衣厂。为了维持平价，控制成本，H&M 将制造完全外包给全球 21 个国家，包括印度、中国等在内的 900 家工厂。由于成本控制得当，公司的产品售价虽低，毛利却仍然能够维持在 53% 左右。一般而言，常规款式的时装和童装是在亚洲生产，量小且流行性强的服装，通常给欧洲的供应商。为此，H&M 设计了两条供应链：管控亚洲生产的高效供应链和管控欧洲生产的快速反应供应链。并且当世界各地的工厂将产品生产出来后，该国供应商会将货物送到海关，由第三方物流公司交付给 H&M。一般货物是走海运，虽然慢，但很经济。正是这些精打细算，甚至可以说有些抠门的措施，帮助 H&M 重新定义了平价时尚。

（3）紧跟时尚潮流。H&M 非常坚持一点：自己不是潮流的创造者，而是追随者。因此他们采取了"全球采购潮流文化"的策略：100 多位设计师不停地

穿梭在各大时装周秀场及世界时尚城市，捕捉时尚信息进行整合设计，灵感源自报纸、杂志、旅行、街头时尚和多种多样的展销会等。一旦丰富多彩的时尚印象得以记录在案，实际的设计工作就马上开始。设计部门与采购部合作，至少在一年前就开始制订主流服装趋势计划，而设计师们则专注于不同的系列、主题、颜色、材料、小样，并贯穿于整个新的时尚季节。为了追随时尚，H&M更是直接联手大牌设计师，迄今H&M已经邀请的设计大师包括卡尔·拉戈菲尔德、斯特拉·麦卡特尼、罗伯特·卡沃利以及麦当娜等。

H&M对于"快时尚"文化内涵的领悟已经达到了一个非常专业的高度。正如H&M经营哲学所阐述的那样："通过提供最好的而且优质的、最新时尚产品，我们给予客户无与伦比的价值。为保障我们提供的时尚是最'新鲜'的，我们的设计和采购部不断推出系列产品。为确保最好的价格，我们减少中间环节，量化采购，广泛而深入地掌握有关设计、时尚与纺织品的知识，从正确的市场采购正确的产品，在每一个环节保持成本意识以及建立和保持高效的物流系统。"

（二）"快时尚"的目标受众

H&M所引领的"快时尚"作为当下最流行的潮流文化元素之一，其目标消费群呈现一些共有的特征：

（1）具备对时尚的高度敏感，同时口味变化又非常快。这一类人群虽然对时尚有强烈的渴求，但通常不具备经常消费高档奢侈品牌的能力。H&M正是抓住了这样的消费心理，提供紧跟潮流步伐，但又不昂贵的产品，满足了他们的需求。H&M以最好的价格提供流行与品质，把三者进行了有机的结合，因此而获得成功也是理所当然的事情。

（2）品牌选择通常趋于感性，对单一品牌的忠诚度并不是很高。很多人对相同品牌购买一两次后就容易失去兴趣，但是H&M在维系品牌忠诚度上下足了工夫：在设计上，和国际时尚接轨几乎是同步的，因为有大量的设计师在最前沿的时尚的地方找灵感，发掘最新时尚元素以打动消费者。同时，与众多大牌设计师合作，例如2008年和日本著名设计师川久保玲合作推出了红点系列服装，在上海用了不到半个小时就销售一空。由于大牌设计师很少会出一些价格这么低廉又这么时尚的设计，所以H&M利用这一独到的营销手段，培养了一大批品牌忠诚度很高的顾客。甚至包括像麦当娜和美国总统夫人这样的名人也对其情有独钟，当然她们并不是受到消费能力的制约，而是因为这个品牌已经成为时尚的代表。

（3）大部分"快时尚"的追随者已经超越了单纯追求他人认同的阶段。他们有明确的自我定位和属于自己的品位，并不追求刻意模仿。所以H&M最符合这一特点，以快速多变、少量多款激发顾客的购买欲。它的品牌在这个季度推出之后，不会再第二次出现。也就是说，如果顾客在此时此地不买的话，以后可能很难再看到同样的款式，所以人们通常看到心仪的款式就会立刻做出购买决定。同时，H&M 总是在各个城市的商业黄金地带进行专卖店选址，甚至不惜重金寻求最好的店面。比如 2007 年进驻上海淮海路，H&M 花了多出其他店三倍的价格拿到了这个店。而往往这些店面的旁边就是一些传统的奢侈品牌，与这些品牌比邻，这在无形中提升了自己的品牌形象，让忠实于自己的消费者能获得更多的消费满足感。

"顾客就是上帝。" H&M 深刻地认识到品牌发展的核心在于能够提供最符合顾客需求的产品和服务，这需要对潜在消费群体具有相当敏锐的洞察力和有的放矢的生产销售策略。H&M 正是凭借"多款、平价、少量"的产品法则以及人性化的服务做到了这一点，从而开辟出了庞大的销售市场。

二、通过 H&M 看品牌文化的塑造

（一）为品牌塑造一种恰当的文化

品牌塑造的文化是否合适，通常有两个标准：

（1）品牌文化要适合产品特征。产品都有自己的特性，如在什么样的场景下使用、产品能给消费者带来什么利益等。如 H&M 的产品"紧跟潮流、平价、款式更新频率快"的特点，就完全匹配它创造的"快时尚"品牌文化定位。又例如雀巢咖啡创造出的温暖和关爱的咖啡文化，一句经典的"雀巢咖啡，味道好极了"，将积极的人生态度和对幸福生活的感激之情传达到年轻人中间，这与其高品质、美味醇厚的产品是分不开的。所以品牌文化要与产品特性相匹配，才能让消费者觉得自然、可接受。

（2）品牌文化要符合目标市场消费群体的特征。消费者对品牌文化的要求是苛刻的，因为他们可能在产品层面已经接受了某个品牌，但在文化层面却还没有完全接受。所以品牌文化要从目标市场消费群体中去寻找，要通过充分考察他（她）们的思想心态和行为方式而获得。只有这样，这种品牌文化才容易被目标市场消费者认同，才能增强品牌力。在这一点上，H&M 无疑是成功的。它的"多款、平价、少量"的产品法则，就很好地迎合了主流消费群体"感性多变、非高消费能力、高品位、自我意识强烈"的特点。

（二）品牌文化与时尚文化

时尚文化指的是一个时期内相当多的人对特定的趣味、语言、思想以及行为等各种模式的随从或追求。对某些产品来说，十分适合在品牌文化中引入时尚的内容，如服饰、运动产品、数码设备等。如何倡导一种品牌时尚？简言

之，就是要分析消费者的现时心态，并通过商品将消费者的情绪释放出来，并激励大众的参与。

倡导品牌时尚一个重要的途径是利用名人、权威的效应。由于名人和权威是大众注意和模仿的焦点，因此有利于迅速提高大众对品牌的信心。在这一点上，H&M 的做法堪称楷模，在品牌发展初期就选择直接与高端品牌的设计师合作，一步到位，制造出了一个个的时尚话题。从 2004 年起，H&M 就不断与卡尔·拉格斐（Karl Lagerfeld）、斯特拉·麦卡特尼（Stella McCartney）、川久保玲这样的大牌设计师合作推出限量的联名设计，每一次都大受市场欢迎。这一招效仿者甚众，优衣库、盖普（Gap）这样的平价服装零售商都陆续开始了自己和大牌设计师的合作。另外，H&M 还善于发动时尚界的意见领袖为其造势。在这季 LANVIN for H&M 上市前，《时尚》（Vogue）日本版主编安娜·戴洛·罗素（Anna Dello Russo）专门写了篇博客赞美该系列。在中国，张曼玉、郑秀文等各路明星都早早穿上该系列中的服装出席公开活动。因此，当限量版产品最终上市时，自然会出现疯抢一幕。当然，任何一个品牌在选择名人合作的时候，都需要谨慎和恰如其分，一般要考虑到名人、权威与品牌之间的联系。

另外，还要努力将时尚过渡到人们稳定生活方式的一部分。由于时尚是一个特定时期内的社会文化现象。随着时间推移，时尚的内容将发生改变。所以在借助和创造时尚的同时，也应考虑到时尚的消退。H&M 引领的"快时尚"如今已在时尚界大行其道，可是有专家认为，这种"快时尚"所透露的是浅时尚，被消费的是产品而不是品牌，大众的购买行为是冲动和盲目的。而当人们对于时尚和品牌内涵的理解日渐加深的时候，就会理性地抑制自己的消费行为，那么消费热潮很快就会消退。如果这种预测是准确的，那么这对 H&M 来说无疑是一个巨大的挑战。所以，如何将自己的产品真正地融入到大众的生活和文化中去，使消费成为一种生活习惯，已经成为摆在"快时尚"品牌面前的迫切难题。而实际上，已经有人开始质疑"H&M 热"是否会演变成一场"速食时尚"，对 H&M 的热情过后，迅速扩张的速度是否会让它最终沦为此前"班尼路"的命运，成为廉价低端品牌？

三、品牌文化的本土化

（一）品牌文化与本土化

对于大多数进入国际市场的品牌来说，了解细分市场，熟悉销售国的本土文化，是非常重要的一项任务，这样才能使自己的产品迎合不同社会和文化的不同需求。同样，品牌文化也必须与本土传统文化紧紧联系在一起，只有将本土传统文化融入品牌文化，才更容易让大众产生共鸣。2009 年，H&M 在中国的销售业绩出现下滑，正是因为忽略了中国的传统文化，忽略了中国消费者的传统审美观，一味地照搬自己在欧洲的产品设计理念，导致大众难以接受自己的服装风格，才在扩展之路上遭受了挫折。由此可见，品牌文化与本土文化融合的重要意义。当然，在品牌文化中与本土文化融合过程中既要符合当地的审美情趣，也要考虑到该地区大众群体的接受心理，要重视产品的实质。如果过分追求缺乏内涵的形式只会适得其反。一般而言，一种品牌文化应为绝大多数目标消费者现时认同或追求的，应尽可能与其生活相接近，乃至就是生活的某一部分。

（二）H&M"快时尚"文化的中国本土化短板

中国是 H&M 亚洲战略的桥头堡，2007 年公司在上海开设了亚洲第一家店铺。2008 年 H&M 全球销售额 1000 多亿瑞典克朗（约 900 多亿元人民币），在全球有将近 1700 家店铺，而中国 13 家店铺的销售贡献只有 9 亿瑞典克朗（约 7.7 亿元人民币）。

尽管 H&M 开始加大对亚洲特别是中国市场的采购力度，希望在经济危机下进一步降低固定成本，从亚洲廉价劳动力中越发难以找到的利润空间，但美元走弱还是削弱了它的低成本优势。其 2009 年第一季度业绩曝出税前利润下滑 12.6%，这也是 H&M 5 年来经历的首个净利润下滑。总结 H&M 受挫的教训，不难发现一个很重要的原因是其在中国的本土化短板。

H&M 的品牌定位在全球很统一，除了在中东的迪拜等地，由于当地政策限制外，全部都是直营店的模式。而且，H&M 并不刻意地追求本土化，全球的款式很相近：比较欧化，充斥着西方元素，大胆而前卫。但在中国的实际情况是，消费者的需求比较独到，他们更愿意买一些设计巧妙、含蓄美的衣服，相对保守的设计款式反而受到大多数人的欢迎。由此看来完全照搬按照欧洲人的审美观进行的款式设计并不是一个最理想的方式。

实际上，H&M 在进入邻国丹麦市场的时候就曾吃过水土不服的亏。尽管几乎语言都是相似的，但由于丹麦零售业体系的差异，H&M 几乎花费了 10 年的时间才在丹麦市场获得盈利。正如业内学者郭国庆所说："H&M 应该更加贴近中国的风俗，南方瘦小，北方高大，南方时髦，北方实用，H&M 应该多些本土化考虑。"

H&M 所引领的"快时尚"是一种独特的文化现象，所以要在中国市场取得成功，必须要对当地的传统文化和思维模式拥有深刻的理解。H&M 必须深入熟悉中国市场，熟悉中国消费者的文化背景和审美观念，进而寻求自我改变以满足市场需求。

问题

1. 谈谈你对品牌文化的理解。

2. 除了案例分析中提到的，你认为促成 H&M 品牌成功的还有哪些要素？

3. 根据 H&M 案例的分析，你认为 H&M 今后在中国的发展策略需要做怎样的改进，试做一个简单的规划。

4. 根据自己的理解，举一个 H&M 之外的例子，说明品牌文化对于品牌发展的重要作用。

第五部分

品牌公共关系与法律实务

学习目标 ★★★★

知识要求 通过本章的学习，掌握：

● 品牌公共关系的概念

● 品牌事件的概念

● 品牌善因营销的概念

● 品牌公共关系如何建设，如何维护

● 品牌如何利用互联网维护公共关系

● 和品牌相关的法律知识

技能要求 通过本章的学习，能够：

● 了解品牌公共关系的内涵

● 分析和总结重大品牌事件对于其他品牌的借鉴意义

● 掌握如何利用互联网媒体建设和维护品牌与消费者的公共关系

● 利用所学的品牌法律相关知识提炼出处理品牌纠纷的原则

学习指导 ★★★★

1. 本章内容包括：品牌公共关系的含义；品牌公共关系建设以及维护的方法；品牌事件的概念；品牌善因营销的概念；品牌互联网营销的概念。

2. 学习方法：仔细品读案例分析，在阅读过程中尝试联想其他同类型案例，如果换做你是品牌营销者，你会如何面对，如何思考，如何采取措施。熟稔案例分析中的方法与原则之后，总结提炼出此类案例的分析和评价体系。

3. 建议学时：8 学时。

导　语

品牌公共关系与法律实务：学会和利益相关者沟通

在本章中，我们将围绕品牌公共关系以及法律事务展开讨论。其中，品牌公共关系包括三部分组成，分别是品牌事件营销、品牌善因营销以及品牌互联网营销。这三者构成了本章对于品牌公共关系的维度。事实上，品牌公共关系的建立、维护与法律问题的解决绝不亚于走钢丝，一步有失，步步坏着。

品牌事件营销中，英利和大堡礁看护人是两个非常成功的品牌事件营销案例。两者都是利用轰动性的事件，短时间内聚敛大量人气，最终实现品牌的价值提升。两者的区别在于前者是属于依附型的借势营销，利用"世界杯"这一大事件作为传播平台，进而在目标人群中形成强大的品牌影响力；而后者是属于独立型的主动营销，是昆士兰旅游局为本地旅游资源吸引外界关注，精心策划，专注设计的营销活动。

招商银行、佳能以及 RED 的案例分析是对三种善因营销形态的梳理：一种是品牌自主倡导的系列营销活动；一种是品牌践行企业社会责任承诺；一种是建立慈善品牌专门进行慈善活动的经营。这些都是品牌注入慈善基因，让消费者建立起积极美好的品牌联想。

品牌利用互联网进行品牌建设与传播愈发成为一种趋势。案例中的中粮、优衣库都成功地在互联网的社会化媒体中出彩了一把，也意味着品牌在公共关系的塑造和维护中有了新的媒介，有了和消费者交流的新的接触点。

此外，从冠生园的破产到对娃哈哈商标的争夺，再到 360 与腾讯之间的恩怨，可以看到，品牌不仅仅是建设和传播的，还需要呵护以及保护，避免遭受不必要的损失。这些也是众多企业需要学习的必修课。

学会和利益相关者沟通，是品牌的立身之本，也是品牌的常青之道。

案例 23 英利：世界杯上的一夜成名

考生角色

假如你是国内某太阳能光伏制造企业的公关总监 Jason，公司目前在国内处于领先地位，预计 1~3 年将消费市场拓展至欧美地区，公司要求制定相关的品牌事件营销计划，利用公共事件在品牌导入期内迅速在目标市场地区建立品牌知名度，为后续的市场开放和推广做准备。

案例介绍

2010 年 6~7 月的南非世界杯赛场上，通过电视转播，中国球迷不时能被赛场广告牌上赫然出现的四个汉字所吸引：中国·英利（见图 5-1）。

图 5-1 2010 年南非世界杯赛场上的中国英利

通过互联网搜索引擎，球迷可以发现它是一家这样的企业：1987 年成立于河北保定市，最初是从化妆品起家，代理过羽西化妆品，而后于 20 世纪 90 年代转型进入新能源行业，公司主要从事多晶硅锭、硅片、光伏电池片和光伏电池组件的设计、制造以及销售服务，以及光伏应用系统的设计、销售和安装。正是这样一个生产看似和日常生活大不相干的企业，经过 23 年的发展，逐渐开始形成了涉足太阳能光伏、绿色农业、投资、贸易、物流和货运等行业的跨领域经营集团公司。此外，这家光伏发电产品制造商还获得了资本市场的认可，于 2007 年 6 月在美国纳斯达克股票交易所成功上市。

从 2009 年 8 月英利集团萌生赞助世界杯的想法，到 2010 年 2 月顺利地和 FIFA（Fédération Internationale de Football Association，① 国际足球联合会）签署了 2010 年南非世界杯赞助协议，英利只用了半年时间就成功地跻身世界杯赞助商行列，与嘉实多、麦当劳、百威啤酒等国际一线品牌并肩。英利在南非世界杯上总共"出战"64 场比赛，在每场 90 分钟的比赛里，英利在球场广告中有 8 分钟的滚动播放广告时间。

英利作为第一个挤入世界杯赞助商名单的中国品牌，事件营销所带来的效果也是显而易见的。以关注程度可以量化的互联网为例，如图 5-2 和图 5-3 所示，在世界杯开赛的 2010 年 6~7 月，Google 和百度两大搜索引擎关于"英利"的搜索量同时暴涨，说明英利的世界杯事件营销效应至少在互联网上大规模发酵。

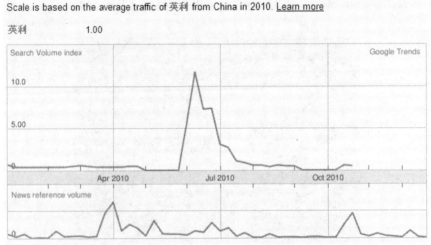

图 5-2　**Google Trends 关于"英利"的 2010 年搜索量变化**

---

① FIFA 系法语缩写，英语全称为 International Federation of Association Football。

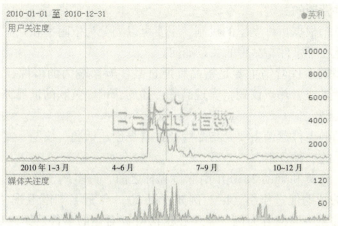

图 5-3 百度指数关于"英利"的 2010 年搜索量变化

英利于 2010 年 2 月宣布成为世界杯赞助商后，在其公布的 2010 年第二季度财报中，毛利率高达 33.5%，比上一季度增长了 0.2 个百分点，成为世界同行业同期毛利率最高。

英利的"世界杯效应"除了表现在财务数据上的华丽以外，还表现在客户订单上。2010 年 6 月初的慕尼黑世界新能源博览会上，英利就收到了 4GW 的订单，而当时 2010 年全年全球光伏产业总装机量预计也只有 10GW。[①] 此外，英利 2011 年的生产已排满，仅预付款就高达 1.7 亿美元。

案例来源：吴小我：《英利：中国面孔"抢眼"世界杯》，《中国企业家》，2010 年 6 月。

案例分析

一、事件营销

对于新生品牌或是处于导入期的品牌，事件营销一直是把屡试不爽的利器。

顾名思义，事件营销就是指企业通过策划、组织和利用具有名人效应、新闻价值以及社会影响的人物或事件，引起媒体、社会团体和消费者的兴趣与关注，以求提高企业或产品的知名度、美誉度，树立良好品牌形象，并最终促成产品或服务销售目的的手段和方式。

简而言之，就是利用某件事或某个人来推广某个品牌。因此，事件营销的核心在于事件。如何利用好事件所带来的资源（公众的关注和聚焦），才是实

①资料来源：《每日经济新闻》，http://www.nbd.com.cn/newshtml/20100630/20100630030759572_3.html。

现成功事件营销的关键。

事件营销根据事件发生的机制，主要可以划分为依附型和独立型，两者主要的差别就在于事件与品牌的关系如何。

依附型的事件营销主要是指品牌通过某些有影响力的事件，比如体育赛事，文娱活动或者热点议题，实现品牌传播的营销。英利的世界杯事件营销就属于这一类型。

独立型的事件营销主要是指品牌通过自身创造话题、议题，实现事件有影响力的传播的一种营销。

其实，在英利赞助 2010 年南非世界杯之前，许多例子就印证了事件营销对于品牌的帮助促进作用之巨。例如，以 2005 年冠名湖南卫视"超级女声"选秀节目的蒙牛酸酸乳为例，蒙牛在这次有针对性的事件营销之后，仅 2005 年 1~6 月，蒙牛酸酸乳在全国的销售额就比 2004 年同期增长 2.7 倍，公司 2005 年上半年的营业额更是由 2004 年同期的 34.73 亿元飙升至 47.54 亿元。

回到案例本身。事实上，英利在世界杯上的异军突起让不少营销界的行家大跌眼镜，纷纷看衰。因为一家生产太阳能光伏发电设备的企业，连普通消费者都不知道其产品为何物的企业，居然在世界杯上——这个最为大众和主流的平台大造声势，大放异彩。

那么，英利为何要不惜重金，利用世界杯这一重大事件营销？赞助 2010 年南非世界杯的背后，到底是怎样的一番考量呢？

二、英利的算盘

在许多外人看来，英利在世界杯上的财大气粗简直就是疯狂的豪赌，但实则不然。

（一）志在海外

根据英利集团 2009 年的财报，2009 年英利的销售额达 72.549 亿元，95% 来自于海外市场，而之前其海外销售所占的比重更是高达 98% 之多。其中，欧洲市场更是其最大的新能源销售市场，占据着总销售量 89.6% 的份额。

众所周知，足球是欧洲人的共同爱好，而在世界杯期间，欧洲人的生活就被足球所占据着。面对重中之重的主力消费市场，以足球作为切入点，增加品牌与消费者的接触机会，是个非常可行和稳妥的选择。

其实，赞助 2010 年南非世界杯并不是英利第一次与足球结缘。早在 2006 年的时候，英利就已经成为西班牙足球甲级联赛俱乐部奥萨苏纳的第二赞助商；2011 年 1 月，更是牵手德国足球甲级联赛豪门球会拜仁慕尼黑，成为俱乐部高级合作伙伴。

（二）醉翁之意

英利在世界杯赛场上投放广告，主要是给三类人群传达信息：

（1）普通消费者。既然生产的产品最终都是为普通的消费者服务，那么让他们能够通过不同品牌接触点接触到品牌也就理所应当了。在此之前，英利的主要销售模式为 B2B，英利面对更多的是企业。赞助世界杯可以让更多的普通消费者，尤其是中国的消费者，了解英利品牌，为英利的产品和服务最终迈入千家万户铺路搭桥。

（2）经销商。让更多的经销商知晓英利品牌所带来的直接效益，要远远胜过让更多消费者知道英利品牌所带的效益。这点从英利在世界杯后的订单骤增就可以看出。

（3）投资者。作为上市公司，企业任何风吹草动都能对资本市场带来影响，而英利在世界杯上的惊艳演出，自然会给投资者带来更多的信心，从而使企业间接获益。根据世界杯期间美国纽约股票交易所的数据显示，从世界杯开赛的6月7日~7月23日，英利的股票价格上涨了3.8美元，总市值纯增5.6亿美元。此外，英利也获得了官方资本的认可，2010年7月，国家开发银行河北省分行与英利正式签署规划合作协议，英利获得不超过360亿元人民币的授信额度。

（三）竞争突围

作为一个新晋品牌，如何在行业竞争中生存与发展一直是英利必须面对的课题。在太阳能能源产品和服务领域，参与竞争的品牌厂商众多，除英利之外，国内外都有众多强手。国内有无锡尚德、江西塞维，国外有美国通用电气（General Electric）、英国石油（British Petroleum）。

以太阳能电池为例，根据2008年太阳能行业分析报告[①]显示，全球太阳能电池十大厂商，英利仅位列第六，太阳能这一新能源行业的竞争由此可见一斑。在这样一个前后堵截的竞争环境中突围，利用世界杯的事件营销，短时间内提升品牌知名度，打造亲切的品牌形象，不失为一着妙棋。

作为一个从营销角度来考虑是成功的个案，英利的世界杯营销包含了太多的必然和偶然，而品牌，尤其是中国本土品牌，有无可能复制它的成功呢？

三、英利成功的启示

英利此次事件营销的成功，很大程度上体现在品牌知名度的迅速蹿升。而

[①] 资料来源：《首席财务官》，http://finance.sina.com.cn/leadership/mroll/20101210/18439088772.shtml。

品牌知名度之所以能够瞬间提升，则主要有四个方面的主、客观因素。

1. 世界杯的高关注度

事件营销的一个重要方面就是体育赛事营销，一来可以借助大型体育赛事的知名度获取大量公众关注，二来可以让消费者建立与体育赛事相关的品牌联想（Brand Association），容易对品牌形成健康、活力、积极的品牌印象（Brand Impression）。

世界杯，四年一度的足球赛事，在短短一个月的时间内，单单电视媒体，就拥有来自全球各国各地区多达 20 亿的转播收视人群，而通过另外的媒体渠道关注世界杯的人群更是不计其数。说实话，很难再找出个能出其右的全球性赛事，可以在仅仅一个月的时间内，获得如此海量的关注和聚焦，这种注意力资源应该是任何有野心的品牌所觊觎的。所以说，能登上世界杯的舞台，英利就已经成功了一半。

此外，世界杯带来的滚雪球效应，也是可以为品牌所好好利用的次级资源。"中国英利"这四个字一经出现，就立刻吸引了诸多国内外媒体的跟进报道，因而英利所能吸引的关注就如同滚雪球一般，越滚越大。前文提到的两大搜索引擎的数据，也能很好地佐证这种效应。

其实，赞助世界杯的实质就是对于大事件资源的把握，这类大事件还可以包括各种级别体育赛事，各种主题的大型文娱活动以及各种内容的热点事件。借势那些影响力大、影响人群广泛、影响时间持续的大事件是其他中国品牌在进行事件营销时可以考虑的。

2. 合作双方理念相似

英利是一家生产太阳能光伏产品的企业，其品牌知名度在世界杯之前处于极低的水平，而世界杯所能提供的资源与条件恰恰是处于品牌上升期的英利所亟须的。同时英利品牌的中国身份也是 FIFA 所看重的，两者能够各取所需，因此才能一拍即合。

FIFA 在审视英利赞助商资格的时候，很看重的一点就在于它是一家新能源领域的企业，其生产的太阳能系列的产品符合 FIFA 所传播的理念，即低碳、绿色的环保理念。这一理念不仅符合了企业产品的行业属性，同时也和世界范围内的环保潮流相符合。

但事实上，利用世界杯的事件营销不是每个行业，每个企业都必要的，事件营销能够带给每个企业的相对效益也有差别。

3. 英利的中国身份

中国身份，是英利能够实现突围的另外一个关键因素。

作为世界杯赞助商中的第一个中国本土品牌，[①]英利自然而然会获得更多额外的关注与期许。从世界杯主办机构 FIFA 的角度考量，英利在某种程度上是中国企业的代表，它需要这样一家中国企业，来表达 FIFA 对于中国球迷乃至中国市场的重视，英利仅耗时两天时间就和 FIFA 谈妥合作即是明证。

中国品牌在进军海外市场的时候，亮明中国身份往往是一个不错的路径选择。作为世界第二大经济体以及全球最大的消费市场的中国，可以为试图走出国门的本土品牌做必要的背书。

4. 营销成本与领导人因素

在考虑事件营销时，营销成本是不能回避的重要问题。一个成功的事件营销需要伴随着巨量的资金和资源投入，而这种投入往往不是每个品牌或企业都能够承受的，财大气粗是需要底气的。

作为全球范围内的顶级体育赛事，赞助世界杯的成本也是极其高昂的。据称，英利此次世界杯赞助的费用高达 5 亿元人民币。英利的创始人是苗连生，他是个转业军人，所以在培育的发展过程中，企业打上了某种军队风格的烙印。这种风格就是，企业的决策经营权是牢牢控制在企业家手上，企业的营销决策受企业家思考与判断的影响很大。英利能够成功赞助世界杯，也和苗连生喜欢足球大有关系。

此外，苗连生自己也有特立独行的风格，比如他是纽交所成立 170 年来唯一一位在公司上市启动仪式上不打领带的企业家。企业乃至品牌会受到企业家的风格的深刻影响。

四、小结

事件营销有时是一把"双刃剑"，它既可以让品牌声名鹊起，也可以让品牌声名狼藉，操作不当或者理念差错都有可能酿成品牌危机。因此，如何让品牌在事件营销中趋利避害，为己所用，实现利益最大化，是企业和品牌必须不断学习和训练的。

当然，事件营销如同其他一切营销一样，都只是手段和方式，只有锦上添花之效。若想要更上一层楼，品牌应该更多地花时间在如何让自己的产品或服务更加优秀、更加卓越上面。

---

① 其实，因为百威是 2010 年南非世界杯赞助商之一，所以旗下 2004 年收购的哈尔滨啤酒品牌也是赞助商。但在本书中，哈尔滨啤酒不算做中国本土品牌。

问题

1. 什么是事件营销？

2. 英利利用 2010 年南非世界杯进行事件营销的意图是什么？

3. Jason 作为总监如果要仿照英利的案例进行大事件营销，哪些是可以复制的做法？哪些是不可以复制的做法？

4. 你认为设计和实施事件营销的时候，应该注意哪些地方？

5. 除了英利的案例以外，能否再举出一个成功实施事件营销的品牌？

案例 24 "世界上最好的工作"：大堡礁护岛人

考生角色

假设你是本杰明，正在应聘澳大利亚昆士兰旅游局的活动策划专员职位，旅游局要求你策划一个事件或者一场活动，以此推广本州著名旅游景点大堡礁的自然美景。要求通过此事件或者活动，在短期内（半年至一年）达到吸引消费者的兴趣与关注，以及媒体的曝光、树立本州旅游资源丰富的良好形象，最终获得大量的潜在消费者入境旅游的目的。你会怎么做？

案例介绍

2009 年 1 月 10 日，一则被称为"世界上最好的工作"的招聘启事在全球各大媒体上被纷纷报道，引起了公众的广泛关注。

招聘职位：澳大利亚昆士兰州大堡礁哈密尔顿岛看护员。

工作时间：2009 年 7 月 1 日~12 月 31 日，为期半年。

工作内容：清洁鱼池，喂鱼；收发信件；每周发表文章及上传照片、视频；不定期接受媒体采访；巡游大堡礁水域内其他岛屿；等等。

职位薪酬：15 万澳元/半年（约合人民币 70 万元）。

其他待遇：提供豪华住宿，来回工作地及申请人居住城市的机票、合约期间内的保险、工作期间往来大堡礁水域其他群岛的交通等费用。

申请条件：年满 18 周岁，英语沟通能力良好，热爱大自然，会游泳，勇于冒险尝试新事物。申请人只需上网填好申请表，上传自制的长度不超过 60 秒的应聘英文短片，说明自己是最合适人选的理由，并于 2 月 22 日之前上传就可以了。

招募过程：申请招募活动从 1 月中旬至 2 月 22 日。申请截止后，昆士兰州旅游局会连同国际市场的代表一同挑选出 10 位最理想的人选，再加上 1 位由招募网站访客投票选出的"外卡"候选人，于 5 月初获邀前往大堡礁的部分群岛上进行面试，成功者将成为哈密尔顿岛看护员。

招募结果：这份被称为"世界上最好的工作"的招聘启事，在金融危机席卷全球的时代，吸引了很多人的关注。应聘网站在开通后的第三天就因为登录者太多而瘫痪了。引来全世界 200 多个国家 34700 多名应聘者积极参与，全世界共有 22 个国家的 50 位候选人进入了第一轮角逐，最后通过 50 进 16，16 进 1 的层层筛选，来自英国的 Ben Southall 成功获选，并于 7 月入驻哈密尔顿岛上的海景别墅，成为了大堡礁真正的看护人。

图 5-4　英国小伙 Ben Southall（右二）获得大堡礁哈密尔顿岛护岛人职位

资料来源：摘自百度文库《世界上最好的工作》，http://wenku.baidu.com/view/3c4f8ef9941ea76e58fa04b2.html。

案例分析

为什么这次的活动赢得了这么好的效果呢？它符合了事件营销本身事件的"吸引性"、"重要性"、"适时性"、"显著性"、"接近性"、"趣味性"等几个方面的要素，遵从了事件营销所要遵循的基本规律，可以说是"天时"、"地利"、"人和"的一次举动。

所谓事件营销（Event Marketing），是指企业通过策划、组织和利用具有新闻价值、社会影响以及名人效应的人物或事件，吸引媒体、社会团体和消费者的兴趣与关注，以求提高企业或产品的知名度、美誉度，树立良好品牌形象，并最终促成产品或服务的销售的手段和方式。由于这种营销方式具有受众面广、突发性强，在短时间内能使信息达到最大、最优传播的效果，并且能够为企业节约大量的宣传成本等特点，近年来越来越成为国内外流行的一种公关传播与市场推广手段。

一、大堡礁事件营销成功的核心元素

1. 借助自身优势资源，靠大堡礁的优美环境吸引人

这次招聘活动能够受到如此广泛关注，与大堡礁本身的优美环境是密不可分的。CNN 曾经把大堡礁列为世界七大自然景观奇迹之一，BBC 也曾经把大堡礁列为一生必去的 50 个地方中的第二名，联合国教科文组织早在 1981 年就把大堡礁列为世界自然遗产，这里每年都会吸引 200 万游客前往参观。

不过，大多数前来参观大堡礁的游客都会把昆士兰北部小城凯恩斯（Cairns）当做基地。其实殊不知，澳大利亚有许多风光旖旎的岛屿，昆士兰外海还散布着一群小岛，更适合作为参观大堡礁的跳板。那份"世界上最好的工作"的工作地点，就位于其中开发得最好的哈密尔顿岛上，它是大堡礁中心地带的降灵群岛中面积最大的度假岛屿，素有澳大利亚"大堡礁之星"的美誉，岛上终年气候舒适宜人，活动方面多姿多彩。但由于受金融危机冲击，当地旅客量大减。为了吸引更多的游客前来观光旅游，通过这样一个精心策划的活动来推广其旅游产业并创收就成为昆士兰旅游局最直接的目的。

图 5-5　海曼岛度假中心酒店优美的自然环境

2. 面对金融危机失业率上升的大环境，适时打出"最好工作"的招牌

全球性的金融危机当前，企业裁员、减薪，一些人的工作受到了很大的影响。在这种大环境下，工作本来就很难找，能找到一份舒适又待遇丰厚的工作简直是难上加难。边工作边旅游？听起来更像是痴人说梦、异想天开。然而，这个招聘活动以"世界上最好的工作"为诉求，能够一下子抓住人们的眼球。

在澳大利亚，年薪5万~6万澳元算是中产阶级，金融危机到来之后，很多澳大利亚人不再是全职工作，而是同时拥有几份按小时计工资的兼职。按照这样的算法，半年薪水15万澳元，在全球平均工资中也是很高的，算是"金领"了。不要说现在是经济衰退期，就算在经济形势好的时候，这样的工作待遇也算是颇为丰厚了。

"岛主"一职不仅待遇佳，工作内容也颇好——旅游、工作相结合，既可赚钱，又能领略大堡礁风光。招聘启事上明确工作每天就是喂喂鱼、潜潜水、收收信件、发发文章、上传照片、视频、接受下采访、巡游大堡礁水域内其他岛屿等，听起来就是在进行一次深度的海洋生态旅游。这样舒适又高薪的工作，谁不心动？

3. 申请的低门槛广泛吸引海选，甄选的高门槛提高含金量

申请条件低门槛：如此高薪舒适的"美差"，应聘条件照理说应该十分苛刻。然而，此次"岛主"申请条件却很简单。申请"世界上最好的工作"没有学历要求，没有太多年龄限制（只需年满18周岁），工作简单，比如"喂鱼、照看鲸以及可从空中俯瞰美景的航空邮递"。按照昆士兰州旅游局的招聘启事上说的，旅游局首席执行官海斯甚至说："这是一个面向任何人的工作。"这样一个看起来很低要求的条件，似乎谁都满足，谁都可以申请，因此引来许多人的关注。这是一次全球范围的"海选"，海选的最大好处就是受众广泛，参与度高。昆士兰州"世界上最好的工作"海选如此瞩目，很大程度上是因为它的申请低门槛。除了招聘条件外，在海选活动的官方网站上，共有英语、日语、韩语、中文（简体和繁体）和德语5个版本。这一方面为网上申请提供了便利，另一方面也达到了更广泛的宣传效果。海选最大的特点是目标受众庞大和持续时间绵长。昆士兰旅游局通过组织世界范围的招聘海选，将焦点放在受众的参与体验上，并在体验的接触点注入娱乐的元素，使得大堡礁的知名度和美誉度在短时间内得到了提升。

然而，在甄选申请者时，主办方设置了比较高的门槛，提高了这次活动竞争的含金量，也增加了亮点。由于第一轮海选中没有设置太多的条件，就吸引了全球200多个国家共34700多名应聘者的积极参与，这就使得在第二轮的甄选更牵动所有被卷入国家媒体的主动报道和关注。而面对符合"拥有良好的游

泳技巧和英语口语、写作能力，富有探险精神，乐于尝试新鲜事物，热爱大自然以及潜水等"条件的竞争对手，每位应聘者都愿意使出浑身解数，尽自己最大的能力展现自己的风采，为自己赢得这个职位。通过网上为自己炒作，同时也提升了大堡礁的品牌形象和价值。此时，竞争已经不仅仅是一场个人意义的较量，更使得许多当事者所属的国家的民众都为之牵动。

二、大堡礁事件营销成功的传播技巧

1. 多次选拔阶段性推进，引发选手所在国家的关注

整个事件可以划分为六个时间阶段：

（1）2009 年 1 月 9 日~2009 年 2 月 22 日：接受全球申请。招聘广告贴出不到 24 个小时，就有 20 万人访问了活动网站（www.islandreefjob.com），路由器从 1 个增加到 10 个。自 1 月 9 日全球公开招聘以来，共吸引了 200 多个国家 34700 多名应聘者。其中有数百名中国应聘者，他们来自中国各地，且多为旅游爱好者。

（2）2009 年 3 月 3 日：第一轮海选决出 50 强。昆士兰州旅游局公布了 50 位初选候选者名单。分管中国区域的局长 Banki 说，他们是从申请者里筛选出来的，分别来自 22 个国家和地区，其中包括 3 位中国候选者（中国大陆 2 人，中国台湾地区 1 人）。

（3）2009 年 4 月 2 日：第二轮海选决出 10+1 强。北京时间 3 日上午 8 时左右，接下来，昆士兰州旅游局将从这 50 位初选者里再筛选出更合适的人选，共计 11 人，在 4 月 2 日公布名单。主办方挑选其中的 10 人，另外 1 个被称作"外卡候选人"的，将通过网络投票选出，也就是说这位幸运儿当属"人气选手"。11 位候选人将在 5 月 3 日飞赴澳大利亚昆士兰参加面试以及其他考核，比如心理测试、英文书写能力和健康检查等，还有机会亲自体验大堡礁岛上的生活。

（4）2009 年 5 月 3 日：从前两轮筛选出的 16 名候选人齐聚澳大利亚大堡礁的哈密尔顿岛，参加最后一轮面试。16 名候选人分别来自 15 个国家和地区，其中有两张中国面孔，分别是来自广州的姚逸和台湾的王秀毓，其他候选人则来自韩国、日本、印度、法国、英国、德国、美国等地。他们中有学生、记者、电视节目主持人，还有摄影师、参观招待、演员和教师等，涵盖广泛。

（5）2009 年 5 月 6 日：第三轮海选决出冠军。5 月 6 日，长达 4 个多月的全球选拔活动结束。来自英国的帅哥 Ben Southall 成功获选，成为全世界上班族最为羡慕嫉妒的人。

（6）2009 年 7 月 1 日~2010 年 1 月 1 日：Ben Southall 走马上任，正式入住

哈密尔顿岛上的海景别墅，每周上传博客、相片、视频等，向全球观众报告其冒险经历，成为了大堡礁真正的看护人。此后，关于他的一系列后续报道出现在各大媒体头条，成为全球的热点话题。

　　一个好的事件营销，重要的一点是能吸引人持续关注。昆士兰州"最好的工作"活动的时间拉得很长，从 2009 年 1 月 9 日接受申请，到 2010 年 1 月护岛人结束工作合同，将近一年。在这个漫长的过程中，昆士兰州通过精心设置活动议程，不断造势吸引眼球。期间通过层层筛选，吸引了参赛者本国内的关注，甚至引起国家/地区媒体的参与。其中不乏媒体打着国家/地区形象的幌子推波助澜（典型的如中国台湾，台湾众多电视媒体争相采访台湾候选者王秀毓，进而打出"选王秀毓就是选台湾"的口号，该候选人得票迅速飙升）。

　　2. 充分借力网络媒体力量，制造事件的新闻价值

　　自 20 世纪 90 年代后期起，互联网的快速发展给事件营销带来了更大舞台。通过网络，一个事件或者话题可以更轻松地进行传播和引起关注，这次的招聘即是通过网络进行的一次成功营销。

　　首先，建立活动网站，借势新媒体，充分利用用户的自发性和网络上传播的主动性。此次海选活动的一个规则是："申请者必须制作一个英文求职视频，介绍自己为何是该职位的最佳人选，内容不可多于 60 秒，并将视频和一份需简单填写的申请表上传至活动官方网站。"在活动官方网站上，绝大多数申请者都借助世界著名视频网站 YouTube，来提交自己的英文求职视频。此外，由于比赛设置了一个需要经由网络投票决出"外卡选手"的环节，即所谓的"人气选手"，因此入选 50 强的选手在网上不断拉票，而关注活动的人会为心仪选手投票，还有人会持续关注包括投票在内的活动进展……

　　其次，事件的轰动效应使新媒体迅速扩散到传统媒体，传统媒体主动自愿宣传、深度报道，引起更多媒体曝光。活动全程引起传媒兴趣。有人采访申请者拍摄短片的过程，有人直接采访申请者本人，无数网民在网上对申请人及他们的视频评头论足……除了传统媒体大量报道外，海选还产生了独特的讨论平台，比如 BBS、博客以及 Facebook 等众多社交网站，申请者在这些平台上互相挑毛病、评点作品以及交换创意等。2009 年 3 月 12 日，距离 2009 年 1 月 9 日"世界上最好的工作"接受申请开始还未满两个月，用百度搜索"大堡礁+工作"，搜索结果就已有 11.6 万个，可谓是轰动全球。在这一过程中，澳大利亚昆士兰州的旅游价值得到了巨大提升。

　　就这样，活动充分达到了选手与选手、选手和普通观众、观众和观众、选手和媒体之间的互动，可谓是 Web 2.0 的最佳应用。昆士兰州旅游局也巧借网络，实现了它的宣传目的。

179

3. 别出心裁，让受聘者成为其与其品牌代言人

活动最终，34 岁的英国小伙 Ben Southall 当天在 16 名决选入围者中脱颖而出。Ben Southall 来自英国南部汉普郡，曾在非洲当导游，竞聘"最好工作"前在英国担任慈善项目经理，有一个加拿大女友，他表示要和女友一道前往澳大利亚，住进大堡礁哈密尔顿岛上拥有 3 间卧室的豪华海景房。

其实，Ben Southall 只是起到了一个代言人的作用——昆士兰州旅游局这次就是想借"护岛员"的探索之旅推广大堡礁旅游。代言人的选择，要符合产品定位，产品的品牌个性、形象等必须与代言人具有某种关联。这样不仅有助于提升消费者对产品的信任度，还有助于实现品牌代言人象征价值的转移。招聘官告诉法新社记者，Southall 最初递交的视频资料给他们留下了深刻印象。Southall 在视频中自称"富有冒险精神、疯狂、活力十足"，视频展示了他骑鸵鸟、跑马拉松和亲吻长颈鹿的照片。他在视频中说："我一生中最重要的事情是拥有一份令我激动而快乐的工作，使人们露出微笑，实现挑战性目标。"昆士兰州旅游局局长劳勒说："他力证自己就是'护岛人'的想法，加上他不惧挑战的进取心和能力，给招聘团队留下了深刻印象。"作为成功应聘者，英国的 Ben Southall 非常擅长交际和沟通并与媒体交流。他还表示如果自己当选，将想方设法吸引媒体关注，保证大堡礁充足的媒体曝光率。Ben Southall 的性格和经历都证明了他是大堡礁旅游品牌的最好代言人。

关于最终获胜者为什么能够力挫群雄，取得胜利的原因，除了 Ben Southall 本人的魅力以外，当然还有出于昆士兰州旅游局方面的考虑。这次昆士兰州旅游局招聘的主要目的在于改善因经济衰退导致旅游人数锐减的状况，提升外界对澳大利亚以及昆士兰地区旅游价值的关注度。而英国是澳大利亚第二大海外旅客来源地，从 2007 年显示的数据来看，2006 年英国游客高达 734 万。选英国小伙子当"护岛员"能够成功吸引更多英国以及欧洲的海外游客，再加上他的加拿大女友，大概又能吸引不少北美媒体和游客的关注。

由此看来，最终获得这个令人艳羡的工作的 Ben Southall 并不是此次活动的最大受益者，作为这次活动的主办者，昆士兰州旅游局才是这次活动的真正赢家。昆士兰州旅游局在推广这份"世界上最好的工作"时只在全球少数地方刊登招聘广告，耗资仅 170 万澳元，但却收到全球宣传之效，当地官员表示，"世界最好的工作"已为昆士兰带来 1.1 亿澳元的宣传效益。昆士兰州旅游局总裁海斯道出了策划秘密："这次活动最重要的是引起全球注意，继而吸引更多游客来昆士兰，刺激经济。"

昆士兰州旅游局推出"世界上最好的工作"被称为绝世"好桥"，获得全球知名的 2009 青年创意大赛大奖。这次"世界上最好的工作"的招聘活动，

成为世界上最成功旅游推广案例之一。

三、小结

这次的招募活动让大堡礁的哈密尔顿岛成为全球瞩目的梦幻之岛，它给澳大利亚昆士兰州旅游局带来了超过 7000 万美元的公关价值，它还为此次活动的策划人赢得了广告营销界的最高荣誉：戛纳直销行销类和公关类全场大奖以及 4 尊金狮子。有人形容它是全世界最令人向往的工作职位，有人形容它是一场全球参与的澳洲版"超女"选秀活动，有人形容它是大堡礁成功的全球旅游市场营销推广……其实，这次招募活动是一次成功的事件营销，昆士兰州旅游局才是这次活动的最大赢家。

问题

1. 谈谈你对事件营销的理解。
2. 你认为促成这次大堡礁事件营销成功的还有哪些因素？
3. 根据自己的理解，试着举出一个完整的事件营销需要注意的要点。
4. 除了以上的例子，你能不能试着为大堡礁策划一个另外的事件营销案例？

案例 25　招商银行：红动中国

考生角色

假设你是招商银行总部负责品牌建设与推广的主管 Peter，面对风生水起、竞争日益激烈的金融产品市场，你需要随时调整产品结构以维持招商银行长期以来较好的公众品牌形象。三国时期，诸葛亮采取"攻心为上"的战争谋略，企业要在激烈的竞争中赢得市场，也应以"攻心为上"作为经营之道。善因营销是企业获得公众信任的有效办法之一，消费者对企业社会责任的感知会影响其对产品的信念和态度。

你将如何利用"善因营销"的手段制定品牌推广方案，开展一系列营销传播活动形成品牌效应，从而展现招商银行的社会责任感，得到消费者的深度认同？

案例介绍

招商银行成立于 1987 年 4 月 8 日，总行设于中国深圳，是我国第一家完全由企业法人持股的股份制商业银行。2002 年 4 月 9 日，招商银行在上海证券交易所挂牌交易，成为国内第四家上市银行。2009 年 8 月，英国《银行家》杂志公布了"2009 年全球银行 1000 强排名"，招商银行跃居第 87 位。目前，招商银行在境内 30 多个大中城市、香港设有分行，网点总数 400 多家，在美国设立了代表处，并与世界 80 多个国家和地区的 1100 多家银行建立了代理行关系。

在 2002 年登陆 A 股市场之前，招商银行开始在价值取向上强调风险管理，把风险控制作为企业文化的重要组成部分。效益重于规模，长期重于短期的企业文化开始生根。招行偏向于零售业务、以服务见长的特质也在这段时间建立了起来。招行同年在国内率先发行国际标准信用卡，以后陆续推出了粉丝卡、航空卡、百货卡等创新特色产品，备受市场好评。招行在重点打造的银行卡业务上，充分诠释了"和谐"的理念，并且以信用卡为平台凝聚社会资源，承担社会责任，将公益和效益结合了起来。

2008 年，招商银行"红动中国"，品牌代言人郎朗、"和"信用卡的提早推广等系列活动，随着北京奥运会的闪亮登场深入人心，赢得了世人的瞩目。招商银行围绕体育、慈善、艺术三条主线，开展了系列品牌营销推广活动；借势奥运火炬登珠峰，开展"巅峰梦想、红动中国"品牌推广活动；借势奥运期间媒体内容报道资源，开展"2008，红动中国红人榜"立体活动，网络、WAP、平面、地面活动互相呼应，互动活动参与人数近 300 万人次；火炬手、帆船、帆板、赛艇等系列活动获得了社会的高度关注。同年，招行还开展了"风雪无情、招行有爱"、"心手相连、抗震救灾"赈灾捐款等慈善活动。

2009 年 4 月，在上海召开的"2009 中国广告与品牌大会"上，招商银行获得"2008 中国广告品牌营销创新大奖"，该奖项旨在表彰中国 2008 年品牌传播与营销领域具有创新表现并获得优异成绩的企业。同年 6 月，福布斯网站公布了 2009 年"最具声望的大企业 600 强"，招商银行首次上榜就以 78.7 分取得了第 24 名，仅落后前一位的 Google 0.08 分。从中国第一家完全由法人持股的股份制商业银行到屡次荣膺"中国最佳零售银行"，招商银行拥有着最"红"的品牌资产，成为引领中国银行业发展的风向标。

资料来源：摘编自百度百科：《招商银行》，http://baike.baidu.com/view/19552.html。

案例分析

所谓善因营销（Cause-related Marketing），是将企业与非赢利机构，特别是慈善组织相结合，将产品销售与社会问题或公益事业相结合，在为相关事业进行捐赠、资助其发展的同时，达到提高产品销售额、实现企业利润、改善企业的社会形象的目的。

善因营销可以说是利用消费者的一种"爱屋及乌"心理，通过树立良好的企业形象来影响消费者对其产品的评价，形成品牌效应。在公司丑闻接连不断、公众不断呼吁良好企业公民的今天，善因营销是一种大势所趋的新型营销手段。企业要想从产品和服务日益同质化的商业世界中脱颖而出，需要充分结合善因营销的方式，积极影响消费者的购买行为，从而提高销量和业绩。

凭借"招商银行　红动中国"年度品牌营销推广活动赢得"2008 中国广告品牌营销创新大奖"的招行无疑在这方面给中国企业起了榜样作用。

一、"红动中国"的产生背景

21 世纪初，招商银行在迅速发展壮大的过程中，开始有意识地将履行社会责任与拓展市场业务、提升品牌价值以及建设企业文化结合起来。招商银行在教育、扶贫、环保等领域开展的公益行为，不仅为其树立了良好的社会形象，还为其带来了相当规模的经济效益。

2007 年 3 月，招商银行与中国青少年发展基金会合作成立了"希望工程——招商银行专项体育慈善基金"，向社会承诺"到 2008 年 6 月 1 日止，客户每成功申办一张信用卡，招商银行捐赠人民币 1 元，持卡人每刷招行信用卡一次，招商银行捐赠人民币 1 分钱"。此后招行启动了"爱心操场，红动中国"公益活动，为乡村儿童捐赠体育器材，称之为打造一场属于乡村孩子的奥运盛会，这可以算作 2008 年招行" 红动中国"整体品牌营销推广的前哨。

2008 年奥运会上，招商银行虽是赛艇、帆船、帆板中国国家队赞助商，但相比中国银行作为奥运赞助商，招行曝光率不足。招行要想抓住奥运营销机遇，不得不在既有传播主题和营销策略上寻求突破。招行在寻找奥运主题与自身企业品牌个性连接点时，意识到奥运会不仅是一场运动会，更是自尊自强的民族情怀尽情释放的舞台，而招行作为中国民族品牌，是与整个国家同呼吸、共命运的。红是中国的主色彩，它寓意吉祥、平安、热情、美好的祝愿，而招行的主色调也是红色，能与中国红和北京奥运会即将频频升起的五星红旗的红关联在一起，招商银行"红动中国"的品牌传播主题就这样应运而生。

二、红动中国的营销执行

口号：和我们一起用红色为中国加油！

文案：无论是众志成城的拳拳爱心，还是生生不息的熊熊火焰，都见证着红色的强大力量，凝聚起你和我的力量，2008，在这个中国人最重要的时刻，让我们一起行动起来，用红色为中国加油，和我们一起，红动中国。

（一）巅峰梦想　红动中国

这个主题下包括"巅峰梦想　红动中国"全民健身登山活动和"巅峰梦想　红动中国"摄影摄像大赛，合作媒体为新浪网。

全民健身登山活动从 2008 年 3 月下旬开始，在招行 30 家分行所在城市举办。招行将整个活动拍摄成《招商银行　巅峰梦想　红动中国》电视节目，并在 CCTV10《百科探秘》栏目播出。而在摄影摄像大赛中，参与者选取中国境内任意山峰作为拍摄地，表达"红动中国"的主题，然后根据网络投票和专家评议选出月度奖和总决赛奖。

"巅峰梦想　红动中国"利用奥运年公众参与体育的热情，成功地吸引了各界目光，调动了包括本行员工、客户和目标受众等社会人员纷纷加入到活动中，并通过新浪网的跟踪报道和央视的节目播出，掀起了一股植入招商银行品牌理念的"红动中国"热。

（二）红动中国红人榜

"红动中国·2008 红人榜"是招商银行和"CCTV.com"联合推出的一个网络评选，活动时间是 2008 年 8 月 8~24 日，即奥运会进行期间。

在红人榜评选中，招商银行借用媒体的奥运明星报道，进行奥运期间每天的"谁是最红的人——2008 红动中国红人榜评选"。招行巧妙地运用央视网的媒体平台，将自身品牌和奥运明星关联，弥补了自己不能直接使用奥运明星等相关图片的缺陷。

（三）红动中国　奥运服务

这一活动招商银行的网络合作伙伴为搜狐，在志愿者活动启动时，由搜狐进行直播。同时，招商银行在搜狐网上建立"招商银行 2008 志愿者官方博客"，进行相关内容追踪。招商银行是北京奥组委签约的奥运观众呼叫中心最大的定向招募志愿者单位，赛事中招行派出了 150 名志愿者，来自其 95555 电话银行中心和信用卡事业部呼叫中心。

招行派出的这些各语种志愿者一方面以热情、甜美、充满活力的声音服务奥运；另一方面通过网络媒体平台记录在京期间的服务历程，向世界展示一流服务水准的同时为招行的电话客服打出一张靓丽的名片，进一步扩大招行"红动中国"的影响力，为其品牌营销活动起了推波助澜的作用。

（四）郎朗、"和"信用卡

2008 年，中国相继遭受暴雪和地震，招商银行展开了一系列赈灾捐款活动，使得"红动中国"更加深入人心。而在"红动中国"品牌营销推广活动中，郎朗、"和"信用卡是不可或缺的两个关联名词。

2006 年 10 月 7 日，郎朗签约成为招商银行形象大使及品牌代言人，招行由此成为国内首家引入明星代言企业整体品牌的银行机构。2008 年，招行围绕着郎朗展开了一系列活动，包括金葵花成长基金募集活动、郎朗谈理财、郎朗Blog（新浪）等。作为招行的形象代言人，郎朗在奥运会上的亮相与"和"主题一起被媒体解读为"成功的非奥运营销"。

2007 年 3 月，招商银行信用卡提出了"和世界一家"的理念，并由此发行了"和"卡（招商银行 VISA 奥运信用卡）。"和"卡赞助了国家帆船帆板队和赛艇队，"和"青少年发展基金会合作成立了"希望工程——招商银行专项体育慈善基金"。2008 年初，伴随着招行"红动中国"的理念，"和"卡倡导2000 多万持卡人一起用红色为中国加油。"和谐"、"中国红"，这些原本最具有民族气息的元素，与信用卡这个颇具时代特征的产品结合在一起，使得招行的品牌内涵实现了新的飞跃。

三、红动中国的成功要素

1. 选择合适的公益事业

企业在进行善因营销时，需要充分结合国情和企业的实际情况，选择具有较高知名度和美誉度的公益事业或公益机构，这样可以帮助企业迅速扩大影响，提高自身的社会形象。

招商银行借助中国传统的红色意味作为营销基调，围绕 2008 年中国的绝对焦点"奥运会"展开"红动中国"主题系列活动。在针对目标人群进行品牌宣传及奥运关联时，招行又巧妙地注入很多差异性元素，深深唤起了受众心目中的情感认同，使得善因基础下的"红动中国"成为一次相当成功的营销活动。

2. 运用多种传播渠道

身处注意力时代的今天，如何获得更多的眼球在相当程度上决定着某项营销活动的成败。因此，要想有效提高善因营销活动的成功率，企业应当努力通过每一个可能的渠道进行沟通。

招商银行在"红动中国"活动中的传播策略可以总结为：依托于"以一个主题为纲领"的各种单一媒体的整合。它能够根据不同的活动内容以及不同媒体的资源优势进行合适的选择：巅峰梦想与新浪网合作，并且制作成电视节目在央视播出；红人榜与"CCTV.com"合作，而奥运服务相关内容则与搜狐网合作等。但招行在此案例中表现最为突出的是对自身网站的利用与整合，包括进行"红动中国"活动的整体流程规划，相应社区的互动讨论、相关产品的推广等。

图 5-6　招商银行"红动中国"网站主页

　　对应上述各个营销活动，招商银行还进行了各种形式的系列广告投放。以PPS 为例，它将招行的红动中国视频广告在相应的项目直播及点播位置定向投放，最大化招行与奥运的关联度。根据 Allyes 公司的 AFA 监测数据，基于 PPS的广告投放，曝光次数超过 9500 万，覆盖独立用户超过 3000 万，转化为有效广告点击 68 万。

　　多样的媒体运用，使得招商银行"红动中国"活动从媒介覆盖以及到达率等方面都能够有非常好的表现。

　　3. 持续且全员性地参与

　　善因营销作为企业树立自身品牌及回报社会的方式，必须保证将其当做一项长期的和持续的投入。除此之外，企业在进行善因营销时还应当尽可能让顾客和公司员工一起参与和宣传，这能够增强企业对相关利益者的吸引力。

　　早在 2007 年，招商银行便推出了"爱心操场，红动中国"的公益活动，此后招商银行所有的品牌推广活动都与"红动中国"这一主题相关，2008 年更是可以称为招商银行的"红动中国"年。招商银行摆脱了传统的"捐了钱就完事"的公益单薄行为，注重引入基金会的专业运作，在文化体育、应急灾害、扶贫助学等多个领域展开长期的规范项目。这些项目很多与客户、与银行业务、与理财专业等结合，充分调动了社会各方力量的积极性，譬如集聚了员工、客户及登山爱好者的"巅峰梦想　红动中国"。

4. 充分挖掘代言人价值

在"红动中国"品牌营销推广活动中，招商银行通过借力代言人的日常活动来嫁接品牌营销，充分发掘明星价值，扩大运作余地。

例如，北京奥组委和凤凰卫视曾策划制作了一部奥运宣传片——《郎朗的歌献给 2008》，这是一部讲述郎朗艰辛求学路的励志电影。招商银行通过赞助该片，以较少的成本获得了广告物料的使用权，然后顺势推出《2008·红动中国》电视广告，间接地分享了奥运资源。招行突破单一广告代言的传统模式，把郎朗广告形象、演出活动、音乐产品、慈善活动等资源整合开发，运用各种媒介来进行品牌营销传播。

在郎朗代言期间，据世界品牌实验室《中国品牌价值 500 强排行榜》的数据，从资产、利润、管理、营销传播四个维度贡献率计算，郎朗的代言为招行品牌价值贡献累计达数十亿元。

四、红动中国的品牌效应

根据 CTR 对北京、上海、广州、深圳、南京、武汉、沈阳、成都等地 1600 个样本的调研：大多数受众通过互联网、电视尤其央视广告的途径了解到招商银行"红动中国"品牌营销推广活动；绝大多数用户在提到"红动中国"活动时会主动提及"招商银行"或"招行信用卡"；"红动中国"品牌推广活动的传播效果很好，超过 80% 的用户认知这一主题活动，尤其是高收入用户，他们的认知超过 90%；大多数用户对活动持正面评价。

调研数据充分显示招商银行"红动中国"的活动与银行及产品品牌之间形成了很好的关联，品牌的成功推广很大程度上促进了招行的经营业绩。在全球金融危机背景下，2008 年招行实现营业收入 553.08 亿元，同比增长 35.04%；归属于股东的净利润 210.77 亿元，同比增长 38.27%；每股收益 1.43 元，同比增长 37.50%。

总体而言，招商银行"红动中国"年度品牌营销推广活动对提高招行的美誉度、品牌形象、用户的忠诚度及销售业绩等均起到很大的促进作用。以"红动中国"为传播主题，以"红"、"郎朗"、"和"为传播符号，围绕慈善、体育、艺术三条主线，通过地面活动、大众传播等的互相配合，招商银行的 2008 善因营销手段取得了空前成功。

在消费者公益意识日益提高的今天，越来越多的消费者开始倾向于购买开展过公益事业的企业的产品。在价格、质量相当的情况下，他们在发生着品牌的转移，转向有公益事业投入的企业品牌。企业需要从根本上改变对企业社会责任的态度和参与动机，变"被迫地履行"为"主动地承担"，巧妙运用善因营销，才能够赢得消费者。"红动中国"中的慈善营销无论是项目的规划，还是传播推广的策略，均有主有次，整合了社会各方资源，是值得企业借鉴学习的个案。

问题

1. 你能否给招商银行的善因营销手段做出一些补充？
2. 你能否分别举出一个运用善因营销的国内外案例，并分析异同？
3. 试分析"招商银行 红动中国"案例给当代中国企业营销手段带来的启示。

案例 26 佳能：感动常在 和谐共生

考生角色

假如你是 Danny，一家消费电子类产品的公关总监。如何在激烈的市场竞争与日新月异的产品更新换代中突出企业的品牌形象，是你的主要工作职责。

在品牌对外的公共关系中，结合相关的事件，突出品牌的精神内涵，有针对性地选择慈善公益活动，在实现企业社会责任的同时又彰显了品牌价值，是品牌管理人员在当下企业社会责任风潮流行时代的必修课。

案例介绍

近日，佳能（中国）对社会发布《佳能（中国）企业社会责任报告2009》（简称 CSR 报告），表达其对于社会责任的积极担当与持续关注。这是佳能（中国）继佳能全球统一发布的英文版《可持续发展报告》之后，面向公众发行的第一份中文版 CSR 报告书。

目前，企业社会责任已被公认为企业的生命力源泉，全球企业都着力加强对自身实践企业社会责任建设及最新信息的沟通。一直以来，佳能始终重视与各相关方进行信息的沟通，佳能集团自 2003 年开始向社会公布其 CSR 报告。自 2009 年起，佳能（中国）也首次面向中国大陆地区发行中文版 CSR 报告，并将坚持定期如实对外公布 CSR 总结报告。

此次发布的 CSR 报告，从愿景和战略、管理体系、佳能与环境、佳能与相关方四大方面，系统阐述了佳能集团及佳能（中国）实现"共生"的 CSR 方针，全面梳理了其在履行社会责任道路上的努力及取得的进展，详细介绍了佳能全球为实现社会可持续发展所履行的企业责任，以及佳能（中国）以"影像公益"为核心，在众多方面为中国社会做出的贡献。

随着中国经济的不断发展，CSR 也更加受到企业的重视。基于集团的"共生"理念，佳能（中国）在推进本土化战略的过程中，把集团的 CSR 战略结合中国本土国情，切实落到具体的实践行动中来，以"影像公益"为核心，凭借自己的影像专业优势，为实现中国全社会的可持续发展，系统地投身各种公益事业，在环境保护、教育支持、文化传承、人道援助等领域均有参与。具体如环保方面，与众多合作伙伴结为影像环保联盟，共同为推动中国野生动植物物种保护贡献各自所长；教育支持方面，在援建希望小学基础上，相继启动"你帮我帮你"和"影像·希望之光"项目，前者旨在投资中国基础教育硬件环境，后者则旨在通过影像提高儿童认知能力和社会发展，帮助他们快乐成长；文化传承方面，用影像技术支持更多的少数民族文化遗产和非物质文化遗产的保护和传承。

这些活动不仅履行了对企业投资者的社会责任，更与企业正常的生产活动形成了相互促进的良性循环。正如业内专家所言，企业在推动 CSR 的过程中，同时也创建了属于自己企业的和谐营销环境，对社会责任的承诺和推行也会成为企业竞争力的组成部分。

一、感动常在（Delighting you always）

作为一个负责任的优秀企业公民，佳能（中国）始终秉承"共生"理念，不仅为广大用户提供全方位影像沟通与解决方案，同时还主动承担企业公民责任，全力支持中国的公益事业，积极推行"影像公益"，参与环境保护、教育启蒙、文化支持、人道援助、志愿者活动等多方面的社会贡献活动。

二、环境保护（Delight the earth）

佳能（中国）与众多合作伙伴结为影像环保联盟，共同为推动环境保护贡献各自所长。作为该联盟发起人，佳能（中国）与合作伙伴 WWF（世界自然基金会）创办了国内首家专门针对少年儿童的互动式环保教育网站——"拯救地球总动员"（www.delightearth.org）与野性中国共同开展"野生动物摄影训练营"项目，为保护濒危野生动物、提高公众环保意识，促进中国环保、公益领域的可持续发展贡献力量。

三、科学教育 （Delight the kids）

佳能（中国）及其在华企业从 1995 年起至今，共支援建设了 9 所希望小学，并通过这个平台，展开一系列面向中国青少年的公益关怀。2007~2008 年，佳能（中国）相继启动了"你帮我帮你"和"影像·希望之光"项目，前者旨在投资中国基础教育硬件环境，后者则旨在提高影像在提高儿童认知能力和社会化发展，帮助他们快乐成长，二者相辅相成，相得益彰，以期为中国基础教育事业尽一己之力。

四、文化支持 （Delight the culture）

推动文化遗产的保护和传承是佳能（中国）的企业社会责任之一。2008年，佳能（中国）支持了由舞蹈艺术家杨丽萍主创的大型藏族原生态舞乐《藏谜》，希望借气势恢弘、美轮美奂的歌舞剧，对古老、独特的藏文化保护及传播尽一份力。2009 年 5 月，佳能（中国）启动"羌族非物质文化遗产数字化保护"项目，用摄影、摄像和 3D 技术对羌族文化艺术表现形式及其传承人进行全方位数据采集和记录，形成影像数据库，捐赠给中国非物质文化遗产保护中心等非遗保护机构，用于科研和传承，并通过公众展示等方式唤醒公众对非遗的保护意识。未来，佳能（中国）还将继续支持更多的优秀文化遗产和非物质文化遗产的保护和传承。

五、人道援助 （Delight the society）

佳能深知企业的发展离不开社会的支持，面对灾难，只有共同承担，才能真正实现共赢、共生。当社会需要援助时，佳能从不退避。面对近年来频发的自然灾害，佳能人始终以饱满的热情，积极投身灾难救援工作。在抗击"非典"、东南亚海啸灾区救助、普洱地震援助、2008 年初百年一遇的雪灾救援及四川震灾救助中，充满爱心的佳能人不断地捐款、捐物，希望与灾区人民共渡难关，努力践行优秀企业公民应尽的社会责任。

六、志愿者活动 （Delight the people）

佳能（中国）根据企业的特点，运用各种资源积极履行社会责任，鼓励和支持员工运用自身的知识和技能投身社会贡献活动。每年，佳能员工志愿者及家属参与包括植树绿化、环境清洁、环保承诺、影像课堂支教等活动在 500 人次以上。

未来，佳能（中国）还将进一步加大在包括环境、教育、文化等领域对中国 CSR 领域的投入，通过企业社会贡献活动推动社会的发展。用实际行动践行其企业社会责任的庄严承诺。

资料来源：《以影像公益践行共生理念！佳能发布 CSR 报告》，IT168 资讯，http: //tech.sina.com.cn/digi/2009-09-21/18161075000.shtml。

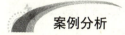

案例分析

一、企业价值观的重新抉择

在经济全球化时代，随着社会的进步和企业间竞争的加剧，对过去那种单纯追求商业利润的公司行为正在反思，而相关利益者承担相应责任，强化公司责任，日渐成为现代公司理念的新动向。随着"CSR 运动"在国际社会中的日益发展和不断壮大，它不仅是简单的道德呼吁，同时也是刚性的制度制约。该理论认为企业的目标不应该只是股东利益最大化，应该考虑相关利益人的利益。在这里，企业社会责任理论超越了以往企业只对股东负责的范畴，强调对包括股东、员工、消费者、社区、客户、政府等在内的利益相关者的社会责任。

1999 年 1 月，瑞士达沃斯世界经济论坛明确提出了"企业社会责任"的概念，近 10 年来，全球企业社会责任的实践活动空前高涨。企业社会责任风潮的兴起，不仅反映了企业对社会可持续发展的承诺，对消费者环境安全与生活质量的承诺，更反映了企业对自身树立正面形象、获取竞争优势的承诺。因为，企业作为独立的经济实体，从本质上来讲，它主要的责任是盈利，只有盈利了，或者是盈利能力增强了，它才能够生存发展，才谈得上有能力去承担社会责任。

二、佳能的"共生"哲学

世界 500 强企业佳能公司自 1937 年创业以来，积极推动事业多元化和全球化发展，其研发、生产以及销售活动在全球展开。佳能在全球以光学为核心的个人消费产品、办公产品以及工业产品等领域起着举足轻重的作用。

"共生"哲学是由佳能的老会长贺来龙三郎先生面对全球化的挑战于 1988 年正式提出的。"共生"的目标是为了大众的利益而共同工作和生活，促进人与人之间、人与社会之间、人与自然之间的相互理解并和谐相处，使地球上的每一个体都能享受到地球的馈赠。从这个角度看，只有那些在各自领域承担全部社会责任的公司才可被认为是全球性的公司。这样的公司竭尽全力促进国家与人民之间的相互尊重，同时也促使各地人民重视环境保护意识。"佳能的目标是成为真正的全球企业，就是不单要与顾客、与当地社会之间，还要与各个国家和地区，与自然环境之间保持良好的关系。"所谓"共生"理念也就由此而发。

"与地球共生、与人类共生、与市场共生，使企业一直延续下去。"在这种理念的带动下，佳能不仅致力于生产最优质的产品，更积极投身到社会公益事业和环境保护的活动中。

佳能的责任与使命，也与中国提出的可持续发展和科学发展的理念不谋而合。佳能认为，首先作为企业有义务保护赖以生存的地球环境，这是共生的基础；其次，近年来中国政府对环保的要求，尤其是电子办公类产品的节能环保要求越来越严格，与日本及欧洲相当，产品不符合标准将失去竞争优势；最后，要与市场共生，还需要在质量、服务、价格，以及不断的技术创新等方面始终保持优势。

通过赋予企业理念"共生"以强烈的社会责任意识，佳能得以快速地发展，在中国乃至全球都取得了影像领域的非凡成就。在 2009 年美国《财富》杂志评选出的世界 500 强中，佳能以 39611 百万美元营业收入排名第 190 位。由于连续几年的出色业绩，佳能于 2009 年被《商业周刊》杂志列入"全球最佳品牌"第 33 位，比 2008 年上升了 3 位。

192

三、企业社会责任的履行与品牌收益

佳能的实践表明，履行企业社会责任的战略会为企业和品牌带来很多实质性的收益。

1. 品牌定位得到巩固

在《品牌的精神》（Brand Spirit）一书中，哈米什·普林格尔和马乔里·汤普森认为，企业承担社会责任，会把一家企业和一个品牌与相关的慈善机构或公益事业联系起来，这可以提升"品牌的精神"。他们认为，消费者的关注已经超越了实用的产品性能或合理的产品利益等实际问题，甚至超越了品牌个性和形象的情感和心理特征。消费者通过消费具有社会责任感价值认同的品牌，可以体验到"自我实现"的快感。佳能通过推行"影像公益"等系列活动，让消费者在亲身体验产品的同时，又能实践公益，更深刻地认同企业的品牌精神。

2. 品牌资产获得增值

品牌资产是企业在长期的经营活动过程中，投入大量的人力、物力，花费很大的工夫培育起来的一种信誉，是其他企业难以模仿的，因而能成为企业竞争优势的源泉。在很多企业的无形资产列表中，声誉占据首位。根据调查，

76%的消费者在购买商品的时候把公司的声誉作为一个重要的考虑因素，81%的人在质量和价格类似的情况下倾向于购买声誉良好的公司的产品。企业可以通过承担更多社会责任，增强品牌声誉、培育消费者忠诚，从而使品牌资产获得增值。佳能在实施公益营销的过程中，通过清晰的六大板块的公益活动，形成了稳健发展的公益营销思路，赢得了消费者的良好口碑，形成了无形的品牌资产竞争力。

3. 增进企业与政府及社区之间的关系

良好的企业形象有助于企业从政府及社区争取好印象，快速进入新市场，并且遵守政府法规的企业，常常能被国家或当地政府给予更多的自由甚至一定的认可和奖励。一个良好的形象可以给企业带来意想不到的收获。在中国取得骄人销售业绩的同时，佳能（中国）积极履行企业公民责任的品牌形象受到了广泛的认可并屡获殊荣。2005~2008年，佳能（中国）连续4年获得"光明企业公民奖"；2008年，佳能（中国）获得了由中国国务院民政部颁发的"中华慈善奖"和"2008跨国公司中国贡献奖"以及"中国改革开放30年杰出贡献企业奖"等奖项。佳能（中国）在企业社会责任方面再次获得中国政府、各界机构和人民的极大肯定，为佳能在本地区的可持续发展奠定了良好基础。

4. 吸引投资者、留住员工

绝大多数的人会把公司的声誉看作是他们决定是否到一个机构任职的关键因素。没有人会对一个声名狼藉，缺乏同情心和责任感的公司有极大的忠诚度。投资者愿意投资发展前景良好、颇具声望的公司，而员工中很多人宁可选择较低的薪水在一个名声好的公司也不会去那些声名狼藉的公司。

5. 风险防范

对环境和投资的高标准控制可以使这些企业比其他使用较低标准的企业远离经营和声誉的风险。大型跨国公司在生产过程中可能会对环境和社会产生影响，而他们都把企业社会责任作为公司的核心价值观之一并积极实践。即使因为某些特殊的原因导致经营危机的出现，比如苏丹红事件对肯德基的影响，但是由于企业一直保持着良好的经营声誉，所以在经过冲击之后可以很快地进入经营正轨，造成的损失不大，而某些声誉不好的公司可能就再也无法翻身。

四、小结

事实上，企业承担社会责任与获取利益之间的矛盾并非不可调和，只要善加运用，二者就能形成良性循环。社会责任是企业维护与利益相关者关系的一种努力，这种努力能够很好地传达企业和品牌的理念和主张。佳能的实践表明，企业可以通过履行社会责任有效地提升品牌声誉，并将其转化成品牌价值和企业可持续发展的竞争力；反之，这种竞争力的获得和增强，又进一步强化了企业持续实施企业社会责任的动机和能力，有利于产品的促销和品牌的增值。

问题

1. 谈谈你对佳能品牌理念"共生"中所包含的企业社会责任内涵。

2. 除了案例分析中提到的，佳能在实践企业社会责任方面还有哪些突出之处？

3. 在中国，目前企业社会责任的发展现状如何？

案例 27　（RED）：创新善因营销

考生角色

假如你是 Sophie，一家时尚消费类产品的公关总监。如何在公关活动中突出企业勇于承担社会责任的形象是你一直在思考的问题。

目前，各种慈善类活动很多。如何能够突破通常的捐款、捐物等惯常的慈善公关手段，使公众既接受企业的产品，同时对企业形成热心公益的形象？你是否能在下述案例中得到启发？

案例介绍

在这个注重投资回报的时代，有什么样的全新商业模式可以让有志于承担社会责任的企业，更深入地参与到公益事业中来，把慈善植入品牌的 DNA 中，渗透到消费者的生活中？

2006 年 1 月，爱尔兰著名摇滚乐队 U2 主唱 Bono 和关怀非洲的慈善团体 DATA 主席 Bobby Shriver 在世界经济论坛上提出"PRODUCT RED"，并于 2006 年 3 月在英国创立的持续性全球计划及品牌（RED）。红色（RED）品牌的灵感源自于防治艾滋病行动主义者的通用标志——红色蝴蝶结，代表着友谊、天性、雄心和良知。其目的是向"与艾滋病、肺结核及疟疾斗争的全球基金"捐赠，以资助非洲的患病妇女和儿童购买抵抗艾滋病的药物。

RED 先后与多个来自不同范畴的世界著名品牌结成合作伙伴，其中包括美国运通公司（American Express）、伊保罗·阿玛尼（Giorgio Armani）、摩托罗拉

（Motorola）、苹果（Apple），以及最新加入的康威（Converse）等，共同提供了约 75 种 RED 商品。

2006 年 10 月，RED 登陆美国，在 6 周内就创造了约 8000 万~9600 万美元的销售收入，其中约 600 万~720 万美元将捐给全球基金会。至 2007 年 3 月，RED 品牌在英国已经卖出价值 2 亿美元的 RED 产品，向全球基金会捐助 1000 万美元。而截至 2007 年 9 月，RED 已捐出 4500 万美元，对于非洲国家的艾滋病疫情防治已具有实质性帮助。

Designed to Help Eliminate AIDS in Africa

图 5-7 （RED）Logo 及产品

（一）商业化的品牌授权模式

RED 不只是慈善，而是一种新的商业模式，是一个超越了传统的品牌。它不属于任何一个企业所有，参与 RED 计划的企业只能根据授权，进行贴牌生产、销售"红色产品"（红色，并印有"RED"标志）。每销售一件 RED 相关产品，这些品牌即捐献 10 美元或产品利润的 40%~50%不等给全球基金。所有授权商都必须承诺加盖 RED 标志的产品必须与其自有旗舰产品具有同等甚至更高品质，并且价钱不能高于自有产品。

（二）时尚化的品牌推广模式

红色（RED）慈善运动每一次宣传推广活动都充分调动了时尚的资源，包括一线品牌的流行设计、明星代言、时尚媒体热炒以及网络上的病毒式传播等，使 RED 品牌能以低成本而高调的方式迅速在目标消费群中扩大影响力，带动其参与品牌互动。

一方面，RED 授权企业都是具有高度话语权的时尚品牌，具有强大的舆论号召力，使得各大媒体都很乐意成为"红色"的宣传阵地。英国著名的独立报（The Independent）曾两度"走红"（go RED），由 Bono 和阿玛尼分别担任这两期报纸的客座编辑，并将当天报纸销售收入的 50%捐给全球基金。在阿玛尼和盖普的红色产品上市之际，时尚杂志便有长达 22 页以 RED 为主题的杂志专题发表。甚至在《墙纸》杂志（Wallpaper）上也时不时地看到"红色产品"和"红色"标语。

另一方面，RED 注重运用各种时尚元素。比如借助全球人气网站 Myspace 和英国流行的网络聊天工具 AIM，将"红色"如病毒般在网络中蔓延。此外，每每有"红色产品"上市，社会名流、时尚人士都会应邀参加上市派对，并成为"红色产品"的代言人。Giorgio Armani 曾在伦敦时装周期间首演 Emporio Armani 品牌（RED）系列时装秀；在美国，好莱坞名导史蒂芬·斯皮尔伯格也发表声援；在日本，歌后 MISIA、摇滚乐手布袋寅泰、潮流教父藤原浩先后加入；足球金童贝克汉姆、网坛美女莎拉波娃、天才滑板选手 Shaun White 也名列其中……

然而，RED 品牌要想获得持久的生命力，持续引起消费者广泛的注意，还需要吸引更多具有一定影响力的品牌加盟，并且更加注意各大授权品牌后续营销活动的推进，以及多个品牌的联合推广效应。

（三）追求利润的品牌运营模式

一直以来，品牌社会责任和投资者利益之间的矛盾，是各个大企业大品牌共同关心的话题。而 RED 创始人始终强调他们是一家商业化的品牌授权公司，是一个追求利润的品牌，而不是慈善机构。

消费者乐于接受这种盈利式经营的慈善概念。因为，他们相信有盈利能力的 RED 可以维护自己的品牌信誉；全球基金内部监管机制的成熟运作也让他们确信品牌所获得的钱将被确实地送到需要的人手中；通过消费进行捐助的方式无形中也向他们传达了一种劝导信息——不必担心什么，贪婪没什么错，你在自己身上花得越多，对别人的帮助也就越多。因此，对于许多主流品牌来说，加入 RED 即可以从中开发新的客户群，又可以获得金钱买不到的公益形象。

以 RED 和 Gap 的合作为例，在合作洽谈初期，Gap 想要捐献其 RED 产品 100% 利润，但是 Bono 和 Shriver 拒绝了，他们要的是 10 年持续的捐献，而不是一次走秀。最后，RED 与 Gap 签订了一个为期 5 年的品牌授权协议，Gap 将 RED 系列产品带来的利润扣除营销费用后的 50% 捐献给全球基金。随后，Gap 推出一套 RED 系列产品，并斥资 2500 万美元进行营销。现在 RED 系列的 T 恤已经成为 Gap 35 年来最好卖的一款产品。

资料来源：徐翔：《谁说慈善不时尚——(RED) 的慈善营销创新解读》，《销售与市场》，2008 年 1 月。

案例分析

一、企业社会责任与善因营销

品牌的发育，按不同阶段可以分为功能性品牌、规模性品牌、技术性品牌、情感性品牌、精神性品牌。情感性品牌和精神性品牌是品牌发育的高级阶段，此时，消费者品牌的需求不再局限于产品功能本身，围绕产品而产生的附属价值成了消费者购买产品的主要理由。品牌的隐性价值在品牌价值中的比重越来越高。精神性品牌已经远远超出了产品的实物功能需求，能给消费者带来精神需求的极大满足，即自我实现的快感，这类品牌的价值构成中，附加价值远远超越于实物价值。精神性品牌的培育和维护，重视品牌所承担的社会角色和企业的社会责任的传播，更多地介入如公益、体育、慈善、艺术等社会活动，通过公共关系来为品牌增加资产和价值，能够更好地体现出品牌精神。

企业社会责任（Corporate Social Responsibility，CSR），是企业对社会的一种承诺，是企业为了实现平衡可持续发展的目标，将社会基本价值与企业日常经营政策、运作与实践整合起来，在维护企业与关键利益相关者的良好关系、有效保护环境以及履行社会公益义务等方面所做出的行为方式的总和，是为了最大限度地增进股东利益之外的其他所有社会利益。

企业的社会责任是一个整体的概念，它既包括基本的社会责任，也包括高层次的社会责任。企业最基本的社会责任是企业应承担的法律责任，包括遵守国家的各项法律法规，遵守商业道德，改进产品质量，为消费者提供安全可靠的产品，增加工人工资，改善工作条件等。高层次的社会责任是企业要在社区建设、环境保护以及慈善事业、社会公益、弱势群体保护等方面肩负起应有的社会责任，这是自己的法律责任和义务的"超出"，主要包括捐资助学、资助健康研究、资助环境保护、为各种自然灾害捐款等，这些社会责任行为不是法律规定的企业的义务和责任。这两种社会责任有一定区别，前者是企业在法律的压力下必须要承担的，是一种被动的行为；而后者是企业可以做也可以不做的，但企业主动地承担了这一行为，是一种道德行为。

在履行企业社会责任中进行善因营销已经成为一种潮流。红色（RED）慈善运动的营销模式，为中国企业借助履行"社会责任"进行品牌建设提供了一种新的思路。

二、RED 的成功之处

严格来说，无论是买一瓶矿泉水企业就为山区孩子捐一分钱，还是买一件

"红色产品"品牌就向全球基金捐献一定比例的产品利润，二者并没有实质性的差别。然而 RED 红色慈善运动却能够掀起全球消费热潮，在短短半年多的时间内筹集到 1000 万美金，其成功源于以下三个方面：

（1）利益的驱动力。对于企业来说，没有商业回报的公益行为缺乏足够的吸引力；而对于消费者来说，没有自我利益满足的捐赠活动同样也缺乏吸引力。而 RED 红色慈善运动的最大吸引力在于"诚恳"的品牌态度，其明确提出：让企业在履行社会责任的同时获得利益，让消费者在品牌消费的过程中奉献爱心。这样既满足了企业的趋利原则，又避免了消费者的抵触心理，最终建立起一种企业、慈善机构和消费者共赢的商业模式。

（2）品牌的号召力。RED 是一个全新品牌，它凌驾于参与该慈善计划的 Gap、摩托罗拉、苹果、阿玛尼和匡威等多个领域领军品牌之上，拥有独立的品牌标识与内涵。同时，又享受来自众多品牌所打造的联盟影响力，当消费者看到"红色"iPod 时，无形中也就强化了其对"红色"摩托罗拉手机和"红色"匡威鞋的认知，创造出比单个品牌更强大、更有意义的效果。

（3）时尚的传染力。红色 RED 慈善运动每一次宣传推广活动都充分调动了时尚的资源，包括一线品牌的流行设计、明星代言、时尚媒体热炒以及网络上的病毒式传播等，使 RED 品牌能以低成本而高调的方式迅速在目标消费群中扩大影响力，带动其参与品牌互动。

198

三、小结

企业作为独立的经济实体，从本质来讲，它主要的责任是盈利，只有盈利了，或者是盈利能力增强了，它才能够生存发展，才谈得上有能力去承担社会责任。

其实，在慈善机构、企业和消费者三者间，一直存在着一种有益的商业关系：慈善机构需要资金，需要新的支持者和更高的知名度；企业需要新的营销手段来提高运营水平，维系和消费者的关系；消费者喜欢对社会及环境有贡献的企业，愿意购买这些企业的产品。因此，企业承担社会责任与获取利益之间的矛盾并非不可调和，只要善加运用，二者就能形成良性循环。即企业通过履行社会责任有效地提升品牌声誉，并将其转化成品牌价值和企业可持续发展的竞争力；反之，这种竞争力的获得和增强，又进一步强化了企业持续实施企业社会责任的动机和能力。

善因营销既不是企业，也不是慈善团体或公益事业单位所独有的工具或财产，它可以由其中任何一方发起，并且是各方为了实现自身的目标、获得投资回报才结成的相互关系。同时，善因营销不是慈善事业或者利他主义，而是强调创造一个共赢的局面，使企业、慈善团体和公益事业单位都能从中获益，而这些利益又都延伸惠及到消费者和其他相关各方。

RED 的成功表明，不要认为企业社会责任就仅仅是慈善捐助。履行企业社会责任，进行善因营销应当有更为丰富的内涵，以及更多形式的表现。如果企业能够结合自己的专长，结合品牌营销利益点，针对能源紧张、环境污染、儿童失学等社会热点问题，推出有助于解决之道的产品和服务，就必然能够得到消费者的认同，获得市场竞争优势，塑造强大的品牌。

问题

1. 谈谈你对企业社会责任的理解。

2. 除了案例分析中提到的，你认为 RED 的成功之处还包括哪些方面？

3. 根据 RED 案例的启示，你是否还可以列举其他品牌进行善因营销的成功案例？

案例 28　中粮：另辟蹊径的网络营销

考生角色

假如你是某食品行业国企的品牌部门负责人王经理。公司 2009 年提出了全新的企业愿景和品牌使命。随着新产品的上市，公司计划在互联网上加大营销投入，以期改变人们对于这家央企品牌的刻板印象，着力点从产品品牌开始转向企业品牌，全力塑造整个集团形象，实现品牌的转型。你应该如何应对？

案例介绍

中粮集团有限公司（COFCO），通常以"中粮"这个集团品牌示人。它的前身是 1952 年于北京成立的中国粮谷出口公司、中国油脂出口公司和中国食品出口公司，是一家集贸易、实业、金融、资讯、服务和科研为一体的中国中央企业，经营的领域横跨农产品、食品、酒店、地产等领域，目前也是中国最大的粮油食品进出口企业之一。自 1994 年起，它便一直是美国《财富》杂志中的"全球企业 500 强"之一，2010 年排名为第 312 位。

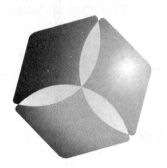

自然之源 重塑你我

图 5-8　中粮集团有限公司 Logo

作为一家以经营粮油食品产品为主的央企，中粮却一直扮演着敢于吃螃蟹的冒险者角色，在社会化营销方兴未艾之际，大胆应用，大有颠覆人们对于国企刻板理解之势。

一、"悦活"的首度实验

无论对中粮集团还是对竞争激烈的饮品市场来讲，悦活品牌果蔬汁都是一个全新的面孔，如何在很短的时间内、很少的预算下为品牌开拓出一片健康成长的空间，并获得消费者认同，是悦活品牌最大的挑战。

作为中粮集团首个果蔬汁品牌，悦活早已在 2008 年底上市。但是受客观经济环境影响，悦活没有像传统快消品那样选择在电视媒体密集轰炸，而是独辟蹊径，将矛头指向互联网。在网络平台的选择上，悦活在寻找三个交集：目标消费群体和网络用户群体的交集；品牌主张和网络生活形态的交集；产品概念和网络技术概念的交集。

为了推广旗下果汁饮料品牌"悦活"，中粮于 2009 年 3 月同国内知名社交网站开心网进行合作，在其一款名为"花园牧场"的社交游戏中植入悦活（LOHAS）品牌。"花园牧场"是一款模拟种植农作物，通过"收获"、"偷菜"等社交互动来实现娱乐目的的社交类网页游戏。中粮成功将悦活品牌中的"产地限定"、"无添加"等信息植入游戏当中。2009 年 5 月 16 日，"悦活种植大赛"正式上线。用户直接在果园界面的道具商店内领取悦活产地场景卡，安装后再到种子商店中购买悦活种子，播种后即开始参赛。在开心网花园的悦活种子代表了悦活品牌的 5 个产品品种：红色 5+5、橙色 5+5、悦活石榴、悦活番茄、悦活橙子。通过果实饱满的形象表现以及开心网花园场景卡，悦活新鲜自然无添加的产品概念被巧妙植入。

游戏中网友不但可以选购和种植"悦活果种子"，还可以将成熟的悦活果榨成悦活果汁，并将虚拟果汁赠送给好友。游戏中还设置了这样一个环节：每周从赠送过虚拟果汁的用户中随机抽取若干名，获得真实果汁赠送权。把虚拟变成现实，开心网又玩出了新花样。

活动刚上线便受到追捧，截至 5 月底，加入悦活粉丝群的用户已经超过40 万，线下赠送悦活礼盒达 5000 多套。同时，线上的活动也带动了线下的销售。很多消费者在购买果汁时就能说出产地，这是因为游戏中设置了 4 个产地场景卡，代表了悦活果蔬汁的原料产地。不同的场景卡能让游戏中的果实提前成熟，用户因此对悦活产品的产地印象深刻。

同时，悦活把其倡导的简单、健康而自然的生活方式赋予了一个虚拟的"悦活女孩"，并在开心网建立了悦活粉丝群，用户可以和"悦活女孩"共同分享、探讨生活中的种种。

两个月的时间，参与悦活种植大赛的人数达到 2280 万，悦活粉丝群的数量达到 58 万，游戏中送出虚拟果汁达 1.2 亿次。根据斯戴咨询公司调研报告，悦活的品牌提及率两个月来从零提到了 50% 多。而消费者对悦活的购买兴趣则已经仅次于汇源的果汁产品。从不知名的果蔬汁品牌到被消费者平静地接受，悦活借助开心网打了一场漂亮的互动营销战役，为产品后续的市场培育打下了良好的基础。

二、中粮生产队的进阶开发

如何让消费者在最短的时间内认知中粮的理念、了解中粮产品线成为中粮推广的出发点。在开心网尝到社会化营销的甜头之后，中粮决定另立山头，另辟蹊径。2010 年 1 月，中粮联手 MSN 公司，推出了原创网络互动游戏"中粮生产队"，游戏中的产品都来自于中粮，玩家选择邀请的好友都来自于 MSN 好友名单。

这款游戏和之前中粮在开心网合作的"花园牧场"很相似，玩家可以选择水稻、玉米、葡萄、小麦、可可中的任意一种作物，从种子培养到种植、加工、仓储、运输，再到生产出大米、玉米油等产品，全程体验"从田间到餐桌"的全产业链生产过程。玩家还可以邀请好友参与游戏，参与全部游戏环节的人越多，得到的中粮实物奖品就越多。这不禁让人想起半年前中粮悦活果蔬汁在开心网举办的悦活种植大赛，不同的是，悦活果汁靠自己种植生产就可以，而想要在中粮生产队中获得成功，单凭一己之力是不可能实现的，必须靠团队协作。

"从开心网的品牌营销我们看到了网络的功用。单纯的文字或者是简单的广告都不能有效地阐述中粮全产业链的理念。网络确实是一种很好的互动营销工具，而且一定会在未来发挥更大的作用。"利用网络进行互动营销已定，然而用何种方式却成为有待商榷的问题，是继续用其他 SNS 网站进行植入式营销还是简单的网络广告，几经讨论后，游戏成为中粮的关注点，这是聚拢人气的好办法。

中粮生产队不仅通过游戏加强了与朋友间的互动了解，更为重要的是，中粮还将旗下的产品从最初的田间种植到工厂生产乃至最终到餐桌的一个产业链过程巧妙地融入其中，开创了一种全产业链体验式营销。这个中粮原创的互动游戏平台，在 5 月份活动结束时，已拥有 260 万生产队队长，参与用户 1079 万人。

三、美好生活的渐入佳境

中粮在社交网站中玩得风生水起之后，趁势转战微博。但对于微博这个媒体，一方面，用微博的人更具有意见领袖气质，它有传统媒体无法比拟的信息传播速度与宽度，又没有传统媒体营销形式固化的束缚；另一方面，微博本身就是个新生事物，微博营销可借鉴的营销案例更是非常稀缺。前人没做过，中粮怎么做？中粮这样认为："微博的高度互动性决定你绝对不能像传统媒体那样进行单向传播。如果逆着这种媒体属性去卖广告，可能没多久你就会被无情地踢下来。必须要尊重用户，然后才能巧妙地传播品牌的内容。""从某种意义上说，品牌传播和用户体验并不冲突，关键是要找到连接二者的平衡木……而微博平台的特性是'随时随地分享'，我们要顺应这个平台的特性，不能只考虑企业的体验，而不考虑用户的体验。"

2010 年 7 月，中粮集团和新浪微博共同发起了"美好生活 @ 中粮"的微博营销活动。活动时间从 7 月 26 日持续到 10 月 31 日，活动采取话题设置的方式，共分为"过去"、"现在"和"未来"三个阶段，当网友在每个阶段集齐一定种类的"粮票"，即可获得"中粮旅游大奖、中粮专家全套 Buddy、我买网大礼包"等奖品。

中粮充分利用身为世博会赞助商的资源，将活动设计成"发现美好"、"相约世博"、"世博闪拍"、"发现中粮"和"粮呈美景"五个子环节。它先是在新浪微博开通官方微博；然后在用户的微博主页上投放横幅广告，发起了"发现美好"等若干话题，引导网民进行讨论；之后又在线上发起"收集粮票得大奖"活动，继续经营话题，最终将活动推向高潮。

中粮在微博的商业营销尝试也成为年度行业内的热门话题。

资料来源：①熊莉：《中粮悦活"开心"秀》，《成功营销》，2009 年 9 月。

②胡军华：《中粮版"开心网"上线 营销"全产业链"》，《第一财经日报》，2010 年 1 月 26 日。

③吴晓燕：《中粮美好生活：超越数字的营销战》，《成功营销》，2011 年 1 月。

案例分析

比较上述的三个案例，可以发现在其中的两个案例里，中粮是打着"中粮"的品牌旗号进行营销的。但事实上，在食品行业里，比如卡夫等这些巨头，它们在进行品牌传播的时候往往让各个产品品牌独立经营，并有意淡化企业品牌，而这种选择似乎已经成为了一种行业惯例。

那么，就会有一个疑问，为什么中粮要反其道而行之，以企业品牌作为自己的主要着力点呢？

一、力主企业品牌

"中粮"作为一个企业品牌，必然蕴涵着比产品品牌更多、更高的含义。而说到"中粮"品牌，就不得不提中粮的全产业链。

中粮的全产业链是指什么呢？就是建立一个涵盖种植养殖、仓储、运输、加工、制造、包装和销售等方方面面的大食品行业生态链，生态链中的各个环节既独立又协作，保证中粮这个"巨无霸"能够自食其力，无所不包地运作。

这个大食品行业从横向上说，涵盖了包括贸易业、物流业、加工业、制造业以及零售业等行业；从纵向上说，涵盖粮油食品、农副食品、休闲食品、酒以及饮料等行业。

表5-1　中粮旗下部分品牌所涉行业及所涉环节一览表

品牌名称	品牌 Logo	所涉行业	所涉环节
长城葡萄酒	GREATWALL 长城葡萄酒	酒及饮料	制造业
中茶	中茶 Chinatea	酒及饮料	制造业
家佳康	家佳康 JOYCOME	禽畜肉	加工业
福临门	福临门	食用油	加工业
金帝	Le conté	巧克力	制造业
我买网	我买网 womai.com	电子商务	零售业

中粮的产业链其实也暗合着它的"从田间到餐桌"的品牌理念，从"自然之源"到"优质食品"，再到"品质生活"，贯穿其中。

所以，中粮主打企业品牌，事实上既是一种必然又是一种无奈。

（一）必然：企业品牌背书

一个强势的企业品牌可以为旗下各个产品品牌做有力的背书，无形中形成一个强力的品牌磁场，凡居于此中的品牌都可以得到有力的支撑。品牌的整合，在某种程度上就可以看成是这样一个品牌磁场。

所以，中粮采用整合的策略，帮助各产品品牌实现品牌知名度的提升，在有限的资源条件下，让品牌收益最大化，达到集群整合的效果。

（二）无奈：产品品牌弱势

中粮"全产业链"的经营思路决定了它将拥有庞杂的产品体系以及产品品牌，不同的产品品牌林立于市场，甚至相互竞争，就会导致中粮的整体品牌竞争力受到削弱。而"分而治之"的品牌经营理念在面对竞争激烈的食品生产制造行业容易使各个品牌湮没于众多大大小小的品牌之中，这对于本身品牌知名度就不高的中粮各品牌来说是极其不利的。所以，采取企业品牌替代各自为政的产品品牌也是企业审时度势下的一种战略。

当然，将中粮旗下各个品牌统一打包成"中粮"品牌，弱点也是显而易见的。其一，整体企业品牌的强势容易弱化产品品牌，让产品缺乏个性，降低了品牌差异化；其二，整体企业品牌捆绑产品品牌无形中增加了风险，形成了"一荣俱荣，一损俱损"的共生局面，因为一旦企业品牌失足，各个子品牌就将纷纷遭殃。

二、为何另辟蹊径

中粮以整体品牌形象出没市场有其先天的客观因素，然而引发市场好奇的另一个问题是：为什么来自于如此传统的行业的中粮，愿意利用互联网，以及社会化媒体作为它接触新大众的媒介？

中粮胆敢如此一改国企在营销领域四平八稳的作风，转而大胆冒险进入互联网数字营销领域，恰恰证明它是有备而来的。

（一）产品不知名

由于全产业链的思路，中粮的产品有很明显的困难，即在各个细分领域中，同竞争对手的产品相比，中粮的产品多数属于默默无闻型，普遍缺乏必要的品牌知名度。

因此，它在需要企业品牌背书的同时迫切需要一个大量接触潜在消费者的机会，改变不够知名的不利局面。而拥有 4.57 亿①网民的互联网，恰恰提供了这样一个机会，让中粮可以同这个巨大的市场充分接触，在消费者群体中建立品牌认知，形成品牌印象。

（二）市场够诱人

互联网是个巨大潜在市场，而这个市场完全有可能转化为中粮未来的消费群体，他们的需求也完全有可能转化为持续强大的购买力。面对这样一个极其诱人的市场，任何品牌都不愿意错过利用互联网传播品牌的机会。

对于中粮来说，传统的铺货渠道，抵达消费者的成本高昂而且效果有限，改用互联网则可以在降低成本的前提下实现消费者与品牌的有效接触。此外，中粮本身就有 B2C 电子商务渠道"我买网"，可以更加从容地把网民的网络关注转化为实实在在的网络购买力。

1. 国企不国企

中粮从企业性质上说，是一家国有企业。但从企业经营角度来说，它又不那么国企。说它不那么国企，是因为它具备一种寻常国企所不具备的活力，这种活力是中粮能够不断创新的基因和根源。

以案例中的"悦活"产品为例，中粮为了推广"悦活"这个新品牌，甚至不惜专门成立一家名为"中粮创新食品有限公司"的全资子公司，全权负责"悦活"的品牌运营。它就像中粮集团的一个部门，属于中粮的一个业务单元的性质，类似于中粮集团的大米部、小麦部。

这种大胆的经营设计不是一般国企敢尝试的，这也是中粮之所以能够在营销上有如此出彩表现的原因。

2. 行业较特殊

由于中粮所在的食品行业，尤其是食品制造行业属于快速消费品类行业，消费者卷入度低，导致消费者品牌忠诚度低，消费者容易变换品牌，同时也意味着消费者尝试新品牌的愿望强烈。但传统的营销方式无法很好应对这一新情况，而案例中中粮采用的网络营销，将品牌的信息融入娱乐元素，是消费者所喜闻乐见的。行业的这种特殊构成了中粮另辟蹊径的外部原因。

3. 媒体够得力

通过利用互联网，中粮得以实现在其他媒体上无法实现的传播效果和传播影响力。例如，案例中中粮在开心网推出新品"悦活"仅仅两个月的时间内，就让"悦活"的粉丝群数量达到 58 万。

---

① 资料来源于中国互联网络信息中心提供的《第 27 次中国互联网络发展状况统计报告》。

社会化媒体的"随时，随地，随心"的特质，让中粮品牌与这些潜在消费者的接触成本和接触门槛大大降低。例如，中粮与新浪微博的合作，正是发挥了微博的实时、便利、普遍、病毒的特性，让中粮的营销活动影响力不断提升，影响人群不断增加。更重要的是，这是一次充分挖掘微博媒体特性和价值、强调用户体验并巧妙融入中粮品牌基因的尝试。

三、中粮创新的思考

中粮利用企业品牌在互联网上开辟出了新的营销之路，这对于其他企业，尤其是国企，具有非同小可的启发作用。

仅从营销的角度考虑，中粮的网络另辟蹊径算是成功的。稍微梳理一下它在案例中的表现，可以归纳出中粮另辟蹊径的逻辑及其能够成为品牌互联网公关成功范本的原因。

1. 从田间到餐桌

中粮的营销与其说是策略的有效，毋宁说是品牌理念的贴切。一个成功的品牌理念，毫不夸张地说，可以让品牌传播成功一半。中粮"从田间到餐桌"的品牌理念在案例中就体现得淋漓尽致。在中粮生产队的案例中，游戏从播种到收获，从收获到加工，从加工到制作，从制作到销售，在这一系列游戏环节中，让消费者充分体验中粮产品的生产过程。一来以寓教于乐的方式提高了玩家对于中粮品牌的认可度和好感度；二来又诠释了"自然之源"、"优质食品"、"品质生活"三者的品牌内涵关系，即中粮用最优良的原料制作最优质的食品，以创造出最具品质的生活。

2. 从 Online 走到 Offline

"悦活"的开心网营销，中粮生产队和"美好生活 @ 中粮"的微博营销，三者的共同特点都是大量将中粮的实物产品作为奖励赠送给参与者，有两点好处：第一，将网民对于品牌的关注和了解转化为对于产品的购买和使用；第二，将产品作为奖品赠出，摆脱了实物促销的生涩勉强之感，增强了品牌的亲和力。从线上（Online）走到线下（Offline），将虚拟的成就转化成现实的产品，这是存在于案例中的另一个成功逻辑。

3. 从借力到自力

从最初与开心网合作力推新品，到后来自主研发网页游戏中粮生产队，再到与新浪微博合作设置话题，中粮的网络营销之路经历了由借力到自力，再由自力到借力的阶段。这种变化也反映着中粮对于网络营销依旧是一个不断探索、不断反思的姿态，而这种姿态才是一个有活力、有雄心的品牌应该具备的。

尽管中粮的这种另辟蹊径最终能转化为多少的产品销量，投入的网络营销投入究竟能转化成多少产出，目前不得而知，但这种尝试却是有益的，它代表了未来品牌营销的一个趋势和方向，会有越来越多的企业将追随中粮踏上互联网营销创新之路。

问题

1. 你认为中粮能够在互联网营销方面取得突破的原因何在？

2. 中粮在品牌传播中为何主要强调的是中粮的企业品牌？除了中粮以外，还有哪些品牌也是这样的情况？

3. 你认为案例中的另辟蹊径主要指什么样的一种营销方式？

4. 除了文中提到的案例，中粮还有哪些网络营销让你印象深刻？

5. 除了中粮以外，你认为还有哪些品牌的哪些营销可以归为这种"另辟蹊径"？为什么？

案例 29　优衣库：开辟网络新商机

考生角色

假如你是某时尚服装制造商的品牌总监 Mark，由于公司新近上线网上商城主页，计划在互联网上整合各类社交媒体进行一次互动营销推广活动。目的：一是要吸引足够多的消费者的兴趣前往该网上商城购买公司的服装产品；二是要扩大品牌在网民人群中的影响力。

案例介绍

一、优衣库简介

成立于 1984 年的优衣库（UNIQLO），是日本目前最大的休闲服装设计商、制造商和零售商。

优衣库销售的服装产品以基本品①为主，款式简洁，色彩艳丽，并且产品面向各个年龄阶层，形成了优衣库特有而鲜明的服装风格。这种独一无二的服

---

① 服装行业术语，通常指 T 恤、袜子、牛仔裤等日常衣物。

装风格也助其顺利地赢得了巨大市场。在 2009 年会计年度中（2008 年 8 月~
2009 年 8 月），优衣库实现了 6850 亿日元的销售收入，利润为 1086 亿日元，
同比增长 24%，进一步缩小了同其他服装行业领先企业的差距，比如西班牙的
Inditex 公司，美国的 GAP 公司。

截止至 2009 年 8 月，优衣库在日本总共有 750 家直营店（包括特许经营
店则达到 770 家），在海外有 92 家直营店，其海外经营的市场包括中国大陆、
中国香港、中国台湾、韩国、新加坡、马来西亚、美国、英国以及俄罗斯。

作为富有活力和朝气的品牌，优衣库的品牌营销活动历来以大胆、新颖、
前卫而著称。

二、优衣库的网络新营销

优衣库在社会化媒体"小荷才露尖尖角"之际就异常大胆地利用了一把。
在 2010 年中，它分别在社交网站平台以及微博平台成功地发起了"Lucky"系
列品牌营销活动，开始着力重新塑造品牌的公共关系形象。

1. 社交网站上的"网络排队"

如今，社交网站越来越多地成为了年轻网民的互联网应用首选，比如
Facebook。在社交网站中推广品牌，建立品牌公关关系，通常能取得事半功倍
之效，就连排队这种在现实生活中极其无聊、无奈的等待，经过精心设计，也
能得到数万网民的热烈追捧。

2010 年 12 月 10 日，优衣库联合人人网推出了"UNIQLO Lucky Line"网
络排队活动。此次活动一反以往互联网营销活动只是抽奖送礼的常态，而将生
活中的排队巧妙地设计安排到了活动中去。

网民参加活动的方式也异常简单：参与者只要用自己的个人账号登录优衣
库的官网，然后选择自己喜欢的虚拟人物进行网络排队，就可以成为"Lucky
Line"中的一员，发表一句留言同步到人人网的"新鲜事"中，还可以选择成
为优衣库公共主页的粉丝。网民每隔 5 分钟即可参与一次排队，而每一次排队
都可以有机会获得 iPhone4、iPad、旅游券、优衣库特别版纪念 T 恤等礼物。在
"网络排队"等待的过程中，网民还可以通过活动页面看到实时更新的好友留
言，并与好友进行在线聊天。

截至 12 月 23 日活动结束时，"UNIQLO Lucky Line"参与人数已经突破
133 万，大大超出之前预期的 100 万，而同时，优衣库人人网公共主页的粉丝
数量也暴涨至 13 万人之多。

其实，早在这次与人人网合作的"网络排队"活动之前，优衣库已经在日
本以及中国台湾地区尝试过了这种新颖的互动营销方式，并取得了不错的效

图 5-9　优衣库与人人网合作的"Lucky Line"活动页面

果。相同的"网络排队"活动在这两个地区分别赢得了 14 万和 63 万人次的"网络排队"。

2. 微博上的折扣促销

微博的时效性要强于一般的社交网站，而这种出众的时效性有时也能成为营销活动中颇具杀伤力的武器。

2010 年 9 月 3 日~9 月 9 日，优衣库在其英国公司的主页发起了一个名叫"Lucky Counter"的网络营销推广活动。消费者参与这个活动的方式同样也很简单，从公司网上商城指定的 10 款服装产品中挑选出自己喜欢的商品，并且注册一个 Twitter 账户，然后编辑并点击发送相关 Twitter，就可能享受优衣库英国网上商店的折扣。其中，所选的商品价格将会随着参与网民发送的微博数量不断增加而持续下降，即发送的微博越多，商品成交的价格就越低，最低可达3.3 折。

最终，此次"More Tweets，Lower Price"的互动营销活动取得了成功，参与促销的商品纷纷宣告售罄，并使优衣库的品牌名称一度登上了 Twitter 的阶段话题榜。

图 5-10 优衣库英国公司的"Lucky Counter"活动页面

资料来源：闻涛：《优衣库：社交网络玩出新奇》，《市场观察》，2010 年 10 月。

210

案例分析

案例中之所以说优衣库利用社会化媒体是异常大胆的行为，是因为以 Facebook、Twitter 等为代表的社会化媒体是近两年来才崛起的互联网媒体，之前从未成为品牌的主要营销阵地，因此优衣库的尝试多少带有先锋的意味。事实证明，优衣库这一传统的服装制造商与新兴的社会化媒体的成功结合，让越来越多的企业利用社会化媒体进行品牌塑造和传播成为一种可能。

一、社会化媒体

社会化媒体是指基于互联网的以人际关系为核心的信息交流工具，通常都可以通过手机等移动终端使用。从本质上说，社会化媒体属于互联网媒体的一种。它包括微博（例如 Twitter、新浪微博等）、社交网站（例如 Facebook，人人网）、地理位置服务（例如 Foursquare，街旁）等互联网应用。对于品牌营销者来说，社会化媒体的特性可以简单用 RCUV 来概括。

（一）实时（Real-Time）

随时，是社会化媒体区别于其他互联网媒体的第一大特性。随时强调的是网民根据自己的需要，对于社会化媒体的使用可以不受特定的时间限制。

网民可以借由社会化媒体第一时间传播自己的信息或分享别人的信息，让信息传播的时效爬升到了一个全新的高度。如案例中提到的"Lucky Line"活动，网民可以第一时间知道自己的哪些朋友参与了这个活动，可以随时将自己的状态或者评论与朋友分享。

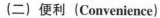

（二）便利（Convenience）

如果说实时的特性是保证了网民可以随时使用社会化媒体，那么便利的特性就保证了网民可以随地使用这些社会化媒体。

因为社会化媒体多半都具备手机等移动终端的接入方法，这就极大地降低了网民传播信息的门槛，增加了网民使用社会化媒体的频率，让越来越多的网民成为社会化媒体的重度使用者。优衣库在英国的"Lucky Counter"活动，就是利用"Twitter"这个社会化媒体的便利特性，让网民即使不在电脑前也能够参与这一折扣促销活动。

（三）普遍（Universality）

根据 CNNIC 2010 年 12 月发布的《第 27 次中国互联网络发展状况统计报告》数据显示，截止至 2010 年 12 月，中国网络社交网站用户数量达 2.35 亿，占全体网民比例的 51.4%，即每两个中国网民就有一个是社交网站的使用者，足见社会化媒体在中国的普及程度。

人人网、开心网等社交网站的高普及率让社交网站的账户也成为如同手机一般的人际交往基本配置，成为了消费者日常生活中非常重要的品牌接触点。社会化媒体的这一特性使得品牌营销者们在互联网进行品牌推广的时候，不得不开始增加在社会化媒体中的投入。

（四）病毒（Virus）

社会化媒体还有一大特点就是开放，即它不是一个内部密闭的空间，而是一个不断在传播、在交流的平台，任何一条信息都可以自由地在其中流通。这一特性为许多的品牌营销者所用，进行了有针对性的病毒营销，通过网民的自发传播行为来为品牌的传播背书。这种网民之间的信息传播，对于网民而言往往意味着更加可靠和可行。

以案例中利用的 Twitter 为例，某个网民参与折扣促销以后，一条不经意的信息转发或者评论，就很有可能引起朋友的关注，进而获得转发或者评论，然后又能吸引到朋友的朋友来关注，由此向外如同病毒一般，不断地放射式扩展。

社会化媒体的这四个基本特性，前三者是个体特性的范畴，构成了社会化媒体的微观层面，最后一个特性是个体之间的特性，构成了社会化媒体的宏观层面。优衣库正是牢牢抓住了社会化媒体的这些特性，并将它们发挥到了极致，让许许多多使用社会化媒体的网民随时随地地参与到优衣库的品牌传播活动中，并相互传播、相互影响。

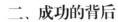

二、成功的背后

除了利用社会化媒体本身的特性以外，优衣库的社会化媒体营销能够获得成功还在于对某些细节的把握，这让品牌在塑造公共关系中更加如鱼得水。

1. 用户体验良好

品牌给消费者带来的品牌体验，除了产品以外，还可能贯穿于消费者参与此类社会化媒体营销活动的始末。如何完善消费者参与时的体验，也就成为吸引消费者参与活动的关键。简而言之，消费者参与营销活动的核心就是用户体验。

优衣库在这点上可以说是极尽其所能。以在人人网的"Lucky Line"活动为例，在设计排队游戏的环节上，优衣库动用了专门的设计师为整个活动设计了富有中国元素的 15 个场景和大约 50 个的排队人物角色，这其中包括北京烤鸭、大红灯笼、石狮子和小笼包围绕的中国街道以及大熊猫、孙悟空、打太极的老者、骑自行车的年轻人。

2. 目标人群明确

同样的一群人，在互联网中，他们有可能是参与营销活动的网民，而换到现实环境中，他们又可能是进入到实体店购物的消费者。优衣库在社会化媒体上所做的就是最大限度地网罗这样一群人。

虽然优衣库的目标市场涵盖了各个年龄段的消费者，但作为时尚服装消费品牌，年轻族群一直是它重点诉求的人群。同时，年轻人也通常是社会化媒体的重度使用者，这两者某种程度的重合让优衣库的社会化媒体营销策略更加有的放矢。

3. 互动设计有趣

怎样让心理设防相对较高的网民减少对于网络营销活动的排斥感和麻木感，其实是社会化媒体互动设计中的棘手难题。

优衣库在设计和执行社会化媒体营销战略时，就成功地做到了"化腐朽为神奇"。还是以案例中的"Lucky Line"为例，优衣库的互动设计就匠心独具，它将原本无聊无趣的排队和简单低效的促销两相结合，竟碰撞出奇妙的火花，采取"排队+激励"的策略，吸引数百万网民热情参与。

4. 心理把握准确

成功的营销活动总是能准确到位地揣摩消费者的心理，优衣库很好地做到了这一点。

事实上，多数消费者是比较趋利务实的，在不需要牺牲代价或者需要牺牲很小代价的前提下，他们多半是愿意参加有可能获利的营销活动的。在

"Lucky Line"活动中，消费者其实花在网络排队上的时间并不太多，一次简单的排队都能至少获得9折的衣服折扣券，况且优衣库对频繁排队的积极分子还有额外的奖励措施。这一切对于消费者而言，是何乐而不为的事情。

5. 线上线下联动

作为服装零售商，实实在在的销量才是优衣库最为看重的东西，而通过社会化媒体营销活动所聚敛的人气到底能转换成多少的实体店销量就成为衡量社会化媒体营销活动成功与否的一个指标。

在"Lucky Line"和"Lucky Counter"活动中就完完全全地体现了优衣库的这一思路。前者设置了9折购物折扣券的最低奖励，后者则直接将折扣商品作为奖励。在网络如火如荼进行促销的同时，实体店也跟进推广网络活动，提升网络促销活动的知名度。这种线上、线下相互配合的思路，其目标就是让消费者把线上的排队热情转化为线下的购物需求，而优衣库则可以坐等大量的网络粉丝奔赴实体店成为现实中的消费者。

三、优衣库的启示

优衣库在案例中的尝试，有利于改变人们对于传统制造行业营销活动的刻板印象，也有利于引导品牌营销者们积极思考社会化媒体这类新兴互联网媒体形式的价值以及它们对于品牌的公共关系带来的意义。

213

1. 品牌公共关系经营

优衣库的案例充分说明，在互联网的世界里，品牌切忌用刀耕火种的方式去建立和维护自己的公共关系，而是应该精耕细作地耐心经营。

例如，在人人网或者新浪微博中建立专门的账户时，不能仅仅以获得粉丝数量的多少等作为标准衡量品牌在社会化媒体中的表现，诸如雇佣"僵尸粉"[①]发帖这种短视的行为就往往容易招致消费者的反感与鄙视。

相反，品牌应该放低姿态，以一个交流者的角色进入到社会化媒体中，同消费者实现真诚有益的沟通。

2. 媒体内涵不断丰富

互联网媒体，乃至社会化媒体的出现，越来越丰富了营销者们对于媒体内涵的理解和认知。

在互联网媒体中，品牌主要通过三类媒体进行品牌传播，它们包括自有媒

---

① 僵尸粉是指某些社交类网站中，某些由机器或人进行大规模注册的账户，它们主要工作就是关注某些品牌，成为某些品牌的粉丝，或者只是机械转发，评论对于品牌有利的帖子。

体（Owned Media）、付费媒体（Paid media）以及免费媒体（Earned Media）。[①] 自有媒体是品牌自己掌握的传播渠道，付费媒体是品牌通过购买所掌握的传播渠道，免费媒体则是由消费者自愿充当的品牌传播渠道构成的。

表5-2 自有媒体、付费媒体和免费媒体三者的比较

媒体类型	例子	目标	优点	缺点
自有媒体 (Owned Media)	公司主页 博客 新浪微博账号 人人网账户	建立同潜在消费者以及免费媒体（Earned Media）的长期关系	可控 长期 多功能 市场细分	缺乏保证 可信度低 大规模尚需时日
付费媒体 (Paid Media)	展示广告 搜索广告 赞助广告	由自有媒体和免费媒体的基础转变为培养自有媒体和创造免费媒体的催化剂	按需 大规模 可控 迅速	分散 反应迟钝 可信度低
免费媒体 (Earned Media)	口碑 舆论 病毒传播	倾听和反馈：免费媒体通常是良好执行和良好协调自有和付费媒体之间关系的结果	可信度高 在销售中扮演重要角色 透明可靠	不可控 会带来负面信息 大规模 难测量

通过表5-2，比较三类媒体，很容易就可以知道社会化媒体就包含于第三个免费媒体（Earned Media）之中，而其在当前品牌公共关系的维护中，是最容易被忽略和轻视的媒体。它的优点使得它在建立良好公共关系方面拥有另外两类媒体不可比拟的优势。

优衣库的案例已经清晰地表明：作为可以赢得的免费媒体，社会化媒体已经愈发成为消费者获取可靠信息的传播媒介，品牌如果想要更加有诚意地和消费者交流与沟通，更好地维护品牌形象，就必须更加重视和利用好社会化媒体。

问题

1. 什么是社会化媒体？
2. 社会化媒体在优衣库的案例中起到了什么样的作用？
3. 优衣库的社会化媒体营销活动能够获得成功，你认为主要的原因有哪些？
4. 除了优衣库以外，还有哪些品牌利用了社会化媒体实现了成功的互联网营销？

---

① Sean Corcoran，Forrester 公司博客，http: //blogs.forrester.com/interactive_marketing/2009/12/defining-earned-owned-and-paid-media.html。

案例 30　冠生园：城门失火　殃及池鱼

考生角色

假如你是某知名食品生产企业的广告部主管 Amy，该企业最近研发了几款新产品，需要你组建一个品牌管理小组，模拟可能的市场情境来制定这批产品从品牌创立、扩张到维护的总体发展战略。

你需要具备足够的品牌保护意识，不但要有品牌战略，还要懂得使用法律手段保护品牌。这样才可以有效地构建和拓展品牌存在、发展的空间，保证品牌利益不受外来利益的侵犯，即使受到损害时，也能及时主张并夺回自己的权利。从下面"南京冠生园陈馅事件"引发的连锁反应，你会看到，企业不遵守市场经济的法治规则，将会付出惨重的代价。

案例介绍

1918 年，到上海经商的广东人冼冠生创建了冠生园品牌，最早经营粤式茶食、蜜饯和糖果。1925 年前后，冼冠生沿长江而下，在天津、汉口、杭州、南京、重庆、昆明、贵阳、成都等地陆续开设了十几家分店，在武汉、重庆投资设厂。这些分店无论是经营的产品还是经营理念，均沿袭着总店的策略，其中南京分店即是现"南京冠生园"的前身。1934 年，冠生园旗下某品牌月饼聘请影后胡蝶为形象代言人，广告词"唯中国有此明星，唯冠生园有此月饼"，使得产品一时名倾大江南北。

1956 年之后，上海冠生园总店进行公私化合营，冼氏控股的冠生园股份有限公司解体，上海总部"一分为三"，散布在全国各地的冠生园分店，也均被当地政府收编改造，从此冠生园们成为既无资产关系，也无业务往来的各自独立的企业，只有冠生园的字号被保留了下来。目前，重庆、南京、贵阳、昆明、成都等近十家冠生园均有冼冠生的历史痕迹。在上海也有工业冠生园和商业冠生园之分，1996 年在上海市经委支持下，上海工业冠生园与商业冠生园合并，成立冠生园（集团）有限公司，实现了上海冠生园字号的统一。但在全国范围内，仍有多家冠生园未统一字号。

1992 年美国天普股份（美籍台商吴震中注册）斥资 800 万元与南京冠生园食品厂合资成立了南京冠生园食品有限公司。合资之前，南京冠生园正因大幅亏损面临倒闭。合资公司成立的第二年南京冠生园就转亏为盈，利润连年递增，累计上缴利税 1560 万元，从小型企业发展成为南京市政府核定的 240 家大中型企业之一。

2001 年 9 月 3 日，中央电视台报道"南京冠生园大量使用霉变及退回馅料生产月饼"的消息，三天后南京冠生园即被有关部门责令全面停产整顿，举国震惊。南京冠生园事件给当年的月饼市场造成巨大冲击，各地冠以"冠生园"的企业更深受连累，减产量均在 50% 以上，其中以上海冠生园所受影响最大。2002 年春节刚过，南京冠生园食品有限公司向南京市中级法院申请破产，不久后法院作出民事裁定书，宣布南京冠生园食品有限公司进入破产还债程序。

城门失火，殃及池鱼，南京冠生园事件给相同商号的月饼企业以致命一击。从品牌保护的角度观察，这给企业品牌法律事务的管理提供了深刻的教训。

资料来源：品牌世家：《南京冠生园破产深度报道》，http://guide.ppsj.com.cn/art/1190/njgsypcsdbd-cxcsqydgb/，2008 年 9 月 25 日。

案例分析

品牌以诚信和高质量取得消费者信任，获得品牌忠诚度。市场活动中企业失去诚信违背商业法规，将带给品牌无法挽回的价值损失。法律既是矛亦是盾，企业在制定品牌战略的过程中，要学会通过法律手段——例如及时注册商标，将商标、商号、商誉一体化，注册使用联合商标、防御商标等，把品牌价值锁定在法律保护的范围之列。

一、城门失火：失信违反市场法规　维护品牌意识匮乏

2001 年，央视曝光南京冠生园多年来大量使用退回馅料生产"新鲜"月饼，南京冠生园随即发表声明称："我公司绝无在月饼生产中使用发霉或退回的馅料生产月饼……对蓄意歪曲事实、毁损我公司声誉的部门和个人，我公司将依法保留诉讼的权利。"厂长吴震中接受记者采访时表示"陈馅"做"新饼"在整个行业内相当普遍。

不久，江苏省和南京市卫生防疫部门、技术监督部门组成调查组进驻该厂调查，南京冠生园食品厂被全面停产整顿。尽管有关部门后来通知商家南京冠生园的月饼经检测"合格"，可以重新上柜，但消费者并不买账。

2002 年 2 月初，南京冠生园以"经营不善、管理混乱、资不抵债"为由申请破产，两年后通过清算组工作报告和破产财产分配方案。

无论是创建一个品牌，还是维持和提升品牌的价值，在任何市场环境中，诚信都很重要。从经济角度讲，追求最大利润是企业的特征，但市场行为必须

服从市场经济的规则，企业在遵守商业诚信等法律规范的基础上，才有可能获得持续的利润。

信誉的缺失使多年来一直以月饼为主要产品的南京冠生园被逐出月饼市场，公司的其他产品如元宵、糕点等也没人敢要。面对危机，由于品牌管理意识的淡薄，南京冠生园采取了极不明智的处理措施：匆匆发表公开信为"陈馅"辩解，措辞严厉，并将矛头指向揭发自己的记者及新闻媒体；始终没有向消费者道歉，并将所谓"行业内幕"公之于众，祸水引向其他同行。

南京冠生园既失信违反市场法规，又缺乏维护品牌的意识，导致其品牌价值受到严重损害，最终在竞争激烈的市场中败下阵来。

二、殃及池鱼：历史遗留产物　商标保护缺失

"陈馅月饼"不仅沉重打击了南京冠生园，还给当年月饼市场蒙上了一层阴影。据统计，2001 年，全国月饼市场与往年同期相比，销售锐减四成左右，损失大约在 160 亿~200 亿元。国内以"冠生园"冠名的上海、成都、武汉等地近 30 多家企业均受到株连，原本签订的协议被终止，合同被废除，经销商大量退货，商品从柜台上被撤下来。上海冠生园集团公司成为其中最大受害者。

"陈馅月饼"曝光后，上海冠生园生产的月饼，销量在 10 天内骤然下跌50%，直接经济损失近 1000 万元。因为受到月饼的牵连，该公司旗下的"冠生园"牌冷冻食品、"冠生园"牌调味品等一系列产品，销量都明显地下滑，仅蜂制品一项就跌了 10%。

1956 年的公私合营使得冠生园各地分店成为隶属地方的独立法人。根据现行《商标法》第 6 条："企业只准使用一个名称，在登记主管机关辖区内不得与已登记注册的同行业企业名称相同或者近似。"南京、上海、四川、昆明等地使用"冠生园"商号的企业，法理上并未冲突，使得散落全国的"冠生园"作为历史产物遗留了下来。而当南京冠生园月饼出现质量问题时，对冠生园品牌信誉的致命打击也波及占用冠生园字号的数以百计的食品生产企业。

品牌的核心是知识产权，包括商标、商号、商誉等。商号与商标都有强烈的识别功能。商标是区别产品或服务来源的标记，商号（或字号）是表彰企业身份的标记，它们都代表了一定的品牌信誉，消费者购买商品、选用服务时通常会将企业的商号、商标联系起来。例如，上海冠生园集团公司生产的"生"字牌月饼，它的企业商号是冠生园，产品商标是"生"字牌。

由于历史的原因（后来不乏跟风搭便车者），国内有众多使用"冠生园"商号的企业存在，这些企业没有足够的商标保护意识，往往高举着"冠生园"的旗号沾光获利，而忽略对自身产品商标的宣传。历史因素、《商标法》、《企业

名称登记管理规定》等相关法规的缺席，是导致"冠生园"株连事件的主要原因。

三、亡羊补牢　为时不晚

(一) 南京冠生园

2005 年 10 月，江苏省卫生厅公布该年健康相关产品省级抽检结果，刚刚破产重组的南京冠生园生产的"老南京麻伍仁月饼"，因菌落总数、大肠菌群及霉菌超标，被列为抽检不合格产品，南京冠生园的"二进宫"令消费者失望至极。

这一次，南京冠生园吸取了"陈馅事件"的教训，及时沟通，对品牌进行"健康、绿色"的再规划，在厂区建立实时摄像监控系统，按照国家食品安全行动计划的要求申请了 HACCP 等体系认证。2006 年，南京冠生园月饼获得中国食品工业协会授予的"中国名饼"称号。

企业需要维护品牌的意识，并构建相应的机制，面临危机时积极与消费者沟通，并通过有效的改变防止事态扩大，防止进一步触犯商业法规而对品牌造成无法挽回的损害。培养消费者对品牌的再信任需要一个过程，南京冠生园还有待更长时间的检验。

(二) 受波及同行

南京冠生园事件曝光后，仿膳、稻香村等月饼生产厂家纷纷参加商委、协会、商场等组织的承诺活动，并在售卖的月饼旁配上质检部门、卫生部门的检验报告。

受害最深的上海冠生园集团则将《中国商报》诉至法院，索赔高达 300 万元，因为该报报道中仅笼统写了冠生园月饼有"陈馅问题"，而未注明系南京冠生园。之后，上海冠生园向国家工商行政管理局提出"加快统一冠生园品牌、企业名号步伐"的请求。

2004 年，南京冠生园食品厂破产被拍卖后，与香港冠生园国际集团合资在南京浦口高新区建立了一个全新的企业。上海冠生园集团曾一度向国家工商行政管理总局要求，禁止南京冠生园食品有限公司继续使用"冠生园"企业名称。

法律是保护品牌的坚强后盾。"冠生园"株连事件使得该字号企业中的"龙头老大"上海冠生园集团深受触动，加强了品牌法务的管理，更加主动去维护自己的品牌权益。

(三) 冠生园事件的启示

由于缺乏品牌保护意识，商标注册、侵权等问题引起的纠纷阻碍了不少企业的正常发展，驰名的老字号天津"泥人张"、"狗不理"都遭遇过此类问题。企业应当从南京冠生园事件中得到启示，对自己品牌的知识产权法务管理进行自我反省、自我完善，未雨绸缪，以防患于未然。

1. 注册独一无二的营业标记

由于老品牌特有的含金量，一些企业往往钻工商法规的空子搭"老字号"的"便车"，这样做不仅有法律上的风险——因为侵犯商号权、商标权和不正当竞争受到指控；而且有商业上的风险——正如南京冠生园事件所揭示的，相关企业商誉的毁损可能同样会危及自身生存。所以，高瞻远瞩的企业应当选择仅此一家的营业标记。

2. 企业多品牌的策略

"一牌多品"策略可能会因某一款产品信誉受损，而殃及其他无辜的产品。企业在为产品注册商标时，不同档次、功能、规格和质量的产品最好对应不同的商标，一方面便于消费者区别，尤其是对于那些外观差异不大的产品；另一方面，高档次的产品与低档次的产品合用一个商标，无法表现自身的优良质量和提升品牌吸引力。

如今的上海冠生园集团就深刻意识到商标的重要性，注册了多个品牌的商标，并在主页中开辟商标介绍专栏。

图5-11 上海冠生园旗下的众多品牌商标Logo

3. 注重品牌其他要素的保护

按照我国《著作权法》有关条款，凡是具有独创性的文字、图片及影视作品，都应该纳入保护的范畴。Logo、包装设计、某些广告宣传语或品牌的广告代言人等已经成为消费者识别品牌的重要因素，属于品牌资产的重要形成部分，企业也应该对它们进行专利注册以寻求法律保护。此外，企业在使用新的包装装潢等应事先进行外观设计检索、查询，以防止侵犯他人在先的合法权利，导致官司缠身，商誉受损。

4. 运用法律武器保护品牌

现今我国适用于品牌保护的国内法规共 90 条，国外法规有 117 条，运用得最多的如《中华人民共和国商标法》、《保护工业产权巴黎公约》、《驰名商标认定和管理暂行规定》等。当企业的品牌利益受到侵犯时，应当援引商标法、反不正当竞争法等法律法规加以制止，对于假冒商号、商标的侵权行为，企业更要不遗余力地主动出击。

5. 建立专门的品牌管理部门

法律虽然是品牌保护的坚强后盾，但完全依赖法律并不是保护品牌的根本手段，企业需要加强品牌的自我保护。在国外，许多知名企业如宝洁都会成立自己的品牌管理部门，拥有自己的品牌经理，从品牌的法律、经营管理方面来负责企业品牌的全面管理和保护，或者利用社会上各种有利的因素，国内企业应该借鉴学习。

南京冠生园"陈馅"事件及"株连"效应的发生，相关监管部门在一定程度上也负有责任，相关部门应该完善企业名称登记法律制度并设立专门针对老字号的法规保护，防止类似事件再次上演。企业品牌的健康成长需要整个社会力量的帮助，媒体和消费者要起着舆论监督的作用，规范厂商行为，共同维护老字号品牌的长盛不衰。

一项不完全的统计显示，中国传统的老字号品牌正在以每年 5% 的速率消亡。品牌寿命不同于产品寿命，产品有生命周期，而品牌却可以长盛不衰从而远至几个世纪甚至更长。所以品牌保护意识应该始终贯穿于品牌生命周期的各个阶段，不管是新兴品牌还是老字号品牌，都应该将品牌保护列为企业所重视与关注的事情。

因此，企业在制定品牌战略时，应当在专业知识产权律师的帮助下，及时将企业品牌法律化。在此基础上，企业才能在实施品牌战略过程中，防止被他人"搭便车"。同时，逐步打造为知名品牌，通过申请注册驰名商标，并获得通过驰名商标的方式达到品牌战略的最终目标。

问题

1. 法律对维护品牌的发展起到哪些作用？
2. 造成冠生园"株连"效应的因素包括哪些方面？
3. 你认为企业应当如何构建自身品牌的知识产权管理体系？
4. 除了南京冠生园事件以外，试举出中华老字号品牌法律事务的其他案例。

案例 31 达娃之争：商标的权益保护

考生角色

假如你是国内某民营企业广告部的主管 Sally，你所在的公司正与一家实力雄厚的外资企业商议合作。你需要充分了解对方的动机，以制定比较完善的品牌合作战略，一方面使得合资公司获得更好的品牌效益，另一方面要保护自身企业的相关利益。

你必须深刻意识到商标是品牌的核心要素，代表着企业的形象和信誉，是消费者区分和选择产品的最根本依据。企业需要经过长期的经营、宣传、建设才能以优质的产品或服务培育出高价值的商标。在制定合作战略的过程中，你需要考虑到商标使用和归属的各个细节，下文的"达娃之争"将带给你莫大的启示。

案例介绍

达能、娃哈哈的旷世争夺战起源于 1996 年，当时达能与娃哈哈牵手成立了 5 家合资公司。一边是位列世界 500 强的全球化食品饮料集团，一边是中国最大的食品饮料生产企业，双方的战略合作一时传为佳话。但是合作时签署的《商标转让协议》中一项看似不起眼的条款，致使娃哈哈在日后陷入被动。

随后的 10 年，合资公司扩张到了 39 家，伴随着股权的变动，到 1998 年，达能已经获得娃哈哈合资公司 51% 的绝对控股地位。在这一过程中，娃哈哈集团同时又建立了一批与达能没有合资关系的公司，并生产以"娃哈哈"为商标的系列饮料和食品。

2006 年底，达能要求以 40 亿元的净资产价格并购娃哈哈非合资企业 51% 的股权，遭到娃哈哈的强烈抵制。娃哈哈集团总裁宗庆后立即在媒体发表声明指责达能设置收购陷阱，意图强行整体收购娃哈哈。达能随后反击，称宗庆后违反 10 年前的合资协议和商标转让协议，在娃哈哈合资公司之外使用娃哈哈商标，并发展了与合资公司竞争的一批企业。

2007 年 4 月 3 日，一篇题为《宗庆后后悔了》的报道拉开了"达娃之争"的序幕，并迅速在媒体的关注中升级。5 月，达能正式启动对娃哈哈的法律诉讼。6 月，宗庆后辞去娃哈哈合资企业董事长一职，随后双方分别在美国加州法院、瑞典斯德哥尔摩商会仲裁庭和浙江杭州仲裁庭提起一系列诉讼与仲裁申请。达能还将宗庆后以及他的女儿宗馥莉等都告上法庭，指责其不正当致富，而这最终引发了备受全球关注的"达娃"之争。

两年多以来，达能和娃哈哈先后进行了数十起国内外法律诉讼战，截至2009年4月，娃哈哈以24∶0的胜诉战果领先于达能。5月21日，杭州中院就娃哈哈商标归属权作出终审裁定，驳回达能关于撤销杭州仲裁委员会仲裁决议的申请，今后无论在国内还是国外注册的"娃哈哈"商标都归娃哈哈集团。6月19日，达能发表声明：将向更高级别的中国司法机关提出申诉。

2009年9月30日，就在业界一直等待瑞典斯德哥尔摩商会仲裁庭最终判决结果时，达能和娃哈哈发表了和解声明：双方将终止现有的合资关系，达能同意将其在各家达能—娃哈哈合资公司中的51%股权出售给中方合资伙伴；和解协议执行完毕后，双方将终止与双方之间纠纷有关的所有法律程序。至此，达能、娃哈哈13年的合作画上句号。

资料来源：胡笑：《达娃之争戏剧化和解终结》，京华时报，2009年10月1日。

案例分析

历时两年多的达娃之争，最根本的原因是商标的转让与许可使用问题。围绕着"娃哈哈"商标的归属，达能和娃哈哈经历了两次仲裁、两次诉讼的商标权益之争。

一、阴阳合同埋下争端

1996年，起家于浙江杭州的食品饮料生产商娃哈哈受市场拓展需求的推动，四处寻找融资渠道。在上市未果的情况下，娃哈哈遇到了已经进入中国近10年的法国达能集团。很快，双方就达成合作共识，达能以其与百富勤在新加坡的投资公司——金加投资有限公司为名出面合作，出资4500万美元，娃哈哈以厂房设备和无形资产投入，娃哈哈商标作价1亿元，其中5000万元作为对合资公司的注册资本的投入。三方共同出资建立5家合资公司，娃哈哈与达能公司各持股49%，百富勤持股2%。

此后，百富勤将所持的2%股权转让给达能，达能成为单方持股合资公司51%股权的第一大股东。1996年2月29日，达能与娃哈哈签署《商标转让协议》，将"娃哈哈"商标转让给达娃合资公司，但未得到国家商标局核准。

经双方协商，于1999年5月18日又签订一份《商标使用许可合同》，该合同规定：未经合资企业同意，娃哈哈集团不得将"娃哈哈"商标许可给其他公司使用，即合资企业独占使用"娃哈哈"商标。也许达能知道这份合同同样不可能获得商标局批准，所以双方在该合同基础上，签订了一份简式合同向国家商标局备案。在这份简式合同中，没有对商标的许可使用规定过多的限制，但有这样的规定描述："娃哈哈集团特此授予合资公司专有和不可撤销及可再许可的权利及许可。"

这两份内外有别的"阴阳合同"为 8 年后双方撕破脸皮互相攻击埋下了争端。但同时，也反映了国内企业在成长初期缺乏商标保护意识、商标法律规范的普遍问题。

1. 商标保护意识的欠缺

达能是有企图的，作为一家成熟的跨国集团，它想通过要求娃哈哈转让商标权和许可商标使用权，最终拿到商标权以获得对方长期经营建立的品牌市场。合作之初娃哈哈集团公司就打算作价 1 亿元转让娃哈哈商标，虽然在当时反映了该商标不算太小的价值，但是娃哈哈并没有很好地将创造和保护这一商标作为长远的发展战略来对待。

在经济全球化时代，商标是一道有效的竞争防线。但是很多国内企业还没有从战略高度认识到商标的重要性，结果使外商有机可乘。在以往引进外资过程中，一些外商利用中方市场意识和商标意识不强的弱点，采用迂回策略：先买断中方品牌，然后与这些中方品牌联合起来推出自己的国际品牌，最终以自己的品牌取代中方品牌。

如果不能洞穿外资企业的动机，商标保护意识的淡薄，中国企业在资金缺乏而参与合资的情况下，常常以商标使用权或商标权出资作价，而且普遍对商标价值估计不足，造成自身品牌的损害，这方面的教训需要认真吸取。

2. 商标法律规范的欠缺

法律对商标权的保护，是以商标注册人遵守商标法律规范，履行法定义务为条件的。如果商标权人不依法行使权利或者违反商标管理的有关规定，就会导致自身商标权利益的损害。

合作之初"娃哈哈"集团的商标权没有成功转让时，应当承担出资不实的责任。为了规避此法律，也由于当时商标转让合同不能获批，而合资企业已经为娃哈哈的品牌投入了很大的营销成本，娃哈哈和达能于是签订了《商标使用许可合同》作为 1996 年的补充合同，并将"简化"的合同上报商标局备案。

合同是双方行为，两份阴阳合同都是有娃哈哈和达能签字的，其对两份合同都是心知肚明的。如果签署阴阳合同欺骗政府监管部门，双方都是要担负法律责任的。娃哈哈和达能后来的纠纷告诫企业，只有按照《商标法》的要求，正确地使用和管理商标，才可以得到《商标法》的有力保护。

二、围绕境内商标展开第一回合交战

娃哈哈在与达能合作的过程中，非合资部分的业务发展迅猛，到2006年，它的"非合资公司"已经发展到了20多家，总资产56亿元，利润达10.4亿元。而达能则一路收购了乐百氏、正广和、益力，并参股光明、蒙牛、汇源等与娃哈哈有竞争关系的企业。在扩大并购战场的同时，达能对娃哈哈的非合资公司开始觊觎，并在2007年以《商标使用许可合同》中娃哈哈集团"不应许可除娃哈哈达能合资公司外的任何其他方使用商标"为由，强行要求以40亿元代价收购娃哈哈非合资企业资产的51%股权。

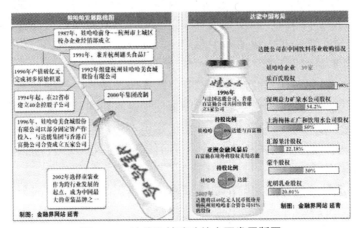

图5-12　达能和娃哈哈的中国发展版图

双方纠纷发生之后，达能方面提出，1996年签署的《商标转让协议》并未终止，要求娃哈哈履行协议，将"娃哈哈"商标转让给合资公司。而娃哈哈则认为由于国家商标局不批准，双方已通过签订《商标使用许可合同》终止了《转让协议》，娃哈哈无义务转让商标。为理清商标归属，娃哈哈方面向杭州仲裁委员会提出申请，请求确认《商标转让协议》已终止。

2007年12月，杭州仲裁委员会作出裁决，认定《商标转让协议》已于1999年12月6日终止。达能不服该裁决，于2008年6月向杭州中院申请撤销。2008年7月30日，杭州中院作出裁定，维持原裁决，达娃商标权益之战第一回合结束。

1. 斗智斗勇法律场上博弈

遵循国际惯例，合资合同约定斯德哥尔摩作为合资争议处理的仲裁地，中国企业一向不善于国际诉讼，达能用此对娃哈哈造成强大的心理压力，娃哈哈语言方面也有一定诉讼难度。而后，达能采取了"一案多诉"的策略，在中国国内、美国、英属维尔京群岛、法国、意大利等地分别提起诉讼。

面对达能来势汹汹的"连环法律战"，娃哈哈不甘示弱，2006 年 6 月 14 日向杭州仲裁委员会正式提出仲裁申请。紧接着娃哈哈又提出了同业禁止的诉讼，提诉达能董事秦鹏。娃哈哈不断地调整自己的法律战略，一方面聘请具有丰富经验的律师积极应诉，一方面注重对相关文件、信函等证据的保全，使其越来越可能在这场法律博弈中取得胜利。

2. 境内我国企业的商标保护问题

娃哈哈在与达能的法律博弈中不断成长，为国内企业树立了榜样。在各个国家，民族品牌都应该受到特殊的保护，当年百事可乐想收购达能，也因遭受法国举国上下的反对而未果。企业引进外资的初衷大多是为了更好地发展品牌，增加商标的资产价值，但是近 20 年的外资合作表明，很多外资企业与境内企业的初衷并不一致，甚至不乏恶意收购的情况存在。

此时国内企业就需要学会采取防范措施，在保护商标资产的同时达到双赢，而这将是一个长期磨炼的过程。企业首先要对外资企业的商标战略有充分估计，并做尽职调查，明确商标的权属、商标权的状态等。然后在调查的基础上评估商标价值，把无形资产量化管理。在谈判过程中，企业要尽量把握商标权、商标管理权和产品的市场开发权等。签订合作协议后，企业要尽快遵照协议上商标的法律关系，完成合资后的商标整合。

225

三、围绕境外商标展开第二回合交战

达娃商标之争的另一个焦点在娃哈哈的境外注册商标上。就在娃哈哈提起上述仲裁案后不久，达能提出，即使由于国家商标局不批准，导致《商标转让协议》终止，但该《商标转让协议》不仅仅约定了娃哈哈应当将在国内注册的"娃哈哈"商标转让给合资公司，同时对于在境外注册的"娃哈哈"商标也有转让义务，而境外转让无须国家商标局审批。据此达能认为娃哈哈仍有义务转让在境外注册的商标，所以又向杭州仲裁委提起请求，要求娃哈哈转让境外注册商标。

对达能提起的二次仲裁申请，杭州仲裁委于 2008 年 9 月作出裁决，驳回了达能的请求。依据的理由是，《商标转让协议》所涉及的商标转让权利义务为同一合同约定，而仲裁庭在 2007 年 12 月 6 日已裁决确认该协议自 1999 年 12 月 6 日终止。达能不满这一仲裁结果，向杭州中院申请撤销该裁决，杭州中院经立案审查后，于 2009 年 5 月 21 日做出终审裁定，维持原裁决，境外注册的"娃哈哈"商标归属娃哈哈集团。

至此，从法律范畴来讲，本次裁定是对"娃哈哈"商标所有权问题的"盖棺定论"。无论是在国内注册的"娃哈哈"商标，还是在境外注册的"娃哈哈"商标，都归属杭州娃哈哈集团所有，达娃商标权益之战第二回合结束。

2009年9月，达能和娃哈哈发表了和解声明，达娃之争落下帷幕。

1. 利益权衡双方握手言和

达能方面，在中国的数十起诉讼已经全部败诉，如果按照中国法律进行国际仲裁，达能胜算不大；而即使最终赢得仲裁，娃哈哈已经做好清算39家合资企业的准备，这些老旧设备最多卖出120亿元，达能会得不偿失。

娃哈哈方面，与达能历时两年多的拉锯战耗费了太多的精力，无论是作为集团领导人的宗庆后还是整个娃哈哈集团的声誉都受到了很大影响；陷入法律困境对于双方而言都是一个失败的结局，虽然数次交锋后娃哈哈逐渐占据了上风，但争议的解决除了需要法律的原则外，更需要彼此妥协的艺术。

2. 境外我国企业的商标保护问题

与跨国集团达能的13年合作、近三年交锋，使得娃哈哈在法律意识、经营业绩、社会责任、管理水平、国际化能力等方面，有了质的飞跃。娃哈哈的改变为中国本土企业的品牌创新发展提供了范本。

中国企业需要从中认识到商标保护的严格属地性。这些年来，国内一些知名商标屡屡出现在国外被抢注的例子，例如上节中的上海冠生园"大白兔"商标就在日本、美国、英国等地被抢注。据不完全统计，目前我国产品在海外申请注册时近15%遭遇了被抢注的尴尬局面。

面对日趋激烈的国际竞争，企业需要提高商标国际保护意识，加快商标的国外注册进度，取得商标专用权，使自己的产品销售得到法律保护，避免多年打造的品牌资产在海外流失。中国在1985年加入了《保护工业产权巴黎公约》，1989年加入《商标国际注册马德里协定》，企业在注册国际商标时，应考虑所要进入的国家是否属于我国所签订的国际条约的成员国，或者在商标方面是否与我国签有协议，以及该国的商标法律政策等，才能更好地保护和运作自己的品牌。

四、小结

1. 本土企业品牌保护意识的进步

在历时两年多的达娃全球法律战中，深谙国际诉讼之道的达能集团无一胜利，而中国企业娃哈哈集团积极应对，完胜达能。与此形成鲜明对比的是，在2002年中国加入世界贸易组织之初，中国企业面对国际诉讼时态度消极，应诉率只有40%左右，胜诉率更是近乎于零。

作为中国改革开放以来最大的国际商战，达娃之争是中国企业境外诉讼案的典型代表。如今，娃哈哈用数十场连胜让国内企业看到了中国企业在国际商场上逐渐成熟，懂得运用法律捍卫自己的合法权益。

2. 本土企业品牌保护意识的警钟

达娃之争也给中国的本土企业敲响了警钟，在与外国企业进行合作时，本土企业要提高风险防范意识，善于保护自己：签订合同时应当严格审查合同的各项条款，聘请专业律师把关。同时，要注意约定争议管辖权条款，大多数外国企业都会约定到国外仲裁的方式解决纠纷，这样对中国企业是十分不利的。一般应约定由自己所在地的人民法院管辖，双方实在无法达成一致意见时，应当约定双方所在地的人民法院都有管辖权。

除此以外，企业还要加强品牌商标的注册工作，使品牌获得法律保护，这是保护品牌最为有效的手段之一。随着世界市场的进一步一体化，商标不仅应在国内更应在国外及时注册，以使中国企业的名牌产品顺利销往国外，参与国际市场的竞争。

企业还要对商标使用许可慎重选择，一般使用权许可有三种方法：独占许可，排他许可，普通许可。娃哈哈就是当初合资时对三种形式的商标作价失策，导致其后出现了一系列的问题。而当企业需要实施商标使用许可策略获取利益时，必须保证品牌形象的连续性和一致性，避免由于商标使用许可的过度滥用，导致品牌形象下降，影响企业长远的经济效益。

一位资深法律人士曾说，商标的经营是企业经营的最高境界。在 2010 年两会上，娃哈哈集团总裁宗庆后提出加强民族品牌的商标保护力度，呼吁政府干预外资并购，为企业走出国门、进军国际市场提供有力的保障。宗庆后在领导娃哈哈与跨国经济博弈过程中带给本土企业震撼与思考。与此同时，达能作为成熟的跨国经济所表现出的投资战略以及与之相配套的并购战略、法律战略、舆论战略以及买办战略，也相当值得日益融入全球化的中国企业借鉴与反思。达娃之争，是一个本土企业学会用法律手段维护品牌国际化发展的经典案例。

问题

1. 商标对品牌保护有怎样的作用？

2. 达娃之争的双方是如何运用相关法规进行商标权益的抢夺的？

3. 娃哈哈能够在这场争夺中获得胜利，你认为主要的原因有哪些？

4. 除了达娃之争以外，试再举出一个民族企业与跨国集团为品牌商标纠纷的案例。

案例 32 360 与腾讯之战：一场没有胜利者的对决

考生角色

假如你是 Zachary，一家大型互联网公司的业务经理，最近在业务推广过程中遇到了一些法律纠纷，于是"如何提高自身法律意识"，"如何解决公司发展中的法律事务"，成为你当前亟须考虑的问题。

随着行业竞争越来越激烈，越来越多的法律问题开始凸显。如何通过法律手段保护自己的权益不受侵害，同时又不损害其他竞争对手的权益，是公司在发展过程中应该关注的重点。你作为公司发展规划的参与者，能否从下面的案例中获得一些警示和启发？

案例介绍

2010 年对于中国互联网而言，注定是不平凡的一年。从当当网、乐视网、优酷网的上市，到微博发展的"井喷"和移动互联网的急速发展，再到谷歌（Google）宣布退出中国内地，每一件事都引起了极高的关注度。但是，要论及全年最为重磅的大事件，无疑要属"360 与腾讯网络大战"。这场"堪称中国互联网迄今最激烈的对决"，一度掀起了 2010 年中国互联网大事件的"最高潮"。

一、序曲：客户端之争

2010 年春节前后，腾讯选择在二、三线和更低级别的城市强行推广 QQ 医生安全软件。也就是一夜之间，QQ 医生占据国内一亿台左右电脑，市场份额近 40%。然而 360 很快就意识到了 QQ 医生的威胁，一些休假中的 360 员工被紧急召集回来应对这场突发事件。

三个月之后，腾讯新发布了 QQ 医生的升级版 QQ 电脑管家，而功能完全模仿 360 安全卫士。包含云查杀木马、系统漏洞修补、实时防护、清理插件等多项安全防护功能，与 360 安全卫士展开直接竞争。

二、交火：隐私查看器

9 月 27 日：360 公司发布"360 隐私保护器"软件，曝光了 QQ 涉嫌窥探用户隐私行为。

9 月 27 日：腾讯对外发布声明回应，称腾讯 QQ 软件绝对没有窥探用户隐私的行为。

9 月 30 日：腾讯制作"360 抹黑腾讯 QQ 追踪"专题，分析"360 频繁打压对手用意"。

9 月 30 日：360 发布声明，称腾讯网刊发报道属于"虚假新闻有违新闻道德"。

10 月 11 日：360 发布《用户隐私保护白皮书》，阐述 360 旗下每款软件的工作原理。

10 月 11 日：腾讯公布 QQ 安全检查原理、机制和效果，称将对 360 采取法律措施。

三、起诉：弹窗大战

10 月 12 日：腾讯 QQ 向 1 亿多在线 QQ 用户大规模弹窗称"被某公司诬蔑窥视用户隐私"。

10 月 13 日：360 回应称 QQ 涉嫌扫描用户隐私是长期存在的历史问题，用户最有权利监督。

10 月 14 日：腾讯宣布正式起诉 360，要求奇虎及关联公司停止侵权。

10 月 27 日：百度、腾讯、金山、遨游、可牛五家公司发布联合声明抵制360。

四、升级：扣扣保镖 VS 用户二选一

10 月 29 日：360 公司宣布推出"扣扣保镖"，360 称该工具全面保护 QQ 用户的安全。

10 月 29 日：针对腾讯声明称扣扣保镖违法，360 称其完全合法，且还能让 QQ 更安全。

11 月 3 日：北京朝阳法院正式受理腾讯诉 360 不正当竞争案，腾讯索赔400 万元。

11 月 3 日 18 时：对于 360 与 QQ 之间的纠纷，腾讯发布公告，称在纠纷解决之前，将在装有 360 软件的电脑上停止运行 QQ 软件。

11 月 3 日：360 随后发出公开信称，保证 360 软件和 QQ 同时运行，并称腾讯此举完全不顾及用户权益，要求其向全国网友道歉。随后 360 扣扣保镖下线，360 扣扣保镖官方网页和下载页面均已不能正常访问，而其也无法找到这款产品的任何入口。

11月3日21时：360又发出一封《360发致网民紧急求助信：呼吁用户停用QQ三天》，称"这是360生死存亡的紧急关头，也是中国互联网最危险的时刻，希望您能够坚定地站出来，再次给予我们您的信任与支持"！

11月4日：360先是宣布召回扣扣保镖，再中午时分通过公开信表示决定搁置争执，让网络恢复平静。

11月8日：据媒体报道，360公司召回了360扣扣保镖软件，同时，腾讯公司也恢复了Web QQ的登录，QQ和360也恢复了兼容，事情的发生出现了和解的迹象。

11月21日：针对工业和信息化部的通报批评，北京奇虎科技有限公司与深圳市腾讯计算机系统有限公司晚间表态：接受工信部的批评，再次向广大网民致歉。

11月25日：在北京市朝阳区法院一审开庭的腾讯诉360不正当竞争一案，延期于12月中旬开庭审理。

截止到该稿完成时，法院尚没有对该案作出判决。

资料来源：《360决战腾讯》，网易科技专题，http://tech.163.com/special/360vsQQ/360qq2010.html。

案例分析

腾讯与360在中国业界都具有一定争议性，腾讯以6亿IM用户为平台的全服务模式，几乎将所有互联网商业模式都一网打尽，从而一些观点认为其"走别人的路，让别人无路可走"。而360推出免费的杀毒软件模式也将国产杀毒软件行业逼上绝路，在杀毒软件领域亦是树敌累累。这场争斗背后可能具有种种不为人知的商业博弈，但360向腾讯发动攻击仍然被视为弱者的反抗。

一、腾讯、360、用户三方观点PK

1. 腾讯观点

腾讯通过官方主页和各大媒体表明自己的态度：360屡屡制造"QQ侵犯用户隐私"的谣言，对QQ的安全功能进行恶意污蔑。事实上QQ安全模块绝没有进行任何用户隐私数据的扫描、监控，更绝对没有上传用户数据。更甚的是，360作为一家互联网安全公司，竟推出外挂软件，公然站到了"安全"的对立面，对其他公司的软件进行劫持和控制。这些都是没有道德底线的行为。任何商业行为，无论出于何种目的，都应该在国家法律法规的框架下进行。而360竟然采用"外挂"这种非法手段，破坏腾讯公司的正常运营，并一再申明：强迫用户进行QQ和360的"二选一"，实属捍卫自己利益底线的无奈之举。

2. 360 观点

"行为不越界，隐私不上传，操作必须明示用户。"360 提出，任何软件的行为只要违反了这三原则中一项，就侵犯了用户的隐私权和知情权，而腾讯的做法还要过分。腾讯公司立刻停止强制用户的非法行为，公开承诺今后要尊重用户选择，维护用户的合法权益，并向全体用户道歉。同时针对腾讯对自己的指责进行辩解："360 从来没有刻意与谁为敌，作为一家专业安全厂商，我们背负的责任以及免费商业模式决定它肯定会成为一些网络黑恶势力以及一些不顾网民利益、赚取垄断利润企业的打击对象。在目前的情况下，我们将保持克制，但我们保留以法律手段追究腾讯公司诬蔑 360 安全产品的权利。"

3. 用户观点

（1）"选择什么软件是我做主，不是由腾讯做主。腾讯和 360 自己的战争，为什么要要挟我们？腾讯如此缺乏职业道德，敢冒天下之大不韪，就一定要为自己的行为埋单。我们要维护我们的权益，而不是受任何摆弄。如果一定要选择，我们选择卸载 QQ，我们要让腾讯知道客户才是上帝。"

（2）"正是因为道理在腾讯一边，所以它才会那么理直气壮。为什么支持腾讯，而不是 360，是因为 360 总四处滋扰生事，挑衅其他软件。网络行业的正常运行以及各软件公司的利益不应该建立在不正当竞争上，可 360 却完全违背了这种'道德'。个人认为 QQ 侵犯用户隐私并不是为了自己的私利，反而是为了给用户提供一个全面的使用环境，我们完全可以理解。腾讯面对这种赤裸裸的挑衅，做出相应的反抗的确情有可原。我们坚决反对 360 这样的不正当竞争。"

（3）"QQ 和 360 一直都是我电脑里最必不可少的软件。可正是因为这种不可替代性和感情，成为了今天双方'绑架'我们的条件。就像夫妻离婚，非要让自己的孩子选择其中一个一样，他们只站在自己的角度考虑问题，根本没有考虑孩子的想法。尽管这个比喻不是很恰当，但恰恰说明他们的做法是自私的。我们不关心谁是这场战争的始作俑者，也不愿意看到这样的结果。强烈希望他们立刻中止这种不必要的争斗，停止对我们的感情和权益的伤害，通过对话和协商解决问题。不然，我们真不知道自己的信任应该放在哪里。"

二、"3Q"大战中涉及的主要法律问题解析

（一）"3Q"网络战中关于用户权益的保护问题

1. 消费者的隐私权问题

此次网络大战的导火索是 2010 年 9 月 26 日晚上，安全软件商 360 在其官方论坛中发布了最新公告，直指 QQ 软件会扫描用户隐私文件和数据。并于 9

月27日宣布发布一款隐私保护器，用以帮助用户"监督并记录其他软件对您电脑内隐私文件的'窥视'"，更是将矛头直接指向了QQ。

就360针对QQ软件"窥私"的指责，多位法律界人士认为，腾讯并没有正当理由查看用户与QQ服务无关的文件，如果经相关权威机构鉴定其确有此做法，那腾讯已经涉嫌侵犯用户的隐私权。甚至更有律师表示，将代表用户对腾讯公司的侵权行为发起公益诉讼。

虽然争端的结果尚未最终定性，但是跳开争端本身来说，保护网民的"隐私权"，对于任何一个合格的企业来说，无论在道德上还是法律层面，都是必须履行的义务。隐私权作为个人的基本权利之一，一直受到相关法律的保护。但尽管如此，在信息时代，个人的隐私信息往往由于其蕴藏的商业价值而屡屡受到侵犯。在消费的契约关系下，企业是否有权利对客户信息进行获取，有哪些合法的获取渠道，以及获取之后如何合理地使用和安全地管理，都成为不可回避的问题。而诸如QQ这样的互联网产品，由于其庞大的用户数量，以及自身的产品特征和技术特性，对于保护用户个人隐私的要求就应该更加严格。否则，一旦造成用户隐私的泄露，无论是对企业还是用户来说，都可能会产生非常严重的灾难。试想一下，在一个没有安全感的网络空间里，网民们还如何能安心地享受各类软件以及信息交互带来的便利呢？

2. 消费者的选择权问题

360与腾讯进行的这场假以用户利益的商战，以挟持网民的公共生活为武器，理应受到网民的谴责，而且也正在受到更多的批评甚至是付费客户的起诉。尽管腾讯和360两大品牌在中国互联网市场都具有非常大的影响力，但是挑起以用户选择权为威胁进行竞争性的商战，绝对是一个非常错误的做法。

QQ作为腾讯公司旗下一款品牌忠诚度极高的即时通讯软件，使用人群非常广泛。现在它却以自己拥有的客户群数量上的优势，要求用户在QQ与360之间"二选一"，看似将选择权留给了广大网民，而实质上是让用户无从选择。那么，腾讯要求QQ用户作出选择的行为，到底是在行使自己作为经营者的选择权呢，还是侵犯了QQ用户的选择权？这样一个备受争议的错误决策，仅仅只是道德层面的问题呢，还是已经违反了法律的规定？

消费者的选择权，是指消费者有权自主选择提供商品和服务的经营者。我国《消费者权益保护法》第九条规定："消费者享有自主选择商品或者服务的权利。消费者有权自主选择提供商品或者服务的经营者，自主选择商品品种或者服务方式，自主决定购买或者不购买任何一种商品、接受或者不接受任何一项服务。"该法第十二条规定："经营者销售商品，不得违背购买者的意愿搭售商品或者附加其他不合理的条件。"

232

　　根据上述规定，消费者在自主选择商品或者服务时，有权进行比较、鉴别和挑选。也就是说，用户可以选择使用 QQ，也可以选择使用 360，或是同时选择两者。

　　再深入考虑，任何一个品牌，在它壮大到一定程度（其实就是形成了实际意义上的垄断地位），成了消费者不可或缺的一种消费之后，实际上就具有了公共产品的性质。正因为公共产品的消费受众面较之其他产品更为广泛，甚至成为消费者不可或缺的产品，从保护公众利益的角度出发，其不应再享有选择消费者的权利。比如，出租车和乘客之间本来是一种平等的民事关系，按照民法的平等原则，出租车司机和乘客之间可以互相选择。但是，由于出租车成了消费者出行的工具，具有了公共产品的性质，也就失去了拒载的权利。所以，腾讯是完全没有理由强制用户选择使用自己的产品，或者卸载其他竞争对手的产品。

　　由此可见，腾讯与 360 之争，反映出的是腾讯公司违背自愿、平等、公平、诚实信用的原则，强行要求客户卸载 360，侵犯了消费者的自主选择权。当然，这种侵犯消费者权益的行为已经给腾讯带来了相当大的负面影响：人民网舆情监测室于 2011 年 1 月 9 日发布报告称，由于在"3Q"大战中处理不当，腾讯成为 2010 年网络声誉损耗最大的品牌。

　　互联网市场无疑是一个潜力巨大的市场，正是因为无数网络产品的诞生，使得人类的方便延伸到如此众多的领域，人们的生活也变得多姿多彩。也正因为如此，网络品牌的发展已经超越了传统意义上的产业概念，延伸到更深入的人性关怀当中来。互联网公司不仅利润依赖于用户，业务的创新和推动也依赖于用户。只有获得用户的坚定支持，互联网才能面临不断发展的局面和源源不断的前进动力。如果不把精力放在一切保障用户权益的努力之上，那么企业必然处于非常不利的位置。用户的愿景永远都是享受领先的技术和创新的服务带来的方便体验，充分与他人和世界沟通。任何一个管理者都应当充分认识到，只有尊重用户的权益，才能支撑一个品牌，乃至整个企业的未来发展。

（二）"3Q"大战中的"不正当竞争"问题

　　360 与腾讯之间在某些产品上存在针锋相对的竞争关系，是同业竞争者。360 公开指责 QQ 软件会扫描用户隐私文件和数据，并发布隐私保护器以帮助用户监督 QQ 的"窥私"行为。有律师认为，在没有权威机构认定 QQ 窥视用户隐私的情势下，360 向用户推广安装"扣扣保镖"，限制了 QQ 软件的部分盈利功能，这实际上侵犯了腾讯的相关权利，已经属于不正当竞争行为。

　　如果 QQ 软件并没有所谓的"窥视"用户隐私行为的举动，而仅仅是 360 为了市场竞争需要，故意通过此款定制软件抹黑腾讯 QQ，以达到诋毁竞争对手及其产品的目的，获取不当的竞争优势，涉嫌违反《反不正当竞争法》第十四条"经营者不得捏造、散布虚伪事实，损害竞争对手的商业信誉、商品声誉"的规定，同样也构成不正当竞争。

在此需要指出的是，即使腾讯公司真的有侵犯用户隐私权的行为，360的正确做法应该是向公安网管、监管等部门举报，而不是采用扣扣保镖这种可能侵犯腾讯公司商誉权的手段。

另外，在此次网络战中，腾讯单方面停止对装有360软件用户的QQ服务，涉嫌违反《反不正当竞争法》第12条"经营者销售商品，不得违背购买者的意愿搭售商品或者附加其他不合理的条件"的规定。因为腾讯的这种做法已经违背了和用户最初定下的协议，涉嫌向用户附加不合理条件。

市场需要文明的竞争，而文明的竞争来自于高素质的从业者。所以每一个企业在发展过程中，都应该加强修养、谨言笃行、严格自律，遵循市场经济公平竞争规律，对竞争对手表示出应有的理解与尊重。这是树立企业品牌形象、提升企业品牌影响力、扩大企业市场份额的重要保障。

（三）"3Q"大战中的"垄断"问题

在中国市场，"垄断"的概念经常被人提起，很多行业都存在垄断现象，比如通信、电力、铁路、航空运输，甚至互联网。寡头垄断的市场形态，对中国经济的市场化正在产生深刻的影响，因而也成为人们日益关注的焦点。

在这场商战中，不能以道德审判式的动机论来模糊事实，应该首先搞清楚，腾讯是否存在扫描用户硬盘进行"窥私"的行为。不管这是不是行业潜规则，只要有足够的证据能够证实，那么依据保护消费者隐私权的相关法律，腾讯就应该中止相关行为并接受惩罚。当然这需要权威的技术部门进行技术鉴定，同时也需要诸如消费者协会等社会组织进行维权。如果腾讯认为这是360出于竞争目的而诋毁腾讯，它可以起诉360诽谤和不正当竞争，而不应是靠垄断地位"绑架"用户。其强制用户进行"二选一"选择的措施，已经涉嫌滥用市场支配地位。如《反垄断法》中规定，具有市场支配地位的经营者，"没有正当理由限定交易相对人只能与其进行交易或者只能与其指定的经营者进行交易"。

就互联网市场而言，垄断会在相当程度上阻止新的竞争者的出现，这很可能令一些更新的、更好的技术不能被推动，而且也不会再有新的公司把资金投入到新技术的研发中去，实际上是阻碍了互联网技术的发展，也直接影响了互联网用户的使用。其实不仅仅是互联网行业，对于任何行业而言，反垄断都是一个势在必行的措施。这不仅有助于保护市场竞争和改善经济环境，使市场经济健康发展，更有利于建立综合性的竞争体制，为规模不一的各个企业或者品牌创造一个良好的竞争环境。

三、小结

开放、协作、共享是互联网的精髓，也是互联网品牌必须具备的精神。但如今的互联网产业里面良莠不齐，不正当竞争和垄断已成为阻碍中国互联网产业发展的大问题。不正当竞争造成了市场秩序的畸形和混乱。而垄断的存在，让市场竞争变成了"强者通吃、弱者消失"的悲哀局面，甚至还要牺牲消费者的利益和尊严。这些市场体系中的痼疾不会自动消失，不仅需要国家政策和法律法规的制约，更需要广大的企业和消费者提高自身的法律意识，采取有效的应对措施，一起打造一个秩序井然的和谐市场。

这场令网络用户无所适从的商业大战让人们看到，建设完善的市场理念和价值观是很艰巨的。如果仅仅为了竞争或是追逐利益而无所不用其极，那不仅仅是某个企业，可能整个互联网产业也会停滞不前。在企业发展壮大的时候，如何去承担相应的社会责任也是一个重要的方面，如何去倡导、传播正确与先进的理念、文化才是一个企业真正的价值所在。也只有基于这样的理念，互联网企业或者整个行业才能充分赢得公众的尊重与支持。

当然，360与腾讯的这场战争，在深刻反映互联网产业现在面临的问题的同时，也预示着市场正在呼唤一个更有权威性、更有远见的监管者出场。在这次争斗之后，用户看到的都是360或者腾讯自己充当裁判，指责对方的过错。这样的游戏规则对任何一方都不公平，业界希望看到的是这个监管者既不能折损互联网市场既有的竞争一面，又能确保这个行业的健康和持续发展。更重要的是，它能确保消费者在这一领域的经济和社会权益。

问题

1. 谈谈你对"企业应当尽一切可能保护消费者权益"这一观点的理解。

2. 谈谈你对当前市场充斥不正当竞争和垄断现象的看法，如果可以，请列举一些解决问题的方法。

3. 写出至少一个你在以往的工作经历中遇到的法律事件，并作简单的描述和总结。

4. 根据上述案例，结合自己的想法，谈谈法律对企业发展的重要意义。

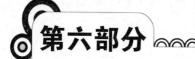

第六部分

品牌危机管理

学习目标

知识要求 通过本章的学习，掌握：

● 品牌危机的定义及分类
● 品牌危机公关的概念
● 危机公关管理的概念、策略与误区
● 危机公关传播的技巧
● 品牌口碑传播的技巧

技能要求 通过本章的学习，能够：

● 学习品牌危机公关的策略
● 撰写完整的品牌公关传播策划书
● 避免当前品牌公关传播的误区
● 为品牌策划和实施公关活动
● 塑造、引导、控制品牌的口碑传播

学习指导

1. 本章内容包括：品牌危机的定义及分类，品牌危机公关的概念，危机公关管理的概念，危机公关管理的作用和意义，危机公关传播的特点与技巧，品牌口碑传播的技巧及注意事项。

2. 学习方法：深入领会案例及分析，尝试进行品牌传播方面的实践活动，在实践中加深理解。形成对日常学习、生活中接触到的品牌传播现象进行分析思考的习惯。学会对于实践中的品牌进行危机预警、预防和快速反应的能力。

3. 建议学时：3 学时。

导　语

品牌危机管理：危机的"危"与"机"

市场环境日益复杂，品牌面临着各种各样的危机。品牌危机是指在企业发展过程中，由于企业自身的失职、失误，或者内部管理工作中出现缺漏等，从而引发的突发性品牌被市场吞噬、毁掉直至销声匿迹，公众对该品牌的不信任感增加，销售量急剧下降，品牌美誉度遭受严重打击等现象。近年来，品牌危机的现象很多，如三鹿奶粉三聚氰胺、SK-Ⅱ、圣元奶粉等。这些品牌危机事件处理不当，将会对企业和社会造成严重的后果。

品牌危机管理，即企业在发生危机时对企业的品牌进行一系列风险管理和公关危机的传播和执行，让品牌能够平稳面对纷杂的舆论情境，品牌资产能够保值增值。首先，品牌危机预警是品牌危机管理的第一步，也是品牌危机管理的关键所在。其次，要完善企业品牌危机应对机制，建立起应对品牌危机迅速反应机制。最后，要增强企业品牌危机转化能力，将危机看成一次增强与消费者进行沟通的机会，将品牌的"危"转化为"机"。

可以说，危机管理的成败很大程度是源于危机公关传播是否成功。危机发生之后，最迫切的任务就是表明企业的立场，通过传播媒介来阐明企业对于危机事件的基本态度与原则，表达企业对于危机事件的关注是非常迫切的事情。有效的危机公关传播，应该遵循"以人为本"的基本的企业原则，坦诚地承认自己的错误，虚心接受公众的批评，并有积极的挽救或改进措施，达到企业、受害者和社会公众的沟通理解，化解彼此间的误解或敌意，以再建立起企业与公众之间的信任关系。

品牌口碑传播是指消费者基于自身的感知和消费经验而自愿进行的有关品牌信息的人际沟通。消费者在对一个品牌的产品消费或了解之后，无论满意或不满意，都倾向于在合适的时候告诉身边的人。现代市场营销学中对于口碑传播的研究基本上都认为口碑传播是市场中最强大、最理想的控制力之一。

通过本章的学习，你能更好地了解广告、公关、口碑传播在品牌传播中的作用和重要意义。王老吉的口碑传播案例为我们启示了品牌的口碑运作和传播，丰田危机公关不利让我们看到了危机公关能力欠缺的危害，而惠普质量门事件则警示我们要重视网络危机公关的重要性。

案例 33　王老吉：喧嚣声中传美名

考生角色

假如你是加多宝集团王老吉饮料的品牌策划田宁，负责公司日常公关活动的策划和媒体关系的沟通。公司一直以来都有相关的慈善捐赠活动，但如何运用传播手段去更好地树立公司形象成为你的一个工作重点。

在汶川地震中，王老吉品牌捐款过亿成为众人的焦点，而后知名网站天涯中出现的帖子更将这一事件的传播推向高峰。尽管这些慈善事件的传播经过进行策划，但王老吉品牌通过周密的计划和有理有节的回应，在当时有关地震慈善活动的质疑与喧嚣中打了一场漂亮仗，使品牌美誉度整体得到大幅度的提升。

案例介绍

2008 年 5 月 12 日，汶川大地震震动了全中国人民的心。在这场特大灾难中，企业的赈灾善举成为备受关注的焦点，由公众对死难同胞的悲悯之情引发的舆论洪流迅速席卷互联网，捐赠额度和速度成为人们评判企业是否乐于履行社会责任的重要标准。在这场舆论浪潮中，一些捐赠较少、行动较慢的企业遭到网民激烈的攻击，而另一些积极回应的企业则获得了公众空前的追捧，凉茶品牌王老吉即是典型的一例。

5 月 18 日，在中央电视台《爱的奉献》大型募捐活动中，生产红罐王老吉的加多宝集团为四川灾区捐款 1 亿元。一夜之间这个民族饮料品牌迅速成为公众聚焦的中心，许多人在第一时间搜索王老吉和加多宝的相关信息。加多宝网站随即被刷爆。"要捐就捐 1 个亿，要喝就喝王老吉"、"中国人，只喝王老吉"等言论迅速得到众多网友追捧。

在一些网站论坛，不断流行着这样一个名为"封杀王老吉"的帖子："王老吉，你够狠！捐一个亿，胆敢是王石的 200 倍！为了整治这个嚣张的企业，买光超市的王老吉！上一罐买一罐！不买的就不要顶这个帖子啦！"这个热帖被各大论坛纷纷转载。从百度趋势上不难看出，3 个小时内百度贴吧关于王老吉的发帖超过 14 万个。"王老吉"的搜索量在 5 月 18 日之后直线上升，而"封杀王老吉"的流量曲线与"王老吉"几乎相当。天涯虚拟社区、奇虎、百度贴吧等论坛的发帖都集中在 5 月 23 日 18 点之前开始。接下来不断出现王老吉在一些地方断销的新闻。南方凉茶"王老吉"几乎一夜间红遍大江南北，一些人在 MSN 的签名档上开始号召喝罐装王老吉。

加多宝集团非常重视品牌传播，曾强调"传播非常关键"，"在最短的时间里使王老吉品牌深入人心，必须要选择一个适合的宣传平台，央视一套特别是晚间新闻联播前后的招标时段是具有全国范围传播力的保障"。诚然，此次加多宝慷慨解囊 1 亿元，体现了民族企业对抗震救灾高度关注的社会责任感。但结合王老吉的品牌推广成功经验，目前饮料行业中以王老吉为代表的民族饮料对抗洋可乐的竞争态势，以及加多宝重视"在传播上与竞争对手差异化竞争"的思路，不难理解加多宝集团此次在央视晚会上的惊人 1 亿。

百度指数显示，5 月 18 日百度用户对王老吉的关注度仅为 492，5 月 20 日这一数值迅速攀升到 9675，而对加多宝的关注度亦从 5 月 18 日的 0 跃升至 5 月 19 日的 52269。"王老吉，你真棒，我支持你"、"中国人，只喝王老吉"等类似的言论在网络上迅速传播，5 月底更出现了王老吉在许多城市热销甚至断货的新闻……

然而，王老吉利用地震捐款进行网络舆论的炒作也引起了一定的争议性。有网友认为王老吉"利用地震来炒，特别是这种恶心的炒，感觉有点过道德的底线"，有些网友则认为"就算它是营销手段，我也要力挺，至少它给灾区人民捐了 1 亿元。真金白银，善心无价，越多越好"。

王老吉案例的功过和启示也许特别适合一句成语：仁者见仁、智者见智。然而，能够把握住时机，将危机的端倪消弭于无形却是品牌危机日常管理的重要职能。

资料来源：①苏庆华：《王老吉：一个亿捐款背后的逻辑》，《当代经理人》，2010 年 9 月。
②张文杰：《赈灾英雄王老吉背后：网络推手踪迹》，《中国经营报》，2008 年 6 月 8 日。

案例分析

一、企业需要危机意识常态化

一个企业只有从战略上重视危机沟通，将危机沟通管理纳入企业经营发展的战略规划，建立危机沟通机制，成立危机沟通小组，制订危机沟通计划，才能使得危机管理不会流于形式，才能在企业的日常运营中，时刻树立危机沟通意识，监测危机议题，与利益相关者建立良好而稳固的关系。

李普曼说媒体是构造"拟态环境"，影响大众认知、态度和行为的武器与工具，它关乎企业舆论和形象。企业只有善于构建议题，制造新闻由头，设置媒介议题，引导媒介报道，影响大众舆论，才能赢得媒体的支持和最终的胜利。任何企图打压和控制媒体的行为都是愚蠢的，因为媒体背后代表的是民意和主流价值，挑战媒体就是挑战民意和社会主流价值，代价是惨重的。

在此次赈灾活动中，有捐款义举的企业不胜枚举，王老吉也仅是《第一财经日报》5月22日公布的统计数据中12家捐款过亿的企业（个人）中的一员。为何唯独王老吉能够掀起舆论狂潮并且及时将质疑危机端倪消弭于无形是与王老吉日常的公关危机意识常态化分不开的。

二、企业价值观决定危机沟通策略

1."离苦得乐经"诠释品牌精神

加多宝集团副总经理杨爱星在央视赈灾晚会上说了这样一句话："此时此刻，我想加多宝和王老吉的每一位职员和我一样，虔诚地为灾区人民祈福，希望他们能够早日离苦得乐！"这句言简意赅、充满佛家精神的祈福语，向消费者展现了王老吉重义轻利、兼济天下的一面。

事实上，诞生于1828年的王老吉凉茶，一直秉承"济世为怀"的祖训，在公益方面的投入并非一朝一夕，从2001年开始的"王老吉·学子情"助学活动，每年都资助一批贫困学生进入大学深造，并且逐年增加助学金额。将公益作为一项长期、系统的工程连续8年的实施，是王老吉社会责任感细水长流的体现。这种长期的对社会责任的担当与地震中的惊人表现相辅相成，构成了王老吉的济世之路。

因此，在四川地震中的巨额捐款对于王老吉人和熟悉王老吉的人来说并不意外，这一行为符合王老吉一贯坚持的品牌精神，使得整个事件的传播效果更为自然，更容易激发公众对品牌的好感、提升品牌的美誉度。

2. 深谙民心，打造口碑英雄

有效的信息传播能够改变消费者头脑中已形成的对某一品牌的认知与情感，形成新的认知与情感，由此影响人们的购买行为。通过口碑所传递的正面品牌信息，将强化消费者已有的正面品牌态度，或是弱化其负面品牌态度，说服其重复购买、形成品牌忠诚。而一旦消费者接受到负面的品牌信息，则很有可能会破坏原先良好的品牌体验，导致品牌转换。

有关传播对消费者态度和行为影响的研究证实，"口碑传播的影响力比媒介广告的影响力高7倍，比人员推销的影响力高4倍。消费者转换品牌更多是受口碑传播的影响，而非广告的影响，前者的影响力是后者的2倍。在促使消费者态度由否定、中立到肯定的转变过程中，口碑传播所起的作用则是广告的9倍"。

除了捐款行为本身与品牌精神相契合之外，王老吉亿元捐款事件所获得的惊人传播效果与整个传播过程中的诸多因素也不无关系。

（1）抓住时机，迅速反应。地震发生后，有报道称加多宝集团董事长陈鸿道是在 5 月 17 日与下属喝早茶时敲定的捐款细节，企业对灾难的迅速回应获得了公众的高度好评。而相比之下，许多跨国企业则无奈得多，这些企业恪守成熟的慈善捐助体制以及向股东负责的西方商业伦理信念，捐赠需要经过复杂的申报流程。等捐款批下来时，企业早已上了网民们广为流传的"在中国发大财而又不捐款的国际铁公鸡排行榜"，遭到中国消费者的抵制。

（2）在央视募捐晚会上高调曝光。中央电视台作为中国主流媒体，在公众心中具有其他媒体无可比拟的权威性。在国家遭受特大灾害的这一特殊时期，央视的影响力更加凸显出来。此次央视抗震救灾大型募捐晚会《爱的奉献》便创造了收视率最高、转播频道最多、明星最多、捐款最多等多个赈灾晚会之最。加多宝集团选择在这一平台上高调亮相，使捐款行为达到了较高的曝光率，迅速提升了企业的知名度。

而"王老吉"品牌复杂的归属问题使得这一行为更显得别具深意。香港加多宝集团所生产的红罐王老吉，其品牌实际上属于广药集团广州王老吉药业股份有限公司，加多宝仅享有 20 年的租期。目前两家公司分别在红色易拉罐装和绿色利乐装王老吉产品上分权而治。提升消费者对红罐王老吉及其母公司加多宝集团的好感度，显然是出于对加多宝未来发展的考虑。

（3）互联网扩大口碑传播效应。5 月 19 日晚，天涯论坛上出现了名为"让王老吉从中国的货架上消失，封杀它！"的帖子，受到网友的热捧，并且被广泛转载到搜狐、网易、奇虎等国内人气最旺的论坛上。几天之后，类似的帖子已经充斥大大小小各类网络社区，"要捐就捐一个义（亿），要喝就喝王老吉"、"为了'整治'这个嚣张的企业，买光超市的王老吉！上一罐买一罐！"等言论如病毒般迅速在网络里扩散，成为民众热议的话题。至 6 月 8 日止，用百度搜索"封杀王老吉"能得到 746000 多篇网页，占所有"王老吉"相关网页的 1/4。此外，网上开始讨论可乐等碳酸饮料的危害，以凸显出王老吉作为一种凉茶饮料有益于身体健康的特点。

可以看到，互联网在此次的王老吉事件中扮演了极其重要的角色。这主要是因为：一方面，近年来王老吉的目标消费者已转向年轻人，网络口碑在这群人中有巨大影响力；另一方面，互联网本身所具有的草根性、即时性、病毒性传播效应也有助于营造品牌口碑。

在整个网络事件传播过程中，"封杀王老吉"的火爆得益于它抓住了口碑营销的四大关键点：一是逆反，正话反说、欲擒故纵，利用带有负面字眼的标题吸引受众关注；二是煽动，以极具煽动力的口号使得人们将捐款话题的讨论聚焦到王老吉上，并由赞扬迅速升级到付诸实际购买行动；三是争议，利用当时人们热衷比较各企业捐款数额的舆论背景，在帖子中直接将王老吉与王石进行对比，引爆流行话题；四是扩散，除了论坛之外，还广泛利用贴吧、QQ群、个人博客等多种网络工具大量转载、回复话题，迅速推动口碑的传播。

（4）官方言论的低调应对。与贴吧、BBS和其他网络媒体对于亿元捐款热闹纷呈的讨论形成了鲜明的对比，王老吉的官方网站对于捐款事件并没有大肆宣扬，反而是云淡风轻、非常低调。在《爱的奉献》这则企业新闻中，王老吉只提到了央视募捐晚会的总募捐数，而没有提及自己的巨额捐款数。此外，企业通过一封《致所有关心加多宝集团的朋友之公开信》在第一时间对民众的支持进行了回复，表示感动于民众"对加多宝集团捐款的支持、理解和厚爱"，但仍然没有对捐款具体数额的描述。加多宝集团在官方网站上的刻意低调，给了外界一些针对其捐款目的质疑声音一个很好的回应。

（5）后续新闻报道延续传播效应。继"封杀王老吉"获得网友的疯狂转载和回应之后，传统媒体也对此事件给予了高度关注，大量以"王老吉断货"为主题的消息涌现，表现出消费者对"封杀王老吉"的"身体力行"。新闻也好，软文也罢，传统媒体的报道将网络世界的口碑效应扩展到人们的现实生活中，并迅速蔓延，王老吉捐款事件的影响力也得以进一步提升。

口碑是一把"双刃剑"，既可以为企业带来口碑效应，也会由于负面口碑的传播带来负面影响。如果没有建立及时、正确的处理危机的机制，常常会使企业的危机愈陷愈深。在国内，很多企业在危机发生时最常用的做法是大门紧锁，拒绝一切采访，试图用各种手段蒙蔽消费者，甚至连公司的很多内部职工都不知道到底发生了什么。这样做的结果只能是适得其反，使企业的形象和信誉更加受到消费者的质疑。

成功的危机管理离不开消费者的支持和回应，传播效果的产生最终来自于企业信源与受众之间的互动，如果品牌本身不够吸引人，则无法达到说服民众、影响民众的目的。可以说，王老吉在国内饮料市场的出色表现为此次捐赠时间的口碑效应奠定了坚实的基础。

三、喧嚣过后的思考

反思此次地震捐款事件，无论是对跨国企业的苛责，还是对马云的误解，抑或是对同样捐款1亿的王石和王老吉所表现出的截然相反的态度，中国的消费者们都表现出了强大的话语权，他们乐于参与、表达并自发地向他人传播品牌信息。而互联网、手机等现代通信工具就像是一面凸透镜，将无数草根的口碑力量会聚之后，释放出更加巨大的能量。如何更加科学、规范地运用来自消费者的传播力量，将成为企业品牌传播的重要课题之一。

总而言之，在品牌传播的过程中，传播信息的方式、渠道和时机都是非常重要的。在事件营销日益兴盛、网络推手随处可见的今天，"封杀王老吉"的帖子尽管是企业经过策划和包装的宣传，这种传播方式无疑为王老吉赢得了与消费者亲密接触的好机会。同时，企业的危机公关团队紧密观察舆论反应，及时化解各方质疑，为王老吉在消费者中赢得了很好的口碑，巩固了消费者忠诚度，并且吸引了一批新的消费者尝试它的产品，从长远来看也有利于品牌无形资产和竞争力的提升。

问题

1. 试析互联网在品牌危机传播中的作用。

2. 除了案例分析中提到的，你认为王老吉在本次推广活动中的成功之处还包括哪些方面？

3. 根据王老吉案例的启示，你是否还可以列举其他品牌进行品牌危机管理的成功案例？

案例 34　丰田：车到山前必有路

考生角色

假设你是詹姆斯，目前任职于一家公关公司，负责丰田在北美市场的公关活动。丰田汽车日前在南非和中国等部分市场召回由于零部件故障而导致的问题汽车，这一举动引起了非洲和亚太市场部分媒体和消费者的质疑之声。为了避免丰田陷入一场较大范围的品牌危机，你必须做些什么，来帮助丰田平稳度过这场召回事件风波。你打算怎样做？

案例介绍

丰田汽车总裁丰田章男于 2010 年 3 月 1 日在北京召开发布会，正式向中国消费者道歉。

早在 2009 年 11 月，丰田就因为脚垫滑动卡住油门踏板可能导致事故，从美国市场召回约 420 万辆汽车，这在当时已经是丰田在北美最大规模的召回案。事隔两个多月，2010 年 1 月 21 日，丰田再次宣布在北美市场召回 230 万辆汽车，并在美国和加拿大大规模停止暂停八款车型的销售和生产。与此同时，丰田在全球的大规模召回也正式展开。而除了在报纸上刊登召回的消息之外，丰田公司没有采取任何其他举措，没有发表任何公开声明。

丰田章男的首次非正式公开道歉是在 2010 年 1 月 29 号出席瑞士达沃斯世界论坛会议时，正准备离开酒店的他面对日本广播协会（NHK）的访问说"对于令消费者不安一事，我深感抱歉"，声称事件仍在调查中，不方便发表评论，便匆匆离去。

丰田此次的"反应迟缓"可以理解为危机公关能力的薄弱，也可以解读为丰田公司对于自己"盘外功夫"的过分自信。据《华盛顿邮报》报道，在过去的 5 年里，丰田花费约 2500 万美元对联邦政府进行游说，是外国汽车生产商中对政治游说投入最大的企业，仅 2009 年丰田在联邦政府游说上的支出就达 540 万美元。除此之外，丰田还通过各州政党以及政治行动委员会，每年额外向国会议员提供 100 万美元竞选经费。长期细心经营的政府公关让丰田自信手中的政治砝码。在美国失业率居高不下的当下，丰田汽车生产基地给所在州带来的就业和经济贡献也是丰田公司的筹码，他们也坚信所在州的州长不会坐视不管。在召回事件的危机公关处理中，消费者和民众依然被摆在了次要的位置。

后续的事件发展证实了丰田公司策略选择失误，夹在两国汽车"战争"之间，传统的政府公关招数并不靠谱。与丰田公司对消费者的"低调"回应形成鲜明对比的是，此次丰田汽车大规模召回事件持续成为美国媒体的头条新闻。而且，各媒体的态度也空前一致，纷纷向丰田甚至整个日本制造业开炮。

资料来源：摘编自《丰田"召回门"事件的危机公关》，人民网，2010 年 3 月 12 日。

案例分析

所谓品牌危机（Brand Crisis）是指由于企业外部环境的变化和（或者）企业品牌运营管理过程中的失误，而对企业品牌形象造成不良影响并在很短的时间内波及社会公众，进而大幅度降低企业品牌价值，甚至危及企业生存的窘困状态。[①]

这次丰田的"召回门"事件，由一开始普通的召回演变为一场蔓延至全球的危机事件，甚至引起全球公众对于丰田的信任危机，使丰田在全球市场的销

---

① 杨延东：《论企业品牌危机管理》，集团经济研究，2007（5）：72~73。

量大幅下滑，品牌形象也遭遇了重大损害，是一场典型的品牌危机。

一、丰田的"失足"

1. 根本原因：产品本身质量问题

这次丰田召回门事件使丰田蒙受了不小的损失，究其根本原因，还是车辆本身质量出了瑕疵。产品质量不过关是汽车制造厂商的大忌，关系到公众的人身安全，理当引起广大社会公众的观众和重视。作为全球最大的汽车生产商之一，丰田这次的产品瑕疵不是个案，而是一场非常严重的全球范围的安全隐患。

从 2009 年年初一直持续到 2010 年，横跨一年之久；并且影响到美国、日本本国、中国，还有中东、拉美、非洲甚至是全球；召回涉及的车型也从最初的雅力士、凯美瑞到卡罗拉 RAV4 等热门车型；召回原因也多种多样，涉及座椅安全带、安全气囊、变速器、油门踏板等多种汽车重要零部件……可以说是波及范围广泛，影响极大。表 6-1 对于丰田的召回事件进行了一次盘点。

表 6-1 丰田 2009~2010 年召回盘点

时 间	地 区	数 量	召回涉及车型	召回原因
2009 年 1 月 29 日	全球	130 万辆	雅力士等	座椅安全带缺陷
2009 年 2 月 28 日	南非	5 万辆	雅力士	安全带系统故障
2009 年 4 月 24 日	中国	25.9119 万辆	凯美瑞（广汽丰田）	真空助力泵导致发动机故障
2009 年 6 月 11 日	中国	57 辆	兰德酷路泽（一汽丰田）	碰撞时 SRS 车侧气囊不能正常打开
2009 年 7 月 30 日	日本	7.1319 万辆	卡罗拉/Axio	无级变速器缺陷
2009 年 8 月 25 日	中国	68.8314 万辆	凯美瑞/雅力士（广汽丰田）威驰/卡罗拉（一汽丰田）	电动窗主控开关发热、短路、熔损
2009 年 8 月 28 日	美国	9.57 万辆	卡罗拉/Matrix/ScionxDs	刹车底盘问题导致刹车失灵
2009 年 11 月 25 日	美国	426 万辆	凯美瑞/亚洲龙/普锐斯/ES350	脚垫滑动卡住油门
2009 年 12 月 24 日	中国	4.3023 万辆	RX350/ES350汉兰达（广汽丰田）	VVT-i 机油软管内壁破裂、机油软管漏油
2010 年 1 月 21 日	美国	230 万辆	凯美瑞/RAV4/卡罗拉/汉兰达等	油门踏板故障隐患
2010 年 1 月 28 日	中国	7.5552 万辆	RAV4（一汽丰田）	油门踏板故障隐患
2010 年 2 月 2 日	中东、拉美、非洲	7.5552 万辆	凯美瑞/RAV4/卡罗拉/汉兰达等	油门踏板故障隐患

可见，丰田这次危机的来临并不是事发突然，而是一场长期隐藏的隐患的集中爆发，波及范围之广、持续时间之长、影响之大都是前所未有的。加之丰田车的消费者遍及世界各地，一下子就吸引了全球的重视。

2. 背后原因：遭遇美国的产业保护

本来，车辆召回在汽车业界并不是罕见的事情。车辆召回在显示车辆问题的同时，某种程度上，也体现出制造商的实力，以及制造商对消费者负责任的态度。但是丰田本次的汽车召回事件对丰田来说却演化成一场致命的危机，引发出世界各国对丰田汽车，甚至对日本产品的怀疑。这与其得罪美国政府背后的汽车制造业，引起来自有产业背景支持的政治制裁有关。

众所周知，汽车业是美国最重要的支柱企业，更是美国的骄傲。更为关键的是，汽车产业是吸纳就业最多的产业。这也是金融危机下，美国政府宁可不保金融企业，也要力保汽车企业的重要原因之一。通用公司在 2009 年破产重组，美国政府先后注资共计 500 亿美元，持股六成。对于通用的破产联邦政府是否应该干预在美国国内一直存在争议，政府接手之后能否重生也一直是一个政治话题。

金融危机后，丰田在美国的汽车销量超越通用，跃居第一。2009 年 7 月 27 日，美国政府推出"旧车换新车"补贴政策，但这一补贴政策的好处，却很大程度上落到了日本汽车厂商丰田的兜里。丰田让美国失去骄傲的同时，又失去了金钱。这个北美市场的汽车"老大"已经冲击到现任美国政府的执政根基。

面对竞争对手的出错，揪出不放是显而易见的选择。尤其当下正是议员们为秋季即将举行的中期选举大举造势的关键时期，难得有这样的事件让民主党和共和党不必攻击彼此就能吸引公众关注，何乐而不为？

就这样，一个单纯的汽车召回事件，已经逐渐扩大为公众性问题，演变成一场政治舞台秀。媒体连同政府异口同声高调指责丰田质量管理体系存在漏洞，无视消费者人身安全。议员们将丰田的召回事件当成了拉选票的绝好舞台。就在丰田章男含糊道歉的 1 月 29 日，美国国会众议院监督和政府改革委员会、能源和商务委员会宣布对丰田汽车的召回展开调查。

3. 关键原因：忽视危机公关，错失改错良机

这次事件使得丰田汽车销量在各国受到不同程度影响，根本原因是产品质量确实出了问题，引起美国国会为首的质问和制裁。但是其关键原因还在于丰田对于事件的危害估计不足，忽视消费者反映，危机公关滞后而且"态度不诚恳"，因此引起更大的公愤。

丰田在危机过程中存有故意隐瞒事实的情况，在一系列质量问题发生后，

面对美国车主接连不断的投诉，丰田采取了"令人震惊的遮掩"计划。自丰田公司 2010 年 1 月 21 日宣布从美国市场召回 230 万辆汽车以来的两周多时间，本来可以供丰田利用对外召开新闻发布会等措施发布正式的官方消息或者道歉，但是丰田章男没有对此公开表态、相反却一直处于沉默之中，这使丰田被动地落入了美国国会的主导之中。丰田章男只在出席达沃斯论坛期间，对日本媒体有过几句轻描淡写的回应。在会议结束后，更是躲开一名电视工作者的注意，乘坐一辆奥迪逃离现场。这犯了危机公关的大忌，导致事件愈演愈烈。

2010 年 1 月 21~28 日，丰田公司在危机公关上几乎没有开展任何行动。2月 17 日，丰田方面一直坚持丰田章男没有必要出席听证会，由丰田北美公司主席稻叶良睍代表即可。给美国监管者和公众留下了傲慢和对美国消费者利益不认真的印象。因此直至 2 月底，丰田章男在国会两次出席听证会，尽管眼含泪花，仍被议员们批为"没有足够的悔意"。

就算是在中国的道歉，丰田章男也是在"短短不到一个小时"的时间里侧重于"反复强调丰田对质量的重视和今后的改进"，"对丰田的错误轻描淡写"，"没有记者提问环节"，流于形式主义的"作秀"。

这一切都折射出丰田内部对于危机公关的重要性意识不足，反应滞后，错失改错良机，最终导致丰田陷于被动。

二、丰田的教训

这一危机对丰田打击的烈度不亚于智利发生的 8.8 级地震。有数据显示，丰田汽车在事情发生的当月，在美国销量下降 16%，跌破 10 万辆，在全球范围内，丰田也惨遭众多顾客"抛弃"，全球销量大规模下降。痛定思痛，丰田吸取了深刻的教训。

1. 产品质量是企业的根本

丰田不重视产品本身质量是导致这次危机的根本原因。近年来丰田过度追求规模而深陷危机，再一次证实了"欲速则不达"这句古训。2005 年以后，日本汽车进入"大跃进"时代，丰田汽车也一路"高歌猛进"，2006 年终于在年产量上超越了通用汽车，紧接着在 2008 年全球销售量上也全面"超车"，稳坐上车企的头把交椅。然而，扩张速度过快导致丰田质量没有跟上，从 2005 年起生产的一些车型就开始出现质量问题。产品质量管理和人员培训没有跟进，是发生一系列部件缺陷的原因。

对于汽车，一点点安全隐患都直接关系消费者和他人的生命安全。而且，对于素有"质优价廉"、"舒适节能"美誉的日本车而言，发生如此大规模的召回事件也是不可思议的。这在丰田进入美国 20 多年来尚属首次，也成为汽车史上单次召回规模最大的事件。

产品质量是产品价值的核心，也是吸引消费者与汽车品牌的首要连结点。产品质量出了问题，任危机公关能力再强，任广告宣传再厉害，也救不了一个企业，相反只会加速企业或者品牌的灭亡。

2. 日本企业管理机制存在弊端

丰田事件折射出日本企业的管理机制和模式方面还存在许多问题。日本企业在处理许多突发问题上都采用"拖延战术"，希望大事化小，小事化了，期待危机能自动化解或者逐渐淡化。日本企业在遇到问题后快速反应机制方面都是比较差的，他们大多偏向于中规中矩、一板一眼地做事，这一点从日本的金融问题爆发之后企业的反应上就可以看出。他们不善于处理突发事件，即通常所谓的"比较刻板，不太灵活"。这和日本偏向于保守、维持家族名誉的传统文化以及日本政企关系息息相关。

高速扩张，超速发展，扩大全球尤其是北美市场份额，成为丰田汽车近年来的主旋律，这种追逐利益的价值观也使丰田忠诚于客户的企业文化逐渐淡化。丰田的确是习惯于大事化小的。2007 年就曾经通过与美国运输委员会的协调，避免了大约 5 万辆丰田车大规模的召回事件，为丰田节省了 1 亿美元的召回费用，这件事也引起了众多媒体的关注，只是还没有像这次事件一样引起如此多的负面声音，如此受到指责。

日企的管理机制中的这种"大事化小，小事化了"的惯性，也造成这次丰田危机的步步演化，层层升级，最终演变成一场覆水难收的闹剧和悲剧。企业的管理机制和企业文化也是一个企业重要的原则，尤其是处理公关危机的时候，更能反映出一个企业是否以顾客为本，是否足够大气，并足够有担当。

3. 危机公关是企业的一门必修课

丰田此次陷入危机漩涡，质量存在瑕疵是根本，但危机公关失败则是关键。在"召回门"事件中，丰田的问题在于过分相信自身能力，危机公关迟缓，反应偏差，力度不足，上下沟通出现障碍。

总结起来，这次丰田危机违背了危机管理中的六大基本原则：

（1）事先预测（Forecast）原则。丰田公司事前对此次"召回"危机的演变和发展预料不足，导致危机发生的时候事态迅速恶化。

（2）迅速反应（Fast）原则。即产品质量问题浮出水面之后反应迟缓，特别是公司高层在迫不得已的情况下才被迫面对，坐失危机之初的应对良机。

（3）尊重事实（Fact）原则。在普锐斯出现刹车失灵问题时，丰田的解释与现实距离很大，无法令人信服。犯错并不可怕，不可原谅的是犯错了却不敢承认。

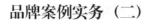
（4）承担责任（Face）原则。危机之初的丰田公司漠视消费者的安全考虑而一味推卸责任。在美国听证会和丰田章男来华道歉之前，消费者没有感受到丰田方面的诚意，使其历经数十年积累的信誉度一落千丈，几乎毁于一旦。

（5）坦诚沟通（Frank）原则。丰田公司在发现问题后企图隐瞒事实，态度前倨后恭，顾左右而言他，妄图通过狡辩以推卸责任，其表现出的社会责任感和伦理的缺失严重毒化了危机处理的氛围和环境，使得危机处理过程失控。

（6）灵活变通（Flexible）原则。正是由于丰田公司对这次危机处理的不当，而导致危机本身的升级和转化：从产品质量危机转变为品牌危机，从丰田公司的危机转变为殃及日本汽车业甚至整个日本制造业的信誉危机。

在事发之后，如果丰田能够及时意识到自己的失误，事情还是有挽回余地的。其实过去的一个月内，丰田公司是有机会掌握主动的，只是不应该寄希望于政客这样的上层公关途径，而应该是美国的众多消费者。丰田美国公司的Facebook主页，有超过8万的粉丝，很多消费者都还是支持丰田公司的，每天都有数百条留言和讨论。民众早已熟知媒体和议员们的这套政治戏码，他们更倾向于客观公平地对待丰田"召回门"事件。可是丰田公司在主页上的回复寥寥无几，更谈不上在Facebook上开辟一个单独的官方召回网页，及时发布信息，组织讨论或者是做一些互动了。在网络时代，这样一个绝佳的危机公关渠道就如此被忽视，白白浪费了。

违背了危机管理的基本原则，忽视利用网络时代的新型危机公关手段，使丰田先是得罪美国政府国会高层，而后又自动放弃了美国民众的支持力量，因此品牌惨遭"滑铁卢"也是情理之中的了。

当今社会，企业危机来自于内、外部种种可能性，甚至成为一种企业发展的常态。危机事件一旦被媒体聚焦，尤其是互联网如今这么发达，很快容易成为一个全球性事件，并很难消除其产生的恶劣影响。丰田这次正是由于其危机公关能力的欠缺最终导致这场危机愈演愈烈。事件表明，品牌要深切意识到危机公关的重要性，加快培养自身危机公关能力。

三、小结

这次的危机事件，折射出丰田危机公关的不合格，折射出丰田应对媒体、政府和民众等的态度不真诚、不给力，折射出丰田产品本身质量的不过硬，折射出日企高速发展背景之下管理机制的僵硬，折射出美日汽车制造产业的博弈……然而，最根本的问题还是出在丰田内在，出在其对消费者生命安全这一顾客切身利益的藐视和不尊重。

对于丰田，这次的教训是惨痛的，却也是值得深思的。事实上，危机可以成为企业打破旧格局，走向新生的转机。当年，英特尔的CEO格鲁夫就是面临着其价值5亿美元的奔腾芯片需要被召回更换的危机，从而以此为契机，对企业进行整顿和战略梳理，放弃夕阳业务，强化有潜力的种子业务，书写了英特尔今天的强大和辉煌。因此机会不单存在于顺境之中，危机恰恰是对自身弱点和缺陷的最大暴露。危机之下，隐藏着更大的机会，当然破茧而出时的挣扎是难免的。

事情已经过去将近一年，丰田目前的品牌形象也有一定程度的弥补。今后，丰田是否"车到山前必有路"，就要看它自己的后续表现了。

问题

1. 你认为促成这次丰田"召回门"事件演变为企业危机的原因有哪些？

2. 你认为丰田等企业能从这次危机事件中得到哪些教训？

3. 如果你是丰田下属的公关公司对此事件的负责人，你将如何安排危机公关以减轻或者消除这次事件对于丰田品牌形象的影响？

案例35 惠普门：梦想需要行动成就

考生角色

假设你是Jason，目前任职于一家公关公司，负责针对中国市场的消费者进行惠普的"金牌服务"理念的传播，以及相关的客户服务和维护工作。目前，惠普笔记本在中国市场上遭遇了许多消费者的投诉，声称其质量有问题，并且此事件已经从一开始的个体案例蔓延到群体维权之势，引发了一定程度的品牌危机。为了避免惠普陷入困局，你打算怎么做，来帮助惠普平稳度过这场品牌危机？

案例介绍

2010年3月15日，中央电视台"3·15"晚会再度将惠普电脑质量问题重点曝光，使"惠普质量门"事件骤然升温，并且激起新一轮的消费者投诉热潮，12315投诉热线和全国各地消费者协会均收到大量有关惠普电脑质量的投诉。在"3·15"期间，如此集中地投诉和曝光某一个品牌，在中国消费者权益保护史上实属罕见。

据了解，自 2007 年以来，我国消费者购买的惠普笔记本电脑大面积出现质量问题，包括显卡高温、花屏、闪屏、雪花屏等，涉及 dv2000、dv6000 和 v3000、v6000 等近 40 款型号，几乎涵盖了惠普全部低端笔记本。众多消费者投诉称，在使用过程中，惠普笔记本的显卡温度过高，导致死机、黑屏、烧主板等现象屡屡发生。

惠普公司采取敷衍躲避的态度处理问题，让许多用户对惠普失去了信心。截至 3 月 14 日，惠普用户集体维权律师团已经收到近 3500 位消费者的投诉，其中有 500 位消费者正式授权委托惠普用户集体维权律师团向惠普讨还公道，这一数字仍在快速增长。目前，究竟有多少中国用户成为"惠普质量门"事件的受害者，具体数字难以估算，惠普对此更是避而不谈。

资料来源：摘自中国消费网：《被 3·15 晚会曝光"惠普质量门"事件升级》，2010 年 3 月 17 日。

案例分析

如今，互联网已经成为舆论的集散地和社会的放大镜。从 2006 年的 SK-II 事件引起的化妆品行业的大波动，到 2008 年的三聚氰胺事件引起的整个乳制品行业的大亏损，到最近的丰田汽车召回门、惠普质量门以及深圳富士康"跳楼门"等诸多企业危机事件……不难看出，网络在参与社会事件的讨论和公众舆论的传播的过程中所起的作用已经变得越来越重要。随着网络的普及，人人成为"自媒体"，网络已经成为企业危机公关的触发器与放大器。

企业作为社会有机体中的重要组成部分，其产品质量和内部行为也经由网络这面巨大的镜子的反射作用暴露在大众的视野下，一不小心就会被抛向大众舆论的风口浪尖。一些企业危机一旦经由网络曝光并持续跟踪报道，就会引起全球的广泛关注，给企业和品牌造成难以弥合的后果。

一、惠普质量门事件始末

惠普一直以来在华电脑市场上都占据着前三的地位，在个人笔记本电脑领域惠普更是雄霸半壁江山。这次质量门事件使得惠普的品牌形象受到了严重的损害，惠普在中国的销量也下降了 50%。究竟是什么原因，使得惠普这次的质量门事件引起了如此轩然大波呢？

究其原因，还是惠普电脑本身的质量出了问题。从 2007 年以来，惠普在中国市场上就不断遭遇消费者关于质量问题的投诉，但是都没有引起惠普的重视，惠普一直不理会消费者的赔偿要求。直到 2010 年，惠普遭遇中国维权团的集体诉讼，引起了媒体和大众的关注，这才将惠普抛向了风口浪尖。整个惠普质量门事件可以按照时间进展划分为四个阶段。

（一）萌芽阶段

2007 年 2 月 28 日~2009 年 7 月 20 日，来自武汉的消费者高淑娟女士在自己购买不到半年的惠普电脑多次出现闪屏、黑屏，先后 4 次拿笔记本到惠普金牌服务部维修，但是仍然反复出现问题，并且第四次维修时，惠普竟然要求高女士付 3000 元更换主板，高女士多次申诉无效。2009 年 8 月 28 日，高淑娟将诉讼状递交武汉市洪山区人民法院，将中国惠普总公司告上法庭。2009 年 11 月 17 日，法院裁决惠普方面退还高淑娟 8400 元购机款，另外赔偿她 300 元的补偿费。

2009 年 8 月 30 日，浙江大学光华法学院研究生阮啸突然发觉自己的惠普笔记本电脑出现黑屏、显卡过热等问题。3 次维修都没有解决问题，维修期间还被换上了旧主板，阮啸要求惠普方面进行协商解决，但是惠普方面态度强硬。2009 年 1 月 29 日，阮啸一纸诉状将中国惠普有限公司告上了杭州西湖区人民法院，要求惠普仅仅解决他一个人的问题不够，还应该把符合退机和更换条件的顾客都妥善解决。2009 年 2 月 6 日，强硬了近半年的惠普公司悄悄找到小阮希望"私下"解决。5 天之后惠普同意退款，并希望阮啸能保密，低调处理这个事情，更不希望媒体再介入。

这一时期主要以个案的形式呈现。这一阶段，惠普笔记本的质量渐渐出现了问题，消费者拿电脑去维修，但都遭遇了惠普方面的强硬蛮横态度，因此引起了个别消费者的投诉。

（二）升级阶段

随着事件的发展，越来越多的消费者经历了与高女士和小阮同样的遭遇，惠普的傲慢态度渐渐激起了消费者的抵抗情绪，消费者纷纷自发组建维权 QQ 群，征集全国各地受害的消费者，同时积极诉诸法律手段。

被誉为"中国惠普民间维权第一人"的高淑娟通过诉讼赢了惠普，她在为自己维权的过程中，先后创建了 8 个 QQ 群组织，每个群有近 500 人，征集了全国各地曾与惠普公司多次交涉未果的受害者，成立了"维权团"。

2010 年 3 月 5 日，"维权团"向国家质检总局提交了一份行政投诉书。截至 2010 年 3 月 4 日 20 时，"维权团"已接受 170 多位惠普笔记本消费者的委托。另有 3000 多名消费者也与该"维权团"保持联系，并提供了不少材料。参与"维权团"的消费者快速增长。

而这时候，惠普的相关解释仍然非常含糊，难平众怒。惠普声称包含在该维修计划中的特定型号的笔记本电脑所产生的症状是常见的，而造成这些症状出现的原因有多种。惠普公司称，从 2007 年 11 月开始，已针对部分笔记本电脑用户推出了有限保修服务完善计划。而对于其他不发表任何评论。

这一事态引起了许多律师的关注和谴责。律师总结惠普的服务态度是视消费者维权的激烈程度而定，对长时间等待维修的消费者，不但不提供备用机或补偿，对显卡高温、闪屏花屏等问题也不提供明确答复；解决办法是不断维修，也包括延长保修时间。

3月11日，170余名用户集体投诉，通过集体维权律师团又向国家质检总局提交了一份行政投诉书。"维权团"向惠普公司提出要求：对有质量问题的笔记本"回购或更换、赔偿相关损失"或"召回相关笔记本电脑"。对此，惠普方面没有做出明确答复，还声称"中国用户的烦恼只是个案"。

质检总局声称已转交缺陷产品管理中心。由于上升为法律诉讼官司，也引起了媒体的广泛关注。法易网已设立了专门的维权网页，并公布了近百名诉讼团律师的联系方式，希望管理部门可以强制惠普召回。中消协认为对于惠普的召回惩罚太轻，还应承担消费者损失。惠普事件引起质检总局高度重视，已组织开展调查。

3月12日，惠普中国公关部门表示：如果在保修范围内的，将免费维修，如果是保修时间外的，可能要消费者自己出钱维修。但是还没有考虑到召回。此举引起了更多消费者和法律工作者的不满，律师团认为惠普做法不符合法律规定，纯属"霸王条款"。3月14日，惠普方面仍然反应冷淡，声称只采取一对一的问题解决方式，对其他不发表评论。

陆续有1700多消费者加入诉讼队伍，各地受害消费者开始结盟进行集体诉讼。"维权团"称，如果惠普公司还是不愿意解决问题，打算在美国本土起诉惠普公司。

这一阶段，已经由单个的、个别的案例上升为一种群体性的投诉，在全国范围内成立了网络QQ群等组织，出现了专门的"维权团"。这时候，相关管理机构也已经开始介入此事。但是这个时候，惠普方面仍然态度傲慢、反应冷淡，甚至搬出"霸王条款"，引起更多消费者的不满。

（三）高潮阶段

2010年3月15日早上，惠普就"问题电脑"致歉，宣布推出一项"客户关怀增强计划"，为受影响的客户提供延长两年保修的服务。律师认为所谓的"关怀计划"只是惠普拖延时间的策略，没有根本地解决消费者的问题。惠普这一举动并没有得到消费者的普遍认同，被认为是"避重就轻"。

当天，央视在"3·15"晚会上对两款惠普笔记本电脑的大规模质量问题进行了曝光，引起了全体观众的广泛重视。报道中惠普公司客户体验管理专员袁明在接受采访时，将问题本原因解释为中国学生宿舍的蟑螂太恐怖。这一解释引起公愤，认为惠普用这种原因来搪塞消费者、推卸责任，实在荒唐可笑。

央视报道之后，惠普方面称欢迎消费者提出更好方案，已经开通两条客户支持专线，并延长所有惠普笔记本服务中心的运营时间为8：30~21：00。但是这两条客户支持专线也只是形式，几乎没有任何改善的效果。

3月16日，惠普中国召开发布会，做出紧急回应，向消费者致歉，称30天内将有一个全面整顿。但是，惠普之前的傲慢态度和轻慢行为已经引起了公愤，超九成网友表示将拒买惠普电脑。

3月17日，一位离职惠普金牌服务部门的工程师报料，揭秘了惠普7000元主板增值利益链，一些维修中使用的配件有的为旧货，而且作为惠普金牌服务部门的工程师要学会"忽悠"消费者。这时，公众对惠普的态度已经升级为对于整个品牌的指责和不信任。

3月18日，国家质检总局宣布，经过调查，惠普公司在中国大陆销售的部分笔记本电脑存在质量问题。惠普公司对此予以承认，但是仍拒认设计缺陷。消费者要求公开问题电脑型号，惠普方面表示，公司正在准备一份"细则"，里面将有惠普如何履行"三包"规定的详细说明，以及对问题用户的赔偿方案。

3月19日，消费者在惠普中国总部外举牌抗议。3月20日，惠普以"致用户信"的方式，表示将积极配合质检总局以及相关部门的调查。同时表示，针对消费者反映的问题，已制订出具体计划，并将通过大陆的所有惠普服务中心，严格落实"三包"规定。

面对惠普表面上的退让，受害消费者表示惠普补偿范围不够，仍不能接受。要求公布具体的问题电脑型号和一个透明的解决方案，讨一个说法。惠普此时公布了针对"质量门"的最新解决方案，新方案详细列出了涉及的笔记本电脑型号及故障，解决问题的方式包括免费维修、延长保修期，部分型号电脑还可以直接退换。

这一时期，针对质量问题和消费者的投诉，迫于央视级媒体曝光巨大的舆论压力，惠普虽然有了一些动作但不坦诚，补救措施不足以平民愤。这样一种拖延被动的态度，使得惠普的品牌形象受到严重损害。

（四）长尾阶段

3月23日，惠普全球副总裁公开向消费者道歉。然而此时消费者并不买账，就在道歉的当天，质检总局又接460份维权材料。

3月24~26日，惠普与"维权团"再次交涉，"维权团"称惠普仍在回避现实。惠普方面仍然没有诚意赔偿，而是想尽办法尽量阻挠"维权团"去美国起诉，并且还向"维权团"律师索要名单，绕开"维权团"直接与消费者联系。此时，21个城市的消协开始联手发动维权。

4月1日，为惠普问题电脑用户提供退换机服务，目前已有1800名问题电脑用户得到惠普提供的维修或退换服务。"维权团"表示对此不知情，筹划到美国起诉惠普。4月2日，惠普表现出了一点诚意，称不符合三包法也可谈退货。4月8日，30余名消费者聚集中国惠普总部举牌维权。4月12日，惠普问题本万名用户称国内维权无望，转战美国。4月29日，31名惠普问题电脑用户陆陆续续来到惠普大厦，但是惠普方面依然无人出面接待，甚至被困在惠普总部电梯间长达两个小时。5月7日，几度扬言发起诉讼的维权律师们，最终还是与惠普达成了和解。惠普官方网站消息称："中国惠普与盈科律师事务所和法易网所代表的消费者群体已就特定产品问题达成一致解决意见。"

在这一场惠普和维权消费者的对弈中，貌似是惠普占了上风，但其实，这一事件使得消费者对惠普的信任大大降低，惠普在中国市场上的销量下降了50%。

二、惠普质量门的教训

惠普这次的危机事件教训深刻。企业要重视消费者权利，增强危机公关的能力。

企业危机公关是指企业为避免或者减轻危机所带来的严重损害和威胁，从而有组织、有计划地学习、制定和实施一系列管理措施和应对策略，包括危机的规避、控制、解决以及危机解决后的复兴等不断学习和适应的动态过程。危机公关更强调的是事发前就对事态进行可控的处理，即使发现舆论险情，也要将事态控制在可以掌控的范围之内。

企业一旦出了危机，就需要公关部门的积极应对。尤其是在当今网络时代，企业的危机公关更是需要建立起一套完善的事前监控预防、事中妥善处理、事后补救总结的企业危机公关机制。

（1）事前监控预防：危机发生之前，利用网络监测技术手段，随时随地监控网络舆情，及时发现问题，找到发布的信源，与消费者做好沟通。

还是以惠普笔记本质量门事件为例。惠普质量门事件其实是一个过程，最初并没有引起太多人的注意，有怨言的消费者只是个案现象，问题电脑也集中在少数型号之间，这时候要解决问题还是很容易的。但是，随着惠普不重视高女士等个别消费者的要求，对待前来维修的消费者态度高傲冷漠，激起了高女士的反感，在多次诉求无门之后，终于被迫运用网络QQ群来征集更多同样受害的消费者。惠普笔记本产品的黑屏、闪屏、显卡温度过高等故障开始在网络上被不断传播，越来越多购买同样型号的问题笔记本的消费者开始结盟，而且大多都曾遭遇过惠普同样冷漠无理的客服，惠普引起了消费者普遍的反感。最终发展到在2010年的"3·15"晚会上被"点名"，引起全国一片舆论哗然。

惠普笔记本质量问题早已不是新鲜事了，也非一朝一夕就突然爆发的，而是网上的舆论和网友的意见积聚到一定程度从而引起的井喷式爆发。虽然事情的大规模引起注意是在"3·15"晚会上，但是早在3月上旬，惠普电脑就因为存在质量问题已经在网络上引起众多网友的投诉和意见。早在2010年3月上旬，IWOMdiscover就已经自动鉴定惠普笔记本故障的相关讨论为敏感话题（见图6-1）。

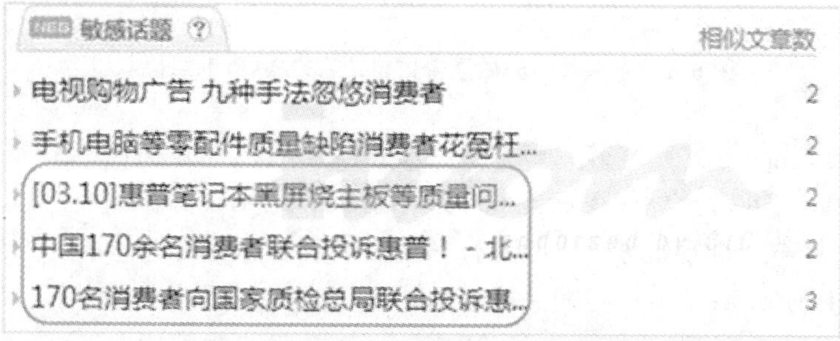

图6-1　IWOM discover 鉴定惠普笔记本故障为敏感话题

而惠普之所以在央视被点名，也是其企业危机公关严重滞后的表现。惠普无论是没有发现自身问题，还是已然发现了问题但决定采取回避的态度，企图蒙混过关，这种高傲和侥幸的心理最终只是让其自食苦果。

如果惠普对网络口碑监测给予重视，危机事件是完全可以避免的。如果惠普公司在危机的萌芽阶段就利用网络关键词抓取技术和论坛观测等手段，随时随地监控网络舆情，发现问题，找到发布的信源，与相关消费者做好沟通，就可以及时将危机扼杀在萌芽阶段。

（2）事中妥善处理：危机发生之时，抱着诚意纠错的态度处理问题，第一时间公开事实、承认错误，做好相应的补救措施，防止事态扩大。

一时间，公众纷纷质疑惠普电脑的质量问题，一些受害消费者组织维权团以法律形式维权，要求惠普给消费者一个说法，召回问题笔记本。但是，惠普面对问题始终遮遮掩掩、态度不明，拒绝承认其产品质量问题，"滑天下之大稽"地发表的"中国学生寝室的蟑螂太恐怖"的解释经中央电视台"3·15"晚会曝光以后，令人啼笑皆非，引起众网友的公愤。然后又后知后觉发出的公关稿"惠普在中国大陆推出'客户关怀增强计划'"，企图蒙混过关，但是却显得如此无力，对于解决问题没有任何帮助。

惠普的这种后知后觉、无济于事的做法，引起了网络媒体的大规模报道。在央视报道后，百度一下"惠普笔记本召回"，就可以找到大量相关新闻，约

新京报 2010年3月16日 A04要闻版 报道软文

惠普在中国大陆推出“客户关怀增强计划”

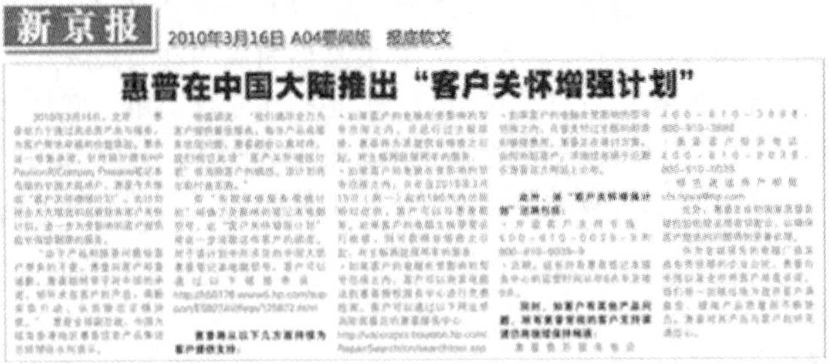

图 6–2 被央视曝光后惠普推出“客户关怀增强计划”

11800 篇。惠普将责任推卸给蟑螂，更是招来了公众的一致反感。百度一下“惠普蟑螂”，可以找到相关新闻约 1590 篇。许多网民开始在网上对惠普这一荒唐的理由进行嘲笑和恶搞，例如有网民要求以后惠普的笔记本要和杀虫剂捆绑销售，以防故障发生；有网民戏谑地写了“惠普，你被小强撞了一下腰”等具有明显讽刺和指责的帖子。还有网友针对惠普“蟑螂门”写了一副对联：“一流名气二等服务三推四托它竟敢称五百强，六月购机七月就闪八月报修九月还没更换，服务十分不靠谱；下联：十台机器九台废品八屏七闪就是一个大流氓，五次电话四次占线三番两次拒绝合理要求，问题一个没解决，横批：众怒惠普。”

产品出了一点问题并不可怕，可怕的是企业一味地推卸责任、把消费者利益抛之脑后。如果惠普能够在发现产品出了问题的第一时间，坦诚自己的错误，公开发表致消费者道歉书，并且勇敢承担起责任，对有问题的笔记本实行召回，并给利益受到损害的消费者一定的物质和精神补偿，就可以防止事态的进一步扩大，后果就不会这么严重。

（3）事后补救总结：危机过去之后，继续做好利益相关者的补救措施，运用一些软性的宣传和公关技巧，获得消费者的原谅，同时总结教训，重新挽回其对品牌的信任和忠诚。

由于激怒了众多消费者，使得惠普这次的品牌形象和企业信誉都受到了巨大损害。许多消费者都表示再也不买惠普电脑。不过，有报道称惠普的“蟑螂”解释并不是出自惠普高层之手，而是出自一位惠普的客服部人员，不能代表惠普整个企业的声音。但是，产品出了质量问题本身就是企业的错，加之其态度蛮横无理，消费者的利益受到损害是事实，引起网民的一致声讨也是理所当然。正是由于惠普内部人员的态度着实不好，引起了广大消费者反感，才会使得网民反应如此激烈。

不注重消费者利益，企业危机公关能力差劲，使得惠普面临着巨大的舆论风波。事件曝光后，在凤凰网财经版面上有一个关于惠普身陷质量门的专题，其中网友评论有 311 条，据不完全统计，其中有高达 95%以上的言论都是在谴责和归罪于惠普，有的是对产品质量的不信任，有的是对其事件发生以后态度的批评，更有的是一些直接煽动性的话语，号召大家联合起来抵制惠普等。

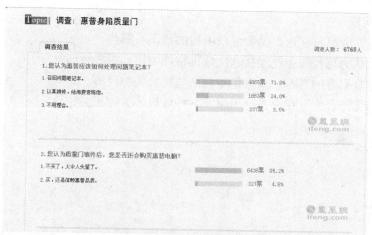

图 6-3　凤凰网财经频道关于公众对惠普质量门态度的调查

危机得到妥善处理并不等于危机的结束，企业必须恢复和重建良好的公众形象。要针对企业形象受损的内容和程度，重点开展弥补形象缺陷的公共关系活动，密切保持与公众的沟通，敞开企业的大门；要有针对性地对质量过硬的产品和一流的服务等进行传播，从根本上改变公众对企业的不良印象。只有当企业的公众形象重新建立和巩固时，企业才谈得上真正的转危为安，企业危机公关才能谈得上圆满结束。

三、小结

随着网络、手机等新媒体时代的到来，在这种社会化媒体发展格局之下，关于企业品牌的舆论也愈发复杂多样，网络舆论也是广大公众对企业认知的一个重要方面。它既能成为企业危机公关的导火索，又能成为其防火墙，而其差别仅仅是企业在维护消费者利益方面实实在在的行动与由此带来的公众的认可。

在这种环境下，网络危机公关也已经成为广大企业的必修课。网络危机公关的能力对于一个企业的成败和一个品牌的兴亡具有十分重要的作用。企业如果不能认识到网络舆论的重要性，就有可能陷入一场严重的品牌危机。

　　所谓危机者，既有"危"又有"机"也。"福兮，祸之所伏；祸兮，福之所倚"，从一定程度上说，企业的危机可以靠危机公关得到转化。但是前提是把消费者的利益放在首位。惠普的口号标榜的是"We Are Ready"，可是面对这样的品牌危机，惠普，你真的准备好了吗？

问题

1. 你认为惠普在这次品牌危机中犯的错误有哪些？
2. 你认为惠普等企业能从这次危机事件中得到哪些教训？
3. 结合惠普的案例，谈谈你对网络危机公关的理解。
4. 请你结合实际情况，给予惠普一些危机公关的相关建议。

第七部分

品牌国际化

学习目标

知识要求 通过本章的学习，掌握：

● 品牌国际化的基本概念、内容和作用
● 品牌国际化的原则、策略与误区
● 当前本土品牌国际化现状、发展趋势

技能要求 通过本章的学习，能够：

● 为某一品牌策划实施品牌国际化战略
● 在品牌国际化实施过程中具备引导和监督的能力
● 避免当前品牌国际化过程中可能存在的问题和误区
● 分析和评估品牌国际化战略实施的结果

学习指导

1. 本章内容包括：品牌国际化的基本概念、内容，策略、误区，对于企业发展的重要意义，以及当前我国本土品牌的国际化现状和发展趋势。

2. 学习方法：深入领会案例及分析，尝试进行品牌国际化的策划、推广等实践活动，在实践中加深理解。形成对日常生活中接触到的国际化品牌进行分析思考的习惯。

3. 建议学时：3 学时。

导　语

品牌国际化：路径与选择

　　品牌国际化是指使品牌成为国际品牌，在跨国际的营销活动中，树立自己的品牌定位形象，达到一个国际化品牌的目标，即在国际上有较大影响力的品牌的行为过程。在这个过程中，企业不仅要利用本国的资源条件和市场，还必须利用国外的资源和市场，进行跨国经营，即在国外投资、生产、组织和策划国际市场营销活动。

　　要在全球范围内经营一个品牌，难度不言而喻。每一个竞争对手，尤其是本国的竞争对手都会对外来的入侵者保持高度的警惕。此外，不同国家之间在语言、信仰、生活和消费习惯方面会有很大的不同，产品的特性和价格也会有很大的不同，这无疑增加了品牌国际化的困难程度。

　　因此，品牌国际化战略的制定和实施必须遵循一定的原则和方法，才能有效地突破国家间的文化壁垒，并迅速占领目标市场，同时规避不必要的风险。大多数经营跨国品牌的公司，通常都会采用"全球化思考，本土化行动"的经营策略，与当地具体情况相结合，进行产品生产以及营销模式的本土化，创造符合当地市场消费需求的品牌竞争优势。同时，通过产品创新、技术创新等创造品牌吸引力，通过产品外包、雇佣当地的廉价劳动力资源等降低成本，以及配合恰当的广告宣传，都能进一步地加强产品在国际市场的竞争力。

　　通过本章的学习，你能更好地理解品牌国际化的内涵以及对于品牌总体战略的重要意义。吉利对沃尔沃的收购案会让你认识到选择正确的品牌国际化战略方向能产生事倍功半的效果；佰草集在欧洲刮起的"中国风"将为你展示品牌差异化定位、诉求本土传统文化和"借力"销售等一系列新颖而有效的经营策略；而青岛金王的全球化之路能让你深刻体会到理性的市场分析、自主创新和成本控制等手段对于推动品牌国际化进程的重要作用。

案例 36　吉利：并购沃尔沃　吸引全球目光

考生角色

假如你是董小名，是吉利汽车的市场部经理，你所在的企业计划收购知名汽车品牌沃尔沃。在经过漫长的筹备与谈判后，在金融危机所带来的机遇下，收购计划成为现实。

你如何认识这样一宗收购案给企业带来的集团品牌发展的国际化机遇和双品牌经营的挑战？

案例介绍

2010 年，3 月 28 日下午 15 时（北京时间 21 时），美国福特汽车公司与浙江吉利控股集团，在沃尔沃所在地瑞典哥德堡，签署了吉利 18 亿美元收购沃尔沃百分之百股权的协议（根据收购协议针对养老金义务和运营资本等因素做出调整，吉利最终交易额为 13 亿美元现金及 2 亿美元票据，共计 15 亿美元）。在获得相关监管机构批准后，预计将于 2010 年第二季度完成交易。

经过了近两年的重大并购案，终于正式签约，取得了重大进展。可以说，吉利收购沃尔沃基本上大局已定，将成为中国汽车企业收购国外豪华汽车品牌第一宗，具有十分重要的意义。李书福表示："对吉利来说，这是具有重要历史意义的一天，我们对能够成功并购沃尔沃轿车公司感到非常自豪。这一瑞典世界级知名豪华汽车品牌将坚守其安全、质量、环保和现代北欧设计这些核心价值，继续巩固和加强沃尔沃在欧美市场的传统地位，积极开拓包括中国在内的新兴国家市场。"

作为与奔驰、宝马、奥迪齐名的国际豪华汽车品牌，沃尔沃的品牌价值和技术含量远远超过萨博。已有 82 年历史的沃尔沃，是欧洲著名的豪华汽车品牌，被誉为"世界上最安全的汽车"。在汽车安全和节能环保方面，有许多独家研发的先进技术和专利。

尽管沃尔沃近年陷入经营困境，销量一路下滑，但仍是一家净资产超过 15 亿美元、具备造血和持续发展能力的跨国汽车公司。沃尔沃品牌价值接近百亿美元，拥有 4000 名高素质研发人才队伍与体系能力，拥有低碳发展能力，可满足欧 6 和欧 7 排放法规的 10 款整车和 3 款发动机（中国仅有欧 4 生产技术），年产汽车能力近 60 万辆，还有分布于全球 100 多个国家的 2400 多家经销商。

　　1999 年，全盛时的福特汽车公司花了 64.5 亿美元，收购了总部位于瑞典的豪华乘用车品牌沃尔沃。目前吉利收购沃尔沃的全部净资产，只有当年福特收购价的 1/3 左右。福特汽车总裁穆拉利曾表示，沃尔沃是一个很棒的品牌。之所以出售沃尔沃，主要原因是福特今后将重点发展福特品牌。福特的口号是"一个福特，一个团队"。

　　从当事双方签署的协议来看，吉利不仅收购了沃尔沃的全部股权，也买到了沃尔沃的核心技术、专利等知识产权和制造设施，还获得了沃尔沃在全球的经销渠道。

　　根据协议，若交易最后完成，吉利将获得大量极具价值的知识产权，如来自沃尔沃公司自有知识产权的商标、专利、非专利技术及注册设计等；来自福特公司无偿转让或无偿提供许可给沃尔沃公司的发动机、平台、模具、安全技术、混合动力技术专利及有关权数千项，以及 260 多个网址网站及 1200 多个设计权利。

　　从吉利的企业规模、研发水平以及资产价值等综合实力来看，与沃尔沃还有很大差距。有分析认为吉利收购沃尔沃是典型的以小博大，是蛇吞象。但是，蛇吞象并非不可能，吉利的成功就可以证明这一点。

　　案例来源：张毅：《一锤定音　中国车企收购海外豪华车第一宗》，腾讯汽车专稿，2010 年 3 月 28 日。

 **案例分析**

一、国际化是自主品牌自强之路

　　从品牌国际化的本质来讲什么是品牌国际化？就是建立与发展企业品牌与国际市场消费者的关系。"品牌国际化"不是为了国际化而国际化，而是在现有基础之上的发展。它应该是通过在更广阔的区域内开展营销推广和品牌输出，实现产品结构国际化、营销传播国际化、品牌管理国际化，而绝不仅仅是实现海外市场的销售。现实是，国内企业向来不缺乏"中国制造"的强势占有，不足的是"中国创造"的品牌形象与认知还没有随着品牌的走出海外，走进国际消费者的心里，让国际消费者了解、尊重、认同并接受中国品牌。品牌形象的重新塑造及有效传播是建立和发展这个品牌关系的基本方式。

　　许多中国企业一直担当无名的、以劳动力密集为优势的合同制造商。一方面，处在国际分工的低端导致利润微薄，绝大部分利润被进口商和零售商所获得；另一方面，无法摆脱产品或服务的趋同性，品牌影响力较弱，一旦失去价格优势，产品销售将无以为继。因此，品牌建设就成为企业提升国际竞争力的关键步骤。

　　缺少国际知名品牌，是中国自主品牌汽车的切肤之痛。中国汽车自主品牌军团在进军中高端市场的过程中，遇到的最大问题就是产品价值和品牌价值的不对称。华晨老总祁玉民曾经愤愤不平地说，华晨的中华骏捷，按其品质完全不比国外同类产品差，可是由于品牌不强，售价只是人家的一半。打造中国自己的著名汽车品牌，需要漫长的时间，而收购国外知名品牌为我所用，则是一条捷径。进入 21 世纪的第一个 10 年，我国汽车产量已居世界之冠，但合资品牌占有较大份额，自主品牌技术和品牌形象尚未赢得普遍认可。中国汽车企业通过跨国并购获取先进技术和优势品牌，这对于吉利汽车而言是一次跨越式发展的机会。

　　从长远发展来看，中国品牌走出去实现国际化是必然选择，中国企业必须要摆脱目前处于世界经济价值链低端的状态，要实现从产品输出向品牌输出的转型，进行国际化发展。这包含两方面的目标追求：一是品牌资产的战略管理，包括市场与资源；二是品牌形象与对外传播。

　　进入 2009 年以来，全球金融危机不断深化、蔓延，带来了经济格局和产业格局的调整，许多曾经的行业巨头价值缩水或价值被低估。通过海外并购，可以用较低的成本，获取到梦寐以求的汽车国际品牌、核心技术和国际营销渠道。吉利并购沃尔沃，一是借船出海，帮助中国自主品牌汽车企业尽快走向国际市场；二是为我所用，借助沃尔沃的品牌影响力提升吉利的品牌影响力。

二、吉利的启示

　　并不是所有的海外收购都能带来良好的收益预期。2005 年上汽与南汽"窝里斗"，分别以 6700 万英镑和 5300 万英镑收购了罗孚老掉牙的技术和设备，"罗孚"品牌却被宝马夺去；北汽收购"萨博"不能使用品牌……一些中国企业在开始拓展海外市场的时候并没有认真思考过企业与品牌需要面对的重要问题，甚至部分企业在海外扩张几年后又全线撤退。

　　吉利收购沃尔沃虽然还需要进一步的整合才能看出其效应，但是从吉利运筹帷幄、步步为营的收购战略而言，吉利的这一步走得扎实而稳健。

（一）瞄准高价值的收购对象

　　在金融危机席卷而来时，曾经辉煌一时的西方汽车工业纷纷陷入亏损的泥潭。与其他濒临破产被收购的品牌价值相比，已有 82 年历史的沃尔沃，是欧洲著名的豪华汽车品牌，拥有多条产品生产线，被誉为"世界上最安全的汽车"。在汽车安全和节能环保方面，有许多独家研发的先进技术和专利。

　　特别在全球汽车消费日渐重要的中国市场，沃尔沃的知名度和美誉度堪比奔驰、宝马，被视为"最安全"的高级车，占有相当的市场份额。作为 1997 年才进入中国经济型轿车市场的吉利，在收购后借助沃尔沃的品牌影响力直接进入了中高端汽车市场。

通过收购，吉利不仅 100% 获得了沃尔沃轿车系列的商标所有权，还实实在在地获得了支撑"沃尔沃"品牌形象的诸多核心要素。

1. 极具价值的知识产权和生产平台

如来自沃尔沃公司自有知识产权的商标、专利、非专利技术及注册设计等；来自福特公司无偿转让或无偿提供许可给沃尔沃公司的发动机、平台、模具、安全技术、混合动力技术专利及有关权数千项，以及 260 多个网址网站及 1200 多个设计权利。

吉利可以获得授权生产的车型包括 S40、S60、S80、C70、C30、XC90、XC60、V50、V70，这几乎是目前沃尔沃在全球范围内销售的所有车型。同时获得的还有生产紧凑型轿车的 P1 平台、生产大中型汽车的 P2 平台以及 P2 平台的升级版本 P24 平台这三大生产平台。

2. 完备的国际营销渠道

除了产品系列，吉利收购沃尔沃的还包括完备的经销商团队和供应商体系。经过多年的积累，沃尔沃拥有分布在全球 100 多个国家的 2500 家经销商，其中 60% 和 30% 的经销商都分布在欧洲和北美市场。

一旦盘活这些有形和无形资产，将带给吉利非比寻常的盈利空间，使吉利大大缩短成为跨国汽车企业的时间，极大地提高吉利的品牌形象。

（二）战略清晰为成功收购奠定基础

从吉利的企业规模、研发水平以及资产价值等综合实力来看，与沃尔沃还有很大差距。吉利缺乏国际运作的经验，工人数量也只有沃尔沃的 1/3；吉利控股旗下上市子公司吉利汽车的市值约为 5 亿美元。为了成功完成收购，吉利从 2006 年开始为收购进行人、财、物的多方准备。

1. 完善人才储备

当前年产能仅为 40 万辆的吉利集团，要实现沃尔沃在中国 5 年产能 60 万辆的目标，最大的瓶颈是没有充足的产业工人后备。事实上，目前吉利正在紧锣密鼓地进行人才储备工作。吉利近年来已经创办了 7 所学校培养职业技术人员和汽车研发人员，目前吉利旗下直接投资或是合作办学的在校生已达 4 万，还在不断扩充中。

在运营上，吉利为沃尔沃的运营组建了一支超豪华的管理团队。李书福挖来了一批有国际化背景的人才，他们都有过在知名公司工作的经历，如福特汽车、北京奔驰、菲亚特集团、英国 BP 集团等。大众汽车北美区首席执行官斯蒂芬·雅克布加入沃尔沃轿车公司并接任总裁兼首席执行官一职。

同时根据吉利的计划，未来吉利将继续招兵买马，在中国成立沃尔沃研发中心，并将吸纳来自瑞典沃尔沃本土研发中心的技术人才。沃尔沃中国总部将与瑞典沃尔沃总部并行，并将根据中国市场研发真正适合中国消费者的沃尔沃轿车产品，力争在明年以前实现沃尔沃轿车的盈利目标。此外，沃尔沃还可能在中国成立沃尔沃商学院，为沃尔沃的未来运营不断培养高端人才。

2. 整合多方资金

业内人士称，此次吉利以不到当年福特公司购买沃尔沃价格 1/3 的价格就收购了沃尔沃的全部净资产。1999 年，福特汽车公司花了 64.5 亿美元收购沃尔沃，沃尔沃成为福特旗下的全资子公司。但即便看起来这是一桩值得的买卖，对于一个仅仅 13 年的企业来说，依然是巨大的挑战。在此次收购中，吉利整合了海内外的银行资源和政府资源，通过上市公司融资、关联企业的股权质押、大庆市国有资产经营有限公司以及未来沃尔沃工厂所在地政府提供的低息贷款援助等多种方式，吉利完成了收购的现金准备。

3. 布局产业链

为了更好地融合汽车生产的上下游产业链，在收购沃尔沃之前，吉利完成了对原福特供应商澳大利亚自动变速器公司 DSI 的收购，并分别与沃尔沃的长期供应商美国江森自控以及法国弗吉亚公司建立长期合作关系，目的即是最大限度地还原沃尔沃的供应链，以维持沃尔沃品牌产品的竞争性。

267

三、吉利并购后的品牌融合挑战

分析人士指出，吉利收购沃尔沃最大的挑战在收购之后。沃尔沃品牌在中国落地后能否尽快打开局面，很好地解决新产品研发、市场营销、配套设施建设等问题，是吉利将要面对的现实难题。

吉利汽车首先要重视文化差异方面其他因素。中外企业并购首先要解决企业文化差距和相互认同的障碍，沃尔沃是瑞典品牌，而此前是福特汽车的子品牌，而收购后将成为中国民营企业的品牌，消除其中的文化差异需要一个过程。如国内汽车龙头企业上汽 2004 年斥资 30 亿元取得韩国双龙汽车近半股权，由于与企业工会沟通不畅，导致了工会多次罢工，并受到"剽窃韩国汽车技术"的"莫须有"指责，眼睁睁看着双龙破产。

为了保证运营的顺畅，吉利和沃尔沃保持独立的运营，设立了保证品牌发展的"防火墙"。然而，并购后，沃尔沃相当部分经营团队都在海外市场，这就需要吉利在企业经营和品牌管理上具有全球视野，同时更要考虑布局对吉利汽车原有品牌生产的促进作用。对于吉利这一出生草根的民营企业而言，如何真正实现跨国经营顺畅也将是一大挑战。

四、小结

国际化的道路从来都是艰险重重，如果盲目进军，迎接企业的将是更为严峻的未来。国内企业品牌在大举开拓国际市场时，首先应该先冷静下来，对企业自身现有的资源和品牌规划进行客观的审视，确定有没有必要国际化、能不能国际化。国际化实际上并非目的，而是获取各种资源、谋求品牌持续经营的一种手段，不论基于何种驱动，企业的最终目标和战略任务是实现价值的最大化。如果品牌无法在增长、盈利与风险的相互制衡中找到海外博弈的平衡点，那么国际化的决策就值得商榷。

自我评估是企业制定国际化战略决策的基础。必须要先考察企业自身所处的发展阶段以及所掌握的一切资源，分析优劣势所在，明确品牌在当前阶段是否切实需要全球化。避免陷入"为国际化而国际化"的误区，实现有效益的"增长"。一般而言，中国品牌开拓国际市场主要来自于外向和内向两种驱动因素。外向驱动指企业的国际化行为是以谋求外部市场利益为根本目的；而内向驱动则指企业通过海外运作引进各种资源，其根本目的是反哺国内市场。

在这之后才是怎么国际化的问题。在制定国际化品牌战略的过程中，企业还需要明确四个问题：是定位为行业品牌还是消费者品牌；是直接收购海外知名品牌，还是开创自主品牌；国内与海外的品牌战略关系是怎样的；如何根据不同的目标市场进行国际化的品牌管理和推广。

此外，国际化战略的成功离不开强有力的执行，而有效的执行又与强大的管理团队密不可分。目前，大部分中国企业尚处于"走出去"的初级阶段，缺乏一支熟悉外国市场运作规则、了解外国客户需求、拥有全球运营经验又熟悉本企业文化的管理团队。

吉利对沃尔沃的成功并购，正是基于对产业格局的判断、行业发展的趋势、企业自身的发展战略的正确判断，同时在执行过程中，通过强大的整合能力完成了这一里程碑式的收购，而这一案例也必将对我国品牌国际化的进程起到积极的影响。

问题

1. 请阐述国际化对国内自主品牌发展的影响。

2. 除了案例分析中提到的，你认为吉利国际化的成功还包括哪些方面？

3. 根据案例的启示，你觉得国内企业在品牌国际化的进程中还应该注意哪些方面？

案例 37　佰草集：吹向海外的中国风

考生角色

假如你是 Daniel，一家国内大型公司的品牌部门经理。公司最近计划将旗下一个子品牌投放到海外进行发展，希望通过此举提升品牌形象，参与到全球市场的竞争，获取更多的利润。

作为公司的骨干成员之一，你被要求参与到这个品牌国际化战略的制定中去。如何在激烈的竞争中发挥本土产品的优势，如何让产品能被国外消费者迅速接受，如何克服由于文化隔阂产生的种种困难等问题，亟待你的思考和解决。因此，了解和学习成功的品牌国际化案例，洞悉市场潮流，能够为你完成这个艰巨任务带来一点参考和启发。

案例介绍

2008 年 6 月 12 日，时尚中草药个人护理品牌——佰草集受全球第一大高档化妆品零售商丝芙兰（Sephora）的盛邀，清雅亮相于丝芙兰巴黎总部主办的春夏季媒体见面会。这是佰草集焕美世界的第一站，也让中国中医的养美之道第一次成为世界时尚的美丽新宠。佰草集的首次亮相掀起了记者会上的一股中国时尚风潮，成为全场夺目的亮点：到场的近 200 名资深美容编辑以及当地时尚人士，纷纷在佰草集展台前驻足观摩与试用，包括 *ELLE*、*FIGARO*、*VOGUE* 等国际顶级时尚媒体更对佰草集"自然、平衡"的品牌理念和清新淡雅的产品形象赞赏有加，一致表示将殷切关注和期待佰草集在法国的全面上市。而热爱中国文化的丝芙兰欧洲总裁在亲临现场后，也充分表达了他对这个来自中国的中草药个人护理品牌的肯定以及对合作前景的美好希冀。

2008 年 9 月 1 日，佰草集护肤品正式登陆巴黎，入驻巴黎香榭丽舍大街以及 30 家丝芙兰法国专卖店。首批上市的 11 款产品，包括太极泥、逆时恒美紧肤系列、全天候保湿系列和手足系列，采用法国 Centdegres 公司设计的清新典雅的包装，艳压群芳，竹子般清新质朴的瓶身和"团花"瓶盖将中国元素与时尚风采淋漓尽致地展现，产品一上市立即成为时尚的宠儿。在随后的一年时间内，在没有任何广告宣传的情况下，丝芙兰香街店内 87 个护肤品牌约 2000 多个单品中，佰草集的营业额高居销售排行榜前十位，其中主打明星产品"清肌养颜太极泥"，更是排名单品销售前五名。消费者在热衷于佰草集所蕴涵的中国文化的同时，对产品本身也是赞不绝口。如此给力的销售业绩，表明佰草集的汉方本草风暴已经席卷全法，并在整个欧洲蔓延。

案例来源：①《中国本草首耀巴黎，佰草集法国上市》，中国时尚品牌网，http://www.chinasspp.com，2008年7月16日。

②《佰草集巴黎掀起中国本草风》，千龙网，http://www.qianlong.com/，2008年10月29日。

案例分析

佰草集，是上海家化联合股份有限公司1998年推向市场的一个具有全新概念的品牌，是中国第一套具有完整意义的现代中草药中高档个人护理品。自上市那天起，就以其独特的定位及销售方式，在国内化妆品市场上独树一帜，并逐步建立了清新、自然、健康的品牌形象。2008年又成功打入国际市场，成为第一个走出国门的中国时尚个人护理品牌。与国际顶级护肤品品牌比肩同行，将轻盈的中医养美理念与浓厚的中国文化融为一体，让全世界爱美女性一起分享来自中国自然、平衡的根源之美，掀起了一股全新的中草药护肤新风尚。

佰草集的成功无疑是品牌实践的典范，然而它的意义还远不止于此。在品牌定位上的反复尝试，在产品研发上的独具匠心，面对激烈的竞争如何展现核心竞争力，如何解决因为文化差异造成的营销难题，佰草集的这些探索对于任何期望打造本土高端品牌，走进国际市场的中国公司都极具启发价值。

一、独具特色的品牌定位

上海家化曾经推出一个Distance的高端品牌，从一开始就是用完全西方化的设计和定位，希望符合西方的流行和价值观，进而冲进海外市场。当时整个品牌设计很洋气，但是后来发现，再洋也比不过货真价实的洋品牌，反而使品牌形象变得不伦不类，导致销售业绩非常糟糕。上海家化从Distance的失败经历认识到，国际品牌需要有自己的基因，佰草集的成功从另一个角度印证了这一点——依靠独具特色的东方化定位，佰草集与市场上强势的洋品牌加以区隔，这个新生品牌很快从高端市场脱颖而出。

自1998年诞生之时起，佰草集就从名目繁多的"高科技"概念跳出来，挖掘传统中医美容理论精髓，将自身定位为一款以中草药添加剂为特色，秉承中国医药学精髓糅合中草药精华与现代生物科技的现代中草药护理产品。

2005年，佰草集产品的功能诉求更进一步，从"中草药添加剂"演进到"中草药复方"。相比"中草药添加剂"，"复方"又上了一个台阶，"1+1>2"，更加突出了产品中多种中草药的复合效果。

创立至今，佰草集坚持中草药概念不变，不仅成为上海家化的主要盈利品牌之一，而且迅速迈上国际化之路。

佰草集之所以会选择这样的定位，自然有其原因。近些年来，消费者的自然健康意识不断增强，各种化学护理产品江河日下，而国际美容业对天然的植物医药则越来越看好。数据显示，已有几十种植物医药被列入欧盟医学药典，中草药在西方市场消费年增长率达 16%，目前全球东方草本药物市场由 124 亿美元增至 196 亿美元，并持续增长。

作为中国的国粹，中国医药学文献里载录的美容方法数不胜数。1600 年的使用历史，让中医药美容成为一种不会随时间而改变的经典美容方法。这种差异化定位，是跨国公司没有办法与之相比的，无疑给本土化妆品创造了挑战洋品牌的机会。

二、精心独到的品牌设计

1. 品牌名称设计

拥有一个好名字是打造一个好品牌的重要环节。佰草集从品牌命名上就紧扣中草药植物精华概念和嵌注中国元素，让人们一眼看上去，就知道是地道的中国货。佰草集这个精心挑选的名字，其着眼点在"草"上，一目了然地将产品定位淋漓尽致地表现出来。佰草集，则意为"集百草而成"，让人不由联想到医药学经典著作《本草纲目》，既体现产品的特质——采撷天然根、茎、叶、花、果精华，天然无污染；又不拘泥于某一功能上的定义，使得佰草集有很大的品牌拓展空间。凭借这个令人耳目一新的名字，最终传递出"天地之气，佰草之灵，汉方之粹，养根源之美"的品牌精髓。此外，"佰草集"这个命名也顺应了现代人追求健康、追求天然的返璞归真的情绪。

而经过多年的市场实践，几乎所有的消费者都表现出对"佰草集"这三个字的喜爱之情，认为其颇具美感和诗意，令人生出历史悠久、自然健康的感觉，与其高端定位十分协调。

2. 产品研发环节

早在佰草集品牌推出之前，上海家化就与上海中医大学、中科院上海有机化学研究所、上海医科大学及香港科技大学等七个研究机构共同组成联合实验室，专心于中草药化妆品的研发。此前，企业科研部人员专程去神农架实地考察当地的药草资源，为佰草集的开发作准备。1998 年，依据中医独有的平衡理论和由内而外的整体观念，结合现代科技手段萃取天然中草药精华，佰草集研发出了一系列基础、特效护肤品和芳香调理系列产品。之后，其强大的技术实力又保证了佰草集系列新品的不断推出。每年佰草集都会推出一个主题系列产品，比如 2004 年的新七白系列，比如 2006 年的逆时恒美系列，通过高附加值新品的推出逐步淘汰老的产品，从而实现佰草集系列产品均价的自然提高。

以新七白系列为例，其正是上海家化科研人员从中药护肤古方中汲取灵感再创新的产品。据古书记载：元代宫廷嫔妃使用过一种神奇的美白秘方，乃七味名字中都带"白"字的中草药配成——白术、白茯苓、白蔹、白芍、白芨、白附子、白僵蚕，史称"七白膏"，能遮掩瑕疵，迅速美白。然而在中国现代中医药典里，"七白膏"古方中的白附子和白僵蚕被列为有一定毒性的药材。为了合理改良古方，科研人员数次到原始森林中寻找药草资源，论证药材特性，终于从数千种中药材里选出了安全可靠的岩白菜和甘草来替代白附子和白僵蚕，研发出更安全可靠的"新七白"美白系列护肤品。

现在，佰草集品牌旗下有 150 余款产品，涉及面部、手、足、体、洗护、芳香、口服各个领域，能满足消费者不同层面的需求。佰草集的明星产品和系列包括新七白美白系列、逆时恒美紧肤系列、全天候焕肤保湿系列、平衡系列等。

3. 产品外观设计

佰草集在产品的包装设计上充分结合了中国传统文化，把产品的内涵通过外观造型更好地进行诠释。中国结、青花瓷、旗袍、竹、荷、龙、凤、琴、棋、书、画等美轮美奂的中国元素，都是佰草集的选择素材。把历史悠久、内涵深远的中国文化有选择地、巧妙地融入到产品形象设计中去，既保留了时代感，又饱含古老东方的神韵；同时又大胆地运用时尚的元素，采用比较现代化的材料。在色彩设计上，突破了单纯的黑白搭配，融入了中国红和草绿色等中国文化中的主流色彩，再结合黑与白两个最基本的颜色，把中国传统的文化和现代时尚的演绎方式进行完美的结合。

三、独树一帜的营销渠道

在中国的化妆品市场，普遍存在着一种"崇洋媚外"的现象：在一线城市的知名商场，一般占据化妆品专柜最好位置的通常都是国际大品牌。虽然从建立之初就确定了高端的定位，但当时佰草集在商场中所处的位置是不利于其品牌树立的，必须另求他法。

佰草集把自己的目标人群定位于知性的白领女性，得到她们的高度认同，是佰草集持续发展最为重要的动力。而要打动这些"理性、内敛"的人，并不是件容易的事。传统的广告宣传方式对于她们来说效果并不好，必须用一种温润而委婉的方式，让知性的女人们渐渐心悦诚服。因此，佰草集在传统销售渠道即专柜的基础上，提出了"专柜+专营店+SPA"的渠道概念，既在商场设立专柜，同时也开设专营店，并提供SPA服务，创造了专业线与日化线相结合的一种组合渠道模式。

佰草集专卖店里环境特别优雅，非常讲究细节。比如中草药美容文化的海报，精致的产品包装，别具一格的宣传品介绍，这些都能给顾客足够的刺激。同时，店铺内始终播放着柔和的音乐，弥漫着精油的芳香，让顾客在试用产品外，还能品尝花草茶，从视觉、听觉、嗅觉、触觉、味觉上获得全面的体验。从时尚典雅的店面风格到清新雅致的产品包装，让消费者犹如置身气息清新的田园之中，将佰草集自然、健康的品牌文化诠释得淋漓尽致。

此外，佰草集还先后在南京、上海、广州等城市开设高端SPA会所。在佰草会所里，伴着悠扬的音乐、清幽的芳香，会员可以享受专业的肌肤测试、护肤咨询以及为肌肤量身定做的佰草集特色面部、颈部、手部护理；还可以参与定期举办的美丽课堂，彼此交流美丽心得，了解自然、清新的生活方式。通过为会员提供这样一个舒适的环境，让她们更贴近深入地了解佰草集这个品牌，并展示佰草集的文化底蕴，同时也给会员提供了更为立体的交流平台，增进了会员与佰草集、会员与会员之间的感情。

正是凭借这一系列国际风行的营销手段，佰草集才能成为最具想象力和发展潜力的民族高端化妆品品牌，并获得全球领先化妆品零售商丝芙兰的青睐。

273

四、借力中国文化，走向国际市场

2008年，奥运热潮带来的中国文化热蔓延至全球。国际市场开始重视"中国哲学"的市场作用，总部位于法国的全球化妆品零售业巨头丝芙兰向佰草集抛出了橄榄枝，而吸引丝芙兰高层的，正是佰草集身上蕴涵的"中国文化元素"。虽然纯天然、绿色、植物等概念在全球化妆品行业已经不新鲜，但佰草集独有的"汉方"概念却是丝芙兰合作品牌中唯一的一家。面对这个进入法国市场的良机，佰草集决定在欧洲化妆品市场上把自己塑造成一个风格雅致、韵味深厚的具有东方魅力的时尚符号，同时一切营销举措都围绕着这一目标。

但就像硬币有两面一样，打文化牌虽然能形成差异化，但要让法国市场理解并接受悠久的中国文化，却是一项非常庞大的工程。同时，大多数海外市场上对"中国概念"仅仅停留在好奇甚至猎奇式的关注，也有一些人对中国不了解甚至有偏见。所以把"中国概念"的精华凸显出来，让更多的海外消费者理解其内涵，让广大的好奇者从"纪念品"消费走向对"中国元素"的持续性消费，就显得尤为重要。

为了了解欧洲消费者对于东方文化的解读方式，佰草集特意找到法国一家具有东西方文化背景的专业咨询公司，对"表达系统"进行了全面梳理，最终选择将佰草集的品牌和产品理念从西方文化角度重新阐释。举个例子，比如佰草集的明星产品"太极泥面膜"，"太极"这个词对于中国消费者来说都能意会。但在法国，要把"太极"解释清楚是很困难的，于是佰草集干脆把"太极"提炼为"平衡"的概念，为了让这个概念更直观，他们选择用一根平衡的竹子来做形象推广。同时还把包装盒做成太极图阴阳鱼的样子——这样能让产品更生动、形象，同时，这个图案也是外国人以前在各类媒体上经常能看到的中国传统元素，因此很容易产生品牌联想。

为了对欧洲人形成足够强大的文化冲击力，佰草集还特别强调"古法"，专门设计了一套太极八式按摩手法，教顾客在用太极泥面膜的时候使用此手法来加强产品功效。与欧洲化妆品所使用的生化技术相比，中医的效果难见立竿见影的疗效，但由消费者参与的"古法"体验，能够形成一种仪式感和东方式的平静心理体验，构成了品牌的独特内涵。

佰草集在不同语言的转换过程中，也紧扣传播概念与内涵的原则，而不仅仅是简单的名词翻译。在佰草集为法国市场设计的产品外观上，"佰草集"这几个汉字被放大，并放在最中心的位置，英文标识虽然也被放大，但只是在中文的下方。而佰草集产品的色系并没有选择很艳丽的颜色，而是古朴的淡绿、淡黄，产品包装的外形则是仿照了竹节的外观。而且在外包装和瓶盖上都能看到用各种植物组成的"团花"图案，并且带有立体感，让人联想起中国的印章。所有这一切，都是为了在丝芙兰的化妆品海洋中凸显"佰草集"与众不同的地方：来自中国的传承了上千年的"汉方"。

为了让法国化妆品市场了解"汉方"，佰草集并没有大规模做广告，而是首先主动接触法国时尚媒体，先让他们了解"汉方"和佰草集的产品特色。这种占领舆论制高点的方法也对佰草集在法国市场的推广起到了不可小觑的作用。

同时，佰草集还沿用了在国内已经获得成功的"中医按摩+SPA模式"。在举世瞩目的上海世博会上，佰草集作为中国的本土品牌以雄厚的实力步入"世博村"。以中华"整体、平衡"养生养美，传统中医经络手法为特色精髓打造的SPA馆，打破了传统西方SPA的概念，为居住在世博村的各国人士传递汉方养生理念及东道国的SPA特色。

正是凭借这一系列独到而有效的国际市场品牌推广策略，佰草集顺利地迈出了在海外市场的脚步。在法国香榭丽舍大街的丝芙兰旗舰店里，一款售价为49欧元的太极泥面膜上市不到一个月的时间便脱销，在包括香奈尔、迪奥等法国大品牌在内的2300个护肤品中销售名列前五名，而佰草集全系列产品的总销售量，也进入了全店护肤品的前十位。这样的好成绩让丝芙兰将佰草集视为新的业绩增长点，主动推动佰草集进入荷兰等其他欧洲市场。

问题

1. 结合案例，谈谈进入国际市场对于品牌发展的重要意义。

2. 除了案例分析中提到的，你认为帮助佰草集成功进入国际市场的因素还有哪些?

3. 你认为佰草集在今后的国际市场发展中可能会遇到怎样的困难，并为如何解决这些困难给出建议。

4. 试另举一个本土品牌走入国际市场获得成功的例子，并做简单描述。

案例38 金王蜡烛：墙外开花墙内香

考生角色

假如你是 Mary，一家礼品生产企业的品牌经理，一直以来，你所在的企业产品以代工为主。然而，如何摆脱低利润的 OEM 方式，打造自有品牌，开拓国内外市场的高利润空间，在金融危机后越来越激烈的市场竞争中成为你的工作拓展点。

案例介绍

小小的蜡烛蕴藏着大的乾坤：出口 3 支小蜡烛等于一台大彩电的纯利润。这一"天方夜谭"的商业传奇，由"隐形冠军"青岛金王集团书写而成。

2009 年元旦伊始的下午，温家宝总理走进金王集团企业产品展厅。展示柜上，摆放着 3 万多种形态各异、五颜六色的蜡烛飘着香气，令人心旷神怡。虽然中国人很少用它照明，但在欧美，每四个家庭中就有一个在用。

"我们经过 12 年的发展，已经名列世界第二。"金王集团董事长陈索斌告诉总理，2008 年在受到金融危机冲击的情况下，企业不断开发新产品，销量和 2007 年持平。最近，企业开发以"中国红"为特点的系列蜡烛产品受到海外消费者的欢迎。

陈索斌将一个新研制开发的蜡烛递给总理，兴奋地说："您多次强调'信心比黄金和货币更重要'，我们受到了很大的鼓励。""我有一个小小的心愿，送给您这个蜡烛。您消费一下、体验一下，带头拉动一下内需。"听到这番话，现场的人们都会心地笑了。

当温总理离开金王企业时，勉励干部职工："小蜡烛能做大文章。在这个行业，美国企业用了 100 多年时间成为世界第一，希望你们能在 10 年内赶上并超过他们，成为世界第一，让中国蜡烛照耀世界。"

经济学中，有个知名的"微笑曲线"的说法，这是我国台湾宏基公司董事长施振荣先生最早提出的。金王是"微笑曲线"的实践者之一。曲线，往往被人们赋予美的含义。在现代产业价值链中，研发、制造、营销，这三者利润构成了两端高、中间低的是微笑曲线。当很多出口企业仅满足于为外商贴牌加工，赚取一点辛苦费的时候，金王却凭借不懈的科技创新与市场开拓，用一支小蜡烛逐步在国际市场上打响了自主品牌，点亮了一条完美的"微笑曲线"。

这条美妙的"曲线"背后，隐含的则是金王的不凡气度：科研专利名列全国 10 强，平均每天诞生一项技术；产品行销 115 个国家和地区，与沃尔玛、家乐福、宜家等欧美国际商业"巨头"结为密切合作伙伴；全球合作客户达到 1500 余家；在欧美，金王的销售量相当于平均在每 4 个家庭中，就有一家拥有一件 KingKing 的产品；年产值达 12 亿元，出口量稳居世界同业第三；在国际市场上，KingKing（金王）的牌子已被客户称为双冠王——玻璃王和蜡烛王。

金王集团用小蜡烛点亮了国际大市场，其发展历程充分说明，小行业也可以做大事情。"金王集团牢牢抓住了科技创新与市场拓展两个源头，带动中间制造环节的快速升级，凭借瞄准市场的自主创新知识产权化，逐步树立了自主品牌。"陈索斌自信中透着无比的坚定。

陈索斌的"微笑曲线"告诉我们，创新是企业取得高附加值、持续发展的需要，尤其是对于中小企业来说，创新几乎成为争取高附加值的唯一途径。创新是企业蓬勃发展的源泉，创新是企业的生命线。对于科技创新与品牌经营之间的关系，陈索斌这样说，不能用科技手段去创新，不能拥有自主知识产权的核心部分，就不能拥有一个百年品牌。

专利是无形的财富，只有获得自主知识产权的创新，才能叫做自主创新。从 2002 年起，金王的自主创新进入良性发展轨道，企业开始全面实施"专利战略"。此前，金王申请的专利总共就十几项，而 2002 年一年就达到了 40 项，2003 年则一举突破 200 项。2005 年，金王进入全国企业专利申请前 10 强，平均每天就会有一项专利技术诞生!

经过自主创新与发展，"KingKing"品牌的知名度日益提升。2003 年，"KingKing"荣获山东省著名商标，获准在美国、英国、德国、法国、日本等20 多个国家和地区进行商标注册，同时获得了沃尔玛、家乐福及瑞典宜家等国际商业"巨头"的高度认可。2005 年，"KingKing"入选国家商务部"重点培育和发展的出口品牌"。

2008 年金融危机发生后，金王的经营者意识到需要未雨绸缪，不能只做蜡烛，不能一条腿走路，也不能忽视开拓国内市场。青岛金王关注到利润更大，同时也属于化工技术的香料、精油生产行业。但是要想在竞争激烈的国内化妆品市场取得一席之地，最好有一个国际知名品牌，于是看上了芬旎这个意大利最有名的香精化妆品品牌，而对方也想在危机的环境下拓展产品线，看中金王的蜡烛在欧洲有稳定的销量。

经过谈判，双方签订了品牌交叉授权协议，芬旎的拥有者意大利德兰国际有限公司获得了在意大利境内独家使用金王商标、销售金王产品的权利，而金王则拥有了在中国境内独家使用芬旎商标、销售芬旎化妆品的权利。从以上双方协议内容来看，青岛金王可以说在获得国外品牌上没有花一分钱。但是，为了在国内做好芬旎这个牌子，按照计划，金王还要投资 6000 多万元，建设代理、经销渠道，并在主要城市设立体验店。

据悉，日前芬旎品牌天然香薰护肤品旗舰店已在上海包括港汇、龙之梦等4 家大型商场销品茂同时开业，还有上海多家一线销品茂和百货商场也正与芬旎洽谈品牌进入事宜。

资料来源：张弛：《小蜡烛　大财富》，《南方企业家》，2009 年 4 月 2 日。

案例分析

一、品牌国际化的抉择

全球经济一体化已经成为不可阻挡的必然趋势。从长远发展来看，中国品牌走出去、实现国际化是必然选择。中国企业必须要摆脱目前处于世界经济价值链低端的状态，要实现从产品输出向品牌输出的转型，进行国际化发展。

品牌国际化需要应对众多挑战。目前复杂多变的国际市场上，中国企业最主要的竞争优势是成本优势和产品优势，而最差的就是品牌优势。因此，如何建立中国品牌的高品质形象，快速扭转全球消费者对"中国制造"低质低价的印象，已成为考验中国品牌国际化中最棘手的难题之一。中国品牌要成功走向世界，不仅需要综合考虑市场进入渠道、经营模式、营销推广、贸易壁垒、文化差异等因素，还要提升管理水平，并赢得东道国的尊重。只有这样，才能在国际化的道路上长久地走下去。

青岛金王在国际化的过程中，是以传统中国在外贸中的成本优势打开了市场。但是，金王并没有放弃在品牌形象上的塑造，OEM 与自主品牌两条腿走路，以专利和创新巩固优势，并且采用了多种国际化的策略，在小行业中赢得了大市场，拿下了行业世界第二的宝座。

二、品牌国际化的路径选择

但是，国际化并非坦途。已经有失败的案例表明，一些中国企业在开始拓展海外市场的时候并没有认真思考过这些重要问题，部分企业在海外扩张几年后又全线撤退。因此，国内企业品牌在大力开拓国际市场时，首先应该先冷静下来，想一想自己面对中国繁荣发展的经济和巨大的国内消费市场，为什么要开拓国际市场；是为了突破现有市场瓶颈，还是为了赢得更多的声誉；是为了赚取短期利润，还是为了在全球范围内优化生产布局，以取得资源配置的长期优势；是为了优化成本构成，还是为了打进竞争者的后院，控制竞争者的本国市场，以改善公司在国内市场上的竞争地位。

一旦决定了"国际化"的目的，接下来就必须决定主要的目标市场。很显然，不同的战略目标会要求不同的跨国经营策略。首先应该从世界哪个地区、国家的市场开始着手。其次在确定了目标市场之后，还需选择合适的品牌进入方式，明确什么样的路径最适合自己。目前，主要有三种品牌国际化的途径。

1. 造船出海

这种方式是指企业主要依靠自有品牌的力量，采取渐进的方式积累国际化资源与能力，逐步实现品牌的海外经营。

自力更生"造船出海"的品牌通常需要经历一个阶段性的发展过程：①以间接出口的方式开始小规模的国际营销活动；②积极接触海外市场、直接出口；③建立海外代理机制或自建海外销售网络，实现直接的国际化销售；④海外开设工厂，设置研发机构甚至营销推广机构，展开本土化的品牌经营活动。

目前，出口是我国自主品牌"造船出海"的主要方式。在品牌国际化初始阶段，把国内作为生产基地进行出口及海外代理销售，往往是一种风险相对较小、成功率相对较高的选择，能够较好利用国内丰富的劳动力资源和较为完备的制造业配套优势。而通过国际营销机构自建海外销售渠道，可以减少中间环节、将产品直接销往国外，但却存在一定风险，如应收账款无法收回。

2. 借船出海

这种方式是指企业通过对外国公司的收购兼并以及海外上市等资本运作，获取国外的既有资源优势，借此迅速进入海外市场，提升品牌的国际化程度。根据目标资源的不同，可以将这一国际化路径口细分为五种主要形式。

（1）借"品牌船"。对于一些海外市场已经很成熟的行业来说，中国自主品牌要想进入，需要很大的投入和较长时间的市场培育，即便如此也可能不被当地消费者所接受，难以获得有利的市场地位。这种情况下，中国企业通过跨国并购重组，则很有机会借助成熟品牌的影响力迅速扩大海外销售规模。如联想收购 IBM，金王与意大利品牌芬旎的品牌交叉互换也是非常独特的一种借力方式。

（2）借"渠道船"。企业在并购国际品牌的同时往往也获得了该品牌在当地市场的直接销售渠道，节省了市场开拓、渠道建设的巨额投入，带动品牌在短期内更有力地参与国际市场竞争。比如浙江万向集团先后收购了美国舍勒等多家公司，成功拓展了海外销售渠道。

（3）借"技术船"。企业通过收购国外品牌的生产业务，或是某项技术、研发部门、生产线等，获取先进技术，以提升品牌的海外竞争力。这在汽车、电力、机械制造等国内技术较为落后的传统行业，以及电脑、手机、互联网和软件等技术要求高、产品更新快的新兴行业，都十分常见。比如，上汽集团收购韩国双龙汽车和英国罗孚汽车，就是为了获取研发能力和技术平台。

（4）借"资源船"。由于过去我国经济粗放式的增长以及全球制造业向国内转移，一些重要自然资源的对外依赖性越来越强，致使钢铁、石油、煤炭、矿产等能源企业纷纷实施国际并购战略，利用海外资源和生产能力，开拓国际市场。例如，中石化、中石油、中海油等企业每年都会在海外进行多起油气资产的收购。

（5）借"资金船"。国内企业海外上市，不仅可以获得海外资本市场大规模直接融资，还有利于改进公司治理和经营架构，提高品牌在国际市场的知名度和市场占有率，为品牌的国际化经营做准备。1993 年，青岛啤酒率先开启了内地企业海外上市的大门，此后一批国企通过发行 H 股在香港获取国际资金。如今，包括四大国有商业银行在内的大型国企以及新浪、阿里巴巴、百度等新兴产业，纷纷通过境外上市来获取资源的全球配置，上市地点也从最初的香港联交所和纽约交易所，扩展到香港创业板、纳斯达克、新加坡交易所等。

"借船出海"可以说是实现品牌国际化的一条捷径，但往往也可能需要付出巨大的代价。就跨国并购而言，由于收购的通常是跨国企业的亏损业务，因而存在较大风险。收购完成后企业需要迎接资源消化、业务重组、文化整合、跨文化品牌管理等一系列挑战，并且要面对来自财务、经营和资本市场诸多方面的风险。TCL 的跨国并购就使其陷入亏损泥潭。

3. 结盟出海

这种方式是指企业与海外企业进行战略联盟合作，结成利益共同体，共同开拓全球市场，加速品牌的国际化。我国自主品牌的"结盟出海"主要包括以下三个方面。

（1）市场换市场。与一些想要进入中国市场却苦于没有渠道的国际品牌合作，在共同的发展目标下相互借助对方的销售渠道，扩大销售范围。从而使我国自有品牌能在较小风险下开辟国际市场，融入到全球市场体系中去。例如，2003年奥康集团与意大利名牌GEOX达成了战略联盟：奥康集团负责GEOX品牌在中国市场的生产、销售及网络建设，同时奥康也借助GEOX在世界58个国家的营销网络将自己的产品推向国外。

（2）技术带市场。通过与国际品牌合作，将自身的产品开发、功能设计、技术研发等方面提升到新的水平，以带动自主品牌在国际市场的竞争力。例如波导与法国萨基姆合作，正是因为该公司是法国著名的航空军事通信企业，曾为幻影战斗机提供射频技术，"手机中的战斗机"便成为波导后来一直坚持的品牌形象。

（3）工厂变市场。贴牌生产是我国大量中小企业实现产品外贸的重要方式。在从事OEM的过程中，也逐渐学习和掌握了国际竞争规则，为自主品牌的海外拓展奠定了一定的基础。格兰仕定位于"全球名牌家电制造中心"，与250家跨国公司展开合作，以提高产品的占有率来曲线占领海外市场。今后几年，格兰仕的国际化品牌战略则是自营品牌与OEM贴牌相配合，利用国际知名企业的品牌、销售及服务网络等资源，实现全球市场的低成本扩张。

三、小结

中国品牌走向世界的过程中，肯定会经历很多挫折，这是一个学习的过程。各自行业一些成功的经验或者失败的教训可以给更多中国企业提供借鉴和参考，也促使品牌国际化向着理性回归。

金王的实践证明，品牌经营者在进行国际化开拓时，首先要明确自身的定位，紧紧掌握住自己的核心优势。其次要善于借力发力，运用多种手段，形成自有品牌的核心竞争力。国内品牌在国际化的进程中需要审时度势，找到最适合自己的国际化道路，并最终成为国际市场真正的赢家。

问题

1. 谈谈你对品牌国际化的理解。

2. 除了案例分析中提到的，你认为金王的成功之处还包括哪些方面？

3. 根据金王案例的启示，你是否还可以列举其他品牌进行品牌国际化的成功案例？

参考文献

1. 乔春洋：《品牌文化》，中山大学出版社，2005 年。

2. 朱立：《品牌文化战略研究》，经济科学出版社，2006 年。

3. 帕特里克·汉伦：《品牌密码》，2007 年。

4. 阿久津聪、石田茂：《文脉品牌——让你的品牌形象与众不同》，2005 年。

5. 马克·戈贝：《情感品牌——如何使你的企业看上去与众不同》，2004 年。

6. 林景新：《网络危机管理——Web2.0 时代的企业危机解决之道》（第 1 版），暨南大学出版社，2009 年。

7. 刘建明：《舆论传播》（第 1 版），清华大学出版社，2001 年。

8. 胡百精：《危机传播管理》，中国传媒大学出版社，2005 年。

9. 胡百精：《公共关系学》，中国人民大学出版社，2008 年。

10. 铃木司、中岛正之、吉松彻郎：《口碑营销/市场营销新概念系列》，科学出版社，2006 年。

11. 西尔费曼：《口碑：营销效果无限放大的秘密》，电子工业出版社，2004 年。

12.《品牌管理参考》，中国传媒大学 BBI 商务品牌战略研究所，2007~2009 年。

13. 菲利普·科特勒：《营销管理》，上海人民出版社，2006 年。

14. 胡正荣：《传播学总论》（第 1 版），中国传媒大学出版社，1997 年。

15. 段鹏：《传播学基础历史、框架与外延》，中国传媒大学出版社，2006 年。

16. 张树庭、吕艳丹：《有效的品牌传播》，中国传媒大学出版社，2008 年。

17. 丁俊杰、康瑾：《现代广告通论》，中国传媒大学出版社，2007 年。

18. 威廉·阿伦斯：《当代广告学》，人民邮电出版社，2005 年。

19. 黄升民、段晶晶：《广告策划》，中国传媒大学出版社，2006 年。

20. 余小梅：《广告心理学》，中国传媒大学出版社，2003 年。

21. 艾丽丝·M.泰伯特（Alice M. Tybout）、蒂姆·卡尔金斯（Tim Calkins）：

《凯洛格品牌论》，人民邮电出版社，2006 年。

22. 大卫·艾克：《管理品牌资产》，机械工业出版社，2006 年。

23. 大卫·艾克：《创建强势品牌》，中国劳动社会保障出版社，2004 年。

24. ［美］科耐普：《品牌智慧——品牌战略实施的五个步骤》，赵中秋、罗臣译，企业管理出版社，2006 年。

25. 大卫·艾克：《管理品牌资产塑造强势品牌》，新华出版社，2001 年。

26. 艾尔·里斯：《定位》，中国财政经济出版社，2002 年。

27. 艾尔·里斯、劳拉·里斯：《打造品牌的 22 条法则》，上海人民出版社，2002 年。

28. 无印良品：《家：我的私宅论》，广西师范大学出版社，2010 年。

29.《万科》周刊编辑部：《万科的观点·管理篇》，花城出版社，2005 年。

30. 蒋焱兰：《企业品牌管理法律事务》，群众出版社，2005 年。

31. 韩中和：《品牌国际化战略》，复旦大学出版社，2003 年。

32. 伊恩·贝蒂：《卓越品牌：创造国际化的亚洲品牌》，北京大学出版社，2006 年。

33. 张树庭、吕艳丹：《有效的品牌传播》，中国传媒大学出版社，2008 年。

34. 朱立：《品牌文化战略研究》，经济科学出版社，2006 年。

35. 贺川生：《国际品牌命名案例及品牌战略》，湖南人民出版社，2000 年。

36. 杨海军、袁建：《品牌学案例教程》，复旦大学出版社，2009 年。

37. 薛可：《品牌扩张：延伸与创新》，北京大学出版社，2004 年。

38. ［美］凯文·莱恩·凯勒：《战略品牌管理》，卢泰宏、吴水龙译，中国人民大学出版社，2009 年。

39. 杨明刚：《国际知名品牌中国市场全攻略》，华东理工大学出版社，2003 年。

40. 李光斗：《品牌战：全球化留给中国的最后机会》，清华大学出版社，2006 年。

41. ［美］霍利斯著：《全球化品牌》，谭北平等译，北京师范大学出版社，2009 年。

42. 杨曦沦：《CEO 品牌之道》，华夏出版社，2007 年。

43. 张弛：《小蜡烛　大财富》，南方企业家，2009 年。

44. 郑苏晖：《网络口碑营销的崛起》，经营者·广告导报，2008 年。

45. 柯贵幸、迟毓凯、王波：《非常时期网络谣言的传播机制和应对策略》，社会心理科学，2009 年。

46. 薛可、陈唏、王韧：《基于社会网络的品牌危机传播“意见领袖”》，研

究》，新闻界，2009 年。

47. 郑智斌、熊文珍：《网络口碑传播与互联网的社会化》，南昌大学学报，2008 年。

48. 丁菊、谭亮、柳西波：《新营销：kidult 经济时代的来临》，科教导刊，2010 年。

49. 潘国灵：《Kidult：成人孩童化现象》，城市画报，2004 年。

50. 许娟娟、卢泰宏：《品牌联盟研究评述》，中国流通经济，2010 年第 6 期。

51. 沈沂：《莱卡：时尚的纤维》，21 世纪商业评论，2008 年第 46 期。

52. 高海霞：《善因营销——为企业赢得市场》，企业研究，2007 年 10 月。

53. 于娜：《招商银行缘何"红动中国"》，市场观察：广告主，2008 年第 8 期。

54. 崔焕平：《招商银行：如何打"名人牌"》，北大商业评论，2009 年第 8 期。

55. 吴幼萍、段仁元：《企业品牌保护问题研究》，经济问题，2002 年第 12 期。